小案大道理

刘玉民　毛　力　编著

中国民主法制出版社

图书在版编目（CIP）数据

小案大道理/刘玉民，毛力编著. —北京：中国民主法制出版社，2025. 3. —ISBN 978 – 7 – 5162 – 3857 – 8

Ⅰ. D920. 5

中国国家版本馆 CIP 数据核字第 2025M8V714 号

图书出品人： 刘海涛
责 任 编 辑： 逯卫光　王一涵

书名/ 小案大道理
作者/ 刘玉民　毛　力　编著

出版 · 发行/ 中国民主法制出版社
地址/ 北京市丰台区右安门外玉林里 7 号（100069）
电话/（010）63055259（总编室）　63058068　63057714（营销中心）
传真/（010）63055259
http：//www. npcpub. com
E-mail：mzfz@ npcpub. com
经销/ 新华书店
开本/ 16 开　710 毫米 ×1000 毫米
印张/ 23. 5　**字数**/ 357 千字
版本/ 2025 年 7 月第 1 版　2025 年 7 月第 1 次印刷
印刷/ 三河市宏图印务有限公司

书号/ ISBN 978 – 7 – 5162 – 3857 – 8
定价/ 98. 00 元

序言 PREFACE

司法裁判对社会价值具有规范、指导、评价、引领作用。“我们要加快建设中国特色社会主义法治体系，更好发挥法治固根本、稳预期、利长远的保障作用，为强国建设、民族复兴伟业提供坚实法治保障。”[1] 我院坚持以习近平新时代中国特色社会主义思想为指导，深入学习贯彻习近平法治思想，发挥案例工作对深入开展法治宣传教育、增强全民法治观念的载体作用，把法律送到人民群众身边。

一滴水能折射出阳光的色彩，一个案例胜过一沓文件。作为首都法院，我院自觉履行“谁执法谁普法”责任制，坚持开展法治宣传教育，在日常执法办案中敏于挖掘案例资源，精心培育与群众生活联系紧密、实现“三个效果”有机统一、体现社会主义核心价值观的典型案例，在我院公众号平台上开辟“小案大道理”栏目定期向公众发布，通过以案释法提升普法工作成效、提升全民法治意识和法治素养。本书以该栏目收录的案例为蓝本，梳理整合案例资源，组织全院98名审执业务骨干力量，共同编写而成。

在编写过程中，我们就案例筛选、内容表述、类型划分等方面多次专题研讨。案例初筛环节，围绕日常群众工作和生活中常遇到的重点、难点、热点法律问题，审阅梳理我院公众号2020年以来发布的典型案例及各类白皮书中的案例资源，挑选出适合收录的案例并进行整理、归类。为增强可读性，制定案例模板并组织作者统一修改，着重扩写“法官说法”部分，增加案例对群众工作和生活的指导意义。同时，严把案例质量，要求修改、补充案例均须经过法官、庭长、专业法官会议三级把关，再由审判管理办公室（研究室）统一负责编纂、细化修改标准、逐篇与作者对接完善，历时13个月，经五次系统修改，最终成书。

---

〔1〕 陈文清：《完善中国特色社会主义法治体系》，《人民日报》2024年8月6日第6版。

本书共收录133篇贴近生活、贴近实际、贴近群众的典型“小案”，将抽象的法条具化为鲜活的案例，讲述“小案”背后的“大道理”。以便于理解、易于查找、全面覆盖为原则，将其划分为婚姻家庭、赡养继承、教育培训、休闲娱乐、住房保障、环境资源保护、经济交往、安全健康、道路交通、劳动者权益保护十个类别。每个案例分为【裁判要旨】【基本案情】【裁判结果】【法条链接】【法官说法】五个部分。本书案例新颖实用，语言通俗易懂，分析透彻简明，体例和谐统一，力求普及法律知识、宣传法治理念、引领社会风尚，成为人民群众身边的法律宝典。

法律的生命力在于适用，而案例是法律适用的结晶。人们正是在一个个具体的案件裁判中，一步步积累对司法公信力的认可，对民主、公正、法治、诚信等抽象价值的认识，汇聚成践行社会主义核心价值观的洪流。我们将时刻牢记首都基层法院的职责使命，积极投身全面推进依法治国伟大实践，为谱写中国式现代化的北京篇章作出贡献。

是为序。

北京市密云区人民法院

2024年12月

目录 CONTENTS

第一章　婚姻家庭

1. 妻子身患重病，依法驳回丈夫离婚请求

【裁判要旨】

夫妻之间相互扶持既是中华民族的传统美德，也是法律规定的强制义务，任何一方不能以任何理由、任何形式逃避履行对配偶的抚养义务。对因配偶身患重病起诉离婚的，人民法院不予支持。

【基本案情】

1999 年 12 月，谭某与妻子杨某登记结婚，婚后初期双方感情尚可，于 2004 年 10 月生育一女。2016 年 4 月，因家庭琐事双方发生争执，负气下杨某起诉要求离婚，但因为双方感情并未破裂，杨某撤回了起诉。后杨某身患疾病，经初步检查疑似癌症，需要深入治疗。在治疗期间，双方再次因医疗费用支出、子女教育等问题爆发矛盾。随后，谭某以夫妻感情破裂为由，起诉要求离婚。杨某称，双方系自由恋爱，有一定感情基础，在其生病期间，谭某也一直陪同治疗，谭某起诉离婚是为了逃避抚养照顾的义务，故不同意离婚。

【裁判结果】

法院经审理认为，《中华人民共和国民法典》第一千零五十九条规定，夫妻有相互扶养的义务。需要扶养的一方，在另一方不履行扶养义务时，有要求其给付扶养费的权利。因此，夫妻双方应在生活上互相照顾、经济上互相支持，一方遇患病等困难情形时，另一方在生活、经济、精神上应给予充分关心与照顾。此外，《中华人民共和国民法典》第一千零四十三条规定，家庭应当树立优良家风，弘扬家庭美德，重视家庭文明建设。夫妻应当互相忠实，互相尊重，互相关爱；家庭成员应当敬老爱幼，互相帮助，维护平等、和睦、文明的婚姻家庭关系。

谭某与杨某婚后感情稳定且育有一女，诉讼过程中，杨某身患疾病且未康复，其向法庭明确表示不希望解除婚姻关系。面对杨某患病的现实情况，若双方此时离婚，对于病重的杨某来说无疑是雪上加霜。谭某作为杨某的丈夫，理应理解、关心、爱护杨某，承担起家庭的责任，尽到扶养的义务，帮助被告共渡难关。虽然谭某坚持离婚，但考虑到杨某尚在治疗期间，精神上备受煎熬，谭某作为其配偶对杨某有扶助的义务，应当对杨某多加照顾与关心，帮助其尽快康复。且因谭某未提交充足证据证明双方夫妻感情确已破裂，故法院判决驳回谭某的诉讼请求。

【法条链接】

中华人民共和国民法典

第一千零五十九条 夫妻有相互扶养的义务。

需要扶养的一方，在另一方不履行扶养义务时，有要求其给付扶养费的权利。

第一千零四十三条 家庭应当树立优良家风，弘扬家庭美德，重视家庭文明建设。

夫妻应当互相忠实，互相尊重，互相关爱；家庭成员应当敬老爱幼，互相帮助，维护平等、和睦、文明的婚姻家庭关系。

【法官说法】

婚姻始于爱情，但同样也意味着责任与义务。婚姻的价值和意义不仅体现为夫妻感情的和谐，更应凸显在一方生命健康出现危机情况下另一方的扶助与帮助。夫妻间的相互扶持，如同大树的根与叶，相互依存，共同成长，应为彼此提供力量与安慰。因此，夫妻应当相互尊重、相互扶持，履行相互扶养的义务，特别是在一方年老、疾病、丧失劳动能力或者没有固定收入的情况下，有经济能力的一方更应该主动承担扶助和扶养的义务。在一方患病时请求离婚，不仅不符合《中华人民共和国民法典》的相关规定，更是背离社会所倡导的夫妻和睦、互相帮助的家庭美德。

本案将司法裁判与弘扬社会主义核心价值观相结合，充分发挥了婚姻制度保障婚姻关系中生活困难一方基本生存权益的救济功能，饱含着对因离婚导致利益失衡的弱势群体一方的伦理关切，既彰显了维护妇女合法权益的司法温情，也弘扬了中华民族“家和”文化和守望相助的善良风俗，充分体现了和谐、友善的社会主义核心价值观，对于倡导家庭成员互亲互爱、相互帮扶具有积极意义。

2. 配偶婚前隐瞒艾滋病，撤销婚姻获支持

【裁判要旨】

艾滋病直接影响夫妻的结婚与生育，系结婚登记前隐瞒不宜结婚的重大疾病，属于法律规定的可撤销婚姻的情形，人民法院依法支持婚姻撤销。婚姻关系被撤销后，双方的婚姻自始没有法律约束力。

【基本案情】

2018 年，林某与丈夫谢某经人介绍相识，2019 年 3 月 27 日登记结婚。双方均系初婚，婚后于 2019 年生育一子。林某在 2020 年 4 月偶然发现谢某服用不明药物，遂怀疑谢某患有严重疾病，后二人分居。其间，林某调查发现，谢某于 2014 年 5 月 8 日被确诊为艾滋病 HIV-1 抗体阳性（+）。林某认为，谢某婚前故意隐瞒自己患有艾滋病的行为，严重损害了其合法权益，故起诉请求撤销与谢某的婚姻。

【裁判结果】

法院经审理认为，《中华人民共和国民法典》第一千零五十三条规定，一方患有重大疾病的，应当在结婚登记前如实告知另一方；不如实告知的，另一方可以向人民法院请求撤销婚姻。请求撤销婚姻的，应当自知道或者应当知道撤销事由之日起一年内提出。本案中，艾滋病属于影响结婚和生育的传染病，应当视为其患有法律规定的重大疾病，谢某应将患病信息如实告知林某。谢某未在结婚登记前如实告知林某病情，既侵犯了林某的知情权，也对林某的身体健康造成隐患，同时，违反了法律规定。林某在知道撤销事由之日起一年内向法院申请撤销婚姻关系，符合民法典中关于撤销婚姻的法定情形，故法院予以支持。

【法条链接】

中华人民共和国民法典

第一千零五十三条　一方患有重大疾病的，应当在结婚登记前如实告知另一方；不如实告知的，另一方可以向人民法院请求撤销婚姻。

请求撤销婚姻的，应当自知道或者应当知道撤销事由之日起一年内提出。

【法官说法】

《中华人民共和国民法典》规定了男女双方结婚前相互负有如实告知是否患有重大疾病的义务，不如实告知的，另一方有权请求人民法院撤销。这是为了保护婚姻双方的知情权和选择权，确保婚姻是基于双方真实意愿和充分了解的基础上建立的。目前，我国并未对重大疾病作出明确的列举，实践中，可以参考《中华人民共和国母婴保健法》等相关规定。根据《中华人民共和国母婴保健法》第八条、第十条规定，婚前医学检查包括对下列疾病的检查：（1）严重遗传性疾病；（2）指定传染病；（3）有关精神病。经婚前医学检查，对患指定传染病在传染期内或者有关精神病在发病期内的，医师应当提出医学意见，准备结婚的男女应当暂缓结婚；患医学上认为不宜生育的严重遗传性疾病的，医师应当向男女双方说明情况，提出医学意见。严重遗传性疾病是指由于遗传因素先天形成，患者全部或者部分丧失自主生活能力，后代再现风险高，医学上认为不宜生育的遗传性疾病。据此，婚前已患有上述疾病的公民结婚存在一定风险，男女双方在办理结婚登记前若知晓自身患有上述疾病，无论上述传染病、遗传性疾病以及精神病的发病程度是否严重，应视为符合本条规定的重大疾病，患病一方均应将患病信息告知另一方，至于其他重大疾病，还须结合个案情况综合分析认定。此外，《中华人民共和国民法典》第一千零五十四条第二款规定："婚姻无效或者被撤销的，无过错方有权请求损害赔偿。"故，婚前隐瞒重大疾病，被隐瞒方作为婚姻被撤销的无过错方，有权请求隐瞒重大疾病的一方给付损害赔偿金，以弥补隐瞒重大疾病一方自身过错给无过错方带来的身心伤害，保障无过错方的合法权益。

3. 恶意转移夫妻共同财产的，离婚时依法少分财产

【裁判要旨】

夫妻一方恶意转移共同财产的，侵害了夫妻对共同财产的平等处理权，必须依法承担相应的过错责任，在离婚分割财产时可少分或不分。

【基本案情】

1996年2月28日，董某与丈夫王某登记结婚，双方均系再婚，婚后未生育子女。婚后初期，双方感情尚可，后因家庭琐事产生矛盾。2016年7月，董某第一次起诉要求离婚，法院判决驳回其诉讼请求。2017年5月，董某再次起诉离婚。经查，二人婚后购置一处房产。2016年4月，王某将该房产出售，获得卖房款165万元，其中26万余元用于偿还购房贷款，5万元用于偿还夫妻共同外债及支付中介费用，50万元由王某之子借用。扣除前述款项后，剩余房款83万元。董某主张依法予以分割，王某主张该83万元已用于偿还共同外债，但始终未予举证。

【裁判结果】

法院经审理认为，《中华人民共和国民法典》第一千零九十二条规定，夫妻一方隐藏、转移、变卖、毁损、挥霍夫妻共同财产，或者伪造夫妻共同债务企图侵占另一方财产的，在离婚分割夫妻共同财产时，对该方可以少分或者不分。离婚后，另一方发现有上述行为的，可以向人民法院提起诉讼，请求再次分割夫妻共同财产。董某与王某均同意离婚，但双方对现有83万元卖房款存在争议。王某虽辩称已用于偿还借款，但举证不足，故对王某关于剩余房款已用于偿还借款的答辩意见，法院不予采信。剩余房款83万元应当属于夫妻共同财产，王某未经董某同意，无权私自处分，根据现查明事

实，王某就其行为未举证亦未向法庭作出合理解释与说明，故王某之行为涉及转移夫妻共同财产的不当行为，考虑保护妇女权益原则，在分割剩余房款过程中，对董某予以适当照顾，判决董某分得45万元、王某分得38万元。

【法条链接】

中华人民共和国民法典

第一千零九十二条　夫妻一方隐藏、转移、变卖、毁损、挥霍夫妻共同财产，或者伪造夫妻共同债务企图侵占另一方财产的，在离婚分割夫妻共同财产时，对该方可以少分或者不分。离婚后，另一方发现有上述行为的，可以向人民法院提起诉讼，请求再次分割夫妻共同财产。

【法官说法】

夫妻一方对影响婚姻关系维系存在过错的，如有配偶者与他人同居或暴力、虐待配偶等情况的，离婚时无过错方可以向过错方主张赔偿，而非因上述过错影响财产分割。而对于夫妻一方存在侵害另一方财产权利的过错情况下，如隐藏、转移、变卖、毁损、挥霍、虚增债务等使夫妻共同财产减少或侵吞的行为，法律规定对实施侵害行为的一方可以予以少分或不分。

具体而言，视个案情节酌定不均等分配夫妻共同财产的比例，主要考虑的因素有：其一，被减少或侵吞的财产占夫妻共同财产的比例有多少，如果实施上述侵害行为导致夫妻共同财产基本殆尽的，可以考虑剥夺侵害行为实施方的财产分配权；如果被减少或侵吞的财产仅是夫妻共同财产中的一部分，且为可以独立分割处置的财产，可以考虑仅在该部分财产范围内对行为实施方予以少分或不分。其二，减少或侵吞夫妻共同财产的主观恶意的严重程度，如因与婚外异性存在不正当关系本就存在过错，但过错方不仅未能反省自身过错，反而在矛盾产生后随即转移财产，既违背了夫妻间忠诚义务又侵害了配偶的财产权利，其主观恶性较大，故分割夫妻共同财产时予以了绝对的少分。其三，其他影响财产分割的因素，如是否存在需对妇女、儿童适当照顾的情况，是否存在需对家庭付出较多的家庭主妇予以适当补偿的情况，以及是否存在需对配偶一方因离婚而导致生活无着的补助的情况等。

4. 依法保障承包期内离婚妇女的土地承包经营权

【裁判要旨】

离婚时，双方未就婚姻关系存续期间承包土地经营权进行处理的，且离婚妇女的户籍未迁出，仍为集体经济组织成员的，其在家庭土地承包经营中享有平等的权利，人民法院依法支持该离婚妇女享有土地承包经营权。

【基本案情】

1999 年，卫某与丈夫张某登记结婚。2002 年，经法院调解离婚。双方在离婚时未就婚姻关系存续期间的家庭承包土地进行处理。2001 年，张某与村经济合作社签订了《土地承包合同书》，约定承包村内土地、承包期限 27 年等事项。该土地承包合同书中的土地系 2000 年以家庭为单位分得，张某为户主，户内其他成员为卫某等人。因离婚后土地承包收益和国家补贴全部由男方张某一人享有和领取，严重影响了女方卫某的生活。2019 年，卫某起诉请求确认其享有土地承包合同书中土地承包经营权三分之一的份额。

【裁判结果】

法院经审理认为，土地承包经营权是农村社会中人人有份的基本生活保障权利，每个家庭成员对所承包的土地均有使用、收益的权利，无论男女均享有平等的土地承包经营权。涉案土地系由张某、卫某等人以家庭承包的形式共同承包经营。虽然卫某与张某已经离婚，但双方在离婚时未就婚姻关系存续期间承包土地经营权进行处理，而且卫某的户籍一直也未迁出，卫某作为集体经济组织成员的事实并未改变，其在家庭土地承包经营中应与张某享有平等的权利。故，依法判决卫某享有土地承包合同书中土地承包经营权的三分之一份额。

【法条链接】

中华人民共和国农村土地承包法

第三十一条 承包期内，妇女结婚，在新居住地未取得承包地的，发包方不得收回其原承包地；妇女离婚或者丧偶，仍在原居住地生活或者不在原居住地生活但在新居住地未取得承包地的，发包方不得收回其原承包地。

中华人民共和国妇女权益保障法

第五十五条第一款 妇女在农村集体经济组织成员身份确认、土地承包经营、集体经济组织收益分配、土地征收补偿安置或者征用补偿以及宅基地使用等方面，享有与男子平等的权利。

【法官说法】

妇女与男子享有同等的农村土地承包权利，任何组织和个人不得剥夺、侵害妇女应当享有的土地承包经营权。家庭土地承包经营权益作为夫妻共同财产予以分割时，为保护家庭成员的合法权益、促进农业生产的健康发展，在遵循处理夫妻共同财产一般原则的基础上，结合家庭土地承包经营权的特点，还应遵循以下特有原则：

1. 严格保护离婚妇女的土地承包经营权原则。目前部分地区农村中，仍存在重男轻女的思想，剥夺离婚妇女的土地承包权，使许多离婚妇女在娘家未保留家庭承包土地份额，在夫家可享有的家庭承包土地份额也不能享有，严重剥夺、侵害了妇女的基本生活保障权。因此，要坚决反对封建主义思想和陈规陋习，依法保护农村妇女应当享有的土地承包权。同时因女性生理上的原因，以及各种经济、社会及传统价值观念的影响，离婚妇女单独从事农业劳动，其能力总体上弱于男性，作为弱势群体，法律应当给予更多的保护。

2. 有利于生产，方便经营、管理的原则。保护承包土地的整体功能，充分发挥其经济效益，使承包土地的价值得到最大限度的利用，是对所有生产资料包括土地的基本要求。处理离婚案件对土地承包经营权进行分割时，应当保护承包土地的整体功能，保持地上附着物和经营权的统一性，以充分发挥其经济效益和社会效益，这样才能更有利于农业的发展，提高农业规模经营效益。

3. 保障家庭成员享有均等的土地承包经营权的原则。土地承包经营权是农民最低生活的权利保障，决定了每个家庭成员对土地承包经营权享有的均等份额。鉴于农村土地承包经营权的特性，人民法院应在分清夫妻共有份额和其他家庭成员共有份额的基础上，采取先析后离的方法进行处理，这样才更有利于保护家庭各成员的财产权利。

本案中，尽管卫某离婚后不在原居住地生活，但其户籍并未迁出原址，且在新居住地尚未取得承包地，其仍然应当在原居住地享有土地承包经营权，故可以要求前夫返还应属于其个人部分的土地承包经营权及相应收益。

5. 无力抚养智残儿童，法院调解增加抚养费用

【裁判要旨】

经夫妻双方和解或人民法院调解、判决确认子女的抚养费数额并非固定不变，子女在父母离婚后，抚养残疾子女的一方可以根据实际需要主张增加抚养费。

【基本案情】

2011 年 5 月 18 日，李某与前夫张某生育一女。2014 年 7 月 24 日，女儿经诊断评估为疑似智力残疾儿童。2016 年 11 月，双方经法院判决离婚，孩子由李某抚养，张某每月给付抚养费 1200 元。相较于普通儿童，抚养特殊儿童对李某的经济和精力的要求更高。为维持家庭生活、承担起抚育女儿的重责，李某在照顾女儿之外，打着多份零工，母女二人生活十分艰苦。此外，李某之女因智力残疾需要定期前往医院开展康复治疗，花费较大，张某约定给付的抚养费远不能负担医药、康复等费用，且张某未按期给付孩子生活费及康复费，于是，李某向法院提起诉讼，要求李某履行抚养义务，给付相关抚养费。

【裁判结果】

法院经审理认为，离婚后，子女由一方直接抚养的，另一方应当给付抚养费。抚养费的数额应根据被抚养人的实际需要、当地实际生活水平和父母双方的负担能力确定。本案中，孩子的情况较为特殊，除日常生活花销外，每月还要到市区进行康复训练，高昂的康复费用使得李某难堪重负。在了解基本案情后，为最大限度维护未成年人合法权益，法官从“情、理、法”三方面出发，以父子亲情为牵引，多次对张某进行教育引导，让张某了解到支持抚养费不是简单的金钱给付，而是用另一种方式表

达对孩子的爱，最终，促成双方达成调解协议，张某不仅支付了欠付的抚养费和康复治疗费4万元，还愿意负担今后每月的抚养费1200元、康复治疗费2000元。

【法条链接】

中华人民共和国民法典

第一千零六十七条第一款 父母不履行抚养义务的，未成年子女或者不能独立生活的成年子女，有要求父母给付抚养费的权利。

最高人民法院关于适用《中华人民共和国民法典》婚姻家庭编的解释（一）

第四十九条 抚养费的数额，可以根据子女的实际需要、父母双方的负担能力和当地的实际生活水平确定。

有固定收入的，抚养费一般可以按其月总收入的百分之二十至三十的比例给付。负担两个以上子女抚养费的，比例可以适当提高，但一般不得超过月总收入的百分之五十。

无固定收入的，抚养费的数额可以依据当年总收入或者同行业平均收入，参照上述比例确定。

有特殊情况的，可以适当提高或者降低上述比例。

【法官说法】

夫妻双方离婚后，直接抚养未成年子女的一方，有时面临着子女生活教育等费用支出增加的情形，如子女患病、升学等，其中一些必要性费用的增加会给家庭经济带来巨大压力。此时，若仍依照双方离婚时约定的较低抚养费标准进行执行，可能会导致直接抚养子女的一方无法负担相关费用，影响子女的健康生活与成长，也会致使父方或母方承担的抚养义务悬殊。在未成年人的父母离婚时，应当妥善处理未成年子女的抚养、教育、探望、财产等事宜。人民法院判决准予夫妻双方离婚并确定子女由一方抚养的，应判决另一方给付必要的抚养费。抚养费数额标准原则上应根据子女的实际需要、父母双方的负担能力和当地的实际生活水平确定。子女在必要时有权要求父母增加抚养费，如果双方协议不成时，子女可以向法院起诉。如果子女能够举证证明存在下列情形之一，并且父或母又有给付能力的，人民法院应予支持：（1）原定抚养费数额不足以维持当地实际生活水平的；（2）因子女患病、上学，实际需要已超过原定数额的；（3）有其他正当理由应当增加的。从当前社会生活的实际情况来看，实务中对于抚养费给付存在特殊情况的案件并不鲜见，本案子女具有智力残疾，长期需要医疗护理。从“平衡子女实际生活需要和父母负担能力”的角度来看，可以适当提高抚养费的支付标准。

6. 离婚后一方行使探望权影响孩子学习的，应当调整探望方式

【裁判要旨】

离婚后，不直接抚养子女的父或者母，有探望子女的权利，另一方有协助的义务。行使探望权利应从最有利于孩子生活、健康角度出发，行使探望权影响孩子生活学习的，应予以调整。

【基本案情】

李某与张某婚后生育一子张小某，后双方感情破裂协议离婚，并约定孩子张小某归李某抚养。双方对探望张小某进行了约定，张某每周可以探望张小某一次，每次三小时。在探视过程中，李某认为张某忽视张小某的学习教育，探视期间经常带孩子游玩吃饭，导致张小某的身心俱疲、学习成绩严重下滑，身体状况不佳。现张小某面临小升初，学习任务增重，同时还要参加各种补习班、培训班，如仍按原协议执行，将会影响张小某的学习成绩及日后发展，故现在仅同意张某每月探望张小某一次，一次一小时。双方因探视问题冲突不断，且张某多次探望受阻。因此，张某诉至法院要求按照原协议约定行使探望权。

【裁判结果】

法院经审理认为，夫妻双方离婚后，不直接抚养子女的父或者母，有探望子女的权利，另一方有协助的义务。行使探望权利的方式、时间由当事人协议，协议不成的，由人民法院判决。原、被告离婚后，对婚生子张小某的探望问题发生了争议。由于张小某成长发展伴随学习压力不断增大，既要每日到学校学习科学文化知识，又要参加各种补习班、培训班，不断提高自身能力，原、被告原约定的探望张小某的方式、时间难免与张

小某的学业安排发生冲突，不利于张小某健康成长，故法院根据案件的具体情况，既保障原告实现亲权、增进母子感情沟通，又不影响小明的身心健康、学习教育及兴趣培养，对原告探望孩子的方式、时间进行了调整。

【法条链接】

中华人民共和国民法典

第一千零八十六条　离婚后，不直接抚养子女的父或者母，有探望子女的权利，另一方有协助的义务。

行使探望权利的方式、时间由当事人协议；协议不成的，由人民法院判决。

父或者母探望子女，不利于子女身心健康的，由人民法院依法中止探望；中止的事由消失后，应当恢复探望。

【法官说法】

探望权基于血缘关系产生，是法律赋予父母的权利，父母选择一个合理而恰当的方式探望子女，既是为了使父亲或母亲的角色在子女的记忆与情感中不致缺失，也是为了给子女提供一个稳定、健康的成长环境。因此，父母双方之间要相互理解、包容，从对孩子生活教育和成长有利的原则出发，在充分征求和尊重孩子意见的前提下，考虑孩子身心发展情况，采用实地探视、语音、视频等适宜的方式进行探望，抚养子女的一方应尽量为不直接抚养子女的另一方探望子女提供便利。当探望权人在行使探望权时，对子女正常的生活学习秩序造成影响，应当及时调整探望权行使的时间地点方式。如当探望权人在行使探望权时，探望权人与子女感情严重恶化，子女坚决拒绝探望等不利于子女身心健康的情形发生时，可申请中止探望，待中止事由消失后，再恢复探望。

7. 对潜在可能发生的家庭暴力，可以申请人身安全保护令

【裁判要旨】

只要申请人证明被申请人实施过家庭暴力，或申请人存在遭受家庭暴力的潜在可能，可以认定申请人达到了发出人身安全保护令的举证义务，应当依法签发人身安全保护令。

【基本案情】

人身安全保护令申请人张某与被申请人李某系夫妻。婚后，李某脾气暴躁，生活中稍有不顺，动辄对张某进行辱骂、殴打，造成张某身心饱受摧残。2021 年，因家庭矛盾，李某对张某再次实施暴力，张某反抗无果，李某持刀将张某及其父母扎伤，被依法判处有期徒刑一年三个月。目前，李某即将出狱，张某因此忧心忡忡，结合平时李某暴躁、极端的性格，十分担心李某出狱后对她和家人实施报复行为，危及自己及家人的安全和生命，故向依法向人民法院申请人身安全保护令，请求法律的保护。

【裁判结果】

法院经审查认为，李某曾对张某实施家庭暴力，进行了殴打、辱骂、威胁等行为，已经对张某的人身安全及身心健康造成严重威胁和损害，现李某即将出狱，张某基于心理恐惧和担忧申请人身安全保护令，李某的出狱已经对张某及其家人产生心理负担进而影响家庭生活，且李某存在再次对张某实施家庭暴力行为的可能性，符合《最高人民法院关于办理人身安全保护令案件适用法律若干问题的规定》第六条第一款“人身安全保护令案件中，人民法院根据相关证据，认为申请人遭受家庭暴力或者面临家庭

暴力现实危险的事实存在较大可能性的，可以依法作出人身安全保护令”等相关规定。因此，本案依法作出人身安全保护令，禁止李某对张某及其近亲属实施暴力、威胁等家庭暴力，禁止李某骚扰、跟踪张某及其近亲属的裁定。

【法条链接】

最高人民法院关于办理人身安全保护令案件适用法律若干问题的规定

第六条第一款 人身安全保护令案件中，人民法院根据相关证据，认为申请人遭受家庭暴力或者面临家庭暴力现实危险的事实存在较大可能性的，可以依法作出人身安全保护令。

【法官说法】

预防和制止家庭暴力是全社会的共同责任，我们要积极行动起来，对家暴“零容忍”，努力消除一切形式的家庭暴力。本案系一起“针对存在家暴现实危险”发出人身安全保护令的典型案例，体现了《最高人民法院关于办理人身安全保护令案件适用法律若干问题的规定》关于扩大保护范围、降低证明标准、突出保护时效性等立法精神，充分发挥人身安全保护令的预防功能，为正遭受或者即将遭受家庭暴力的现实危险的申请人提供更加坚实可靠、优质高效的司法保障。在司法实践中，申请人身安全保护令时需要提供能够证明申请人遭受家庭暴力或者面临家庭暴力现实危险的证据，并且对申请人不应分配过重的举证责任。此外，考虑到人身安全保护令制度创设的目的在于预防和制止未来发生的家庭暴力行为，发出人身安全保护令的证明标准应当低于一般的民事诉讼程序的证明标准。本案中，张某所提供的证据只要能初步证明李某对张某存在实施干扰的风险和施暴的可能，家庭暴力的事实存在较大可能性的，便已达到申请人身安全保护令的证明标准。

8. 依法保护老年人再婚自由

【裁判要旨】

老年人有权自主决定自己的婚姻状况，子女或其他亲属不得干涉老年人离婚、再婚及婚后的生活。此外，赡养人的赡养义务不因老年人的婚姻关系变化而消除。

【基本案情】

张某（女，63 岁）与孙某（男，71 岁）自由恋爱相识，于2000 年10 月 17 日登记结婚，双方均系再婚，婚后无子女。2021 年 6 月，张某诉至法院要求与孙某离婚。张某认为孙某对感情不忠，对自己不关心，致使双方感情破裂。孙某表示双方感情尚未破裂，张某之所以起诉离婚，是因为孙某之子孙小某一直不能接受双方再婚，经常因为家庭琐事与张某发生冲突。此外，孙某年事已高，因遗产分割问题，孙小某与张某多次争吵，张某称自己缺乏关心是因为孙小某对二人夫妻生活的长期干预，孙某不想离婚。

【裁判结果】

法院经审理认为，张某与孙某夫妻关系及共同生活情况受到外界干扰，孙某的子女多次对两人夫妻关系进行干预，进而导致张某与孙某夫妻关系的不睦，产生了间隙。双方均系再婚，但其已共同生活 20 年，有着良好的夫妻感情，尽管近年来因孙某子女干预，两人产生一定的误会，但仍具有夫妻感情，夫妻感情还没有破裂。两人无论是在情感上还是在生活上都存在一定的依赖，故法院判决驳回张某的离婚请求，并告知孙小某要充分尊重老人意愿，从孙某的角度出发，多理解对方的不易，理解张某对家庭的付出，不要过多干预老两口的婚姻生活。

【法条链接】

中华人民共和国民法典

第一千零六十九条　子女应当尊重父母的婚姻权利，不得干涉父母离婚、再婚以及婚后的生活。子女对父母的赡养义务，不因父母的婚姻关系变化而终止。

中华人民共和国老年人权益保障法

第二十一条第一款　老年人的婚姻自由受法律保护。子女或者其他亲属不得干涉老年人离婚、再婚及婚后的生活。

【法官说法】

婚姻自由是法律赋予公民的权利，包括结婚自由和离婚自由。在婚姻关系难以维系的情况下，双方都有依照法定程序解除婚姻关系的自由。保障老年人的婚姻自由是法律的应有之义，老年人也有婚姻自由。老年人离婚、丧偶或者离异的老年人再婚，只要是出于双方自愿，并且符合法律的规定，都应当受到法律的保护，子女或者其他亲属不得干涉老年人离婚、再婚及婚后的生活。这不仅是对他们个人尊严和幸福的尊重，也是对人生多样性的肯定。老有所依，不仅是要足够的物质保障，还要有充分的精神陪伴。再婚老年人生活中相互扶持，大大解决了老年人的精神孤独，对提升老年生活质量至关重要。但现实中，老年人的婚姻自由并没有得到充分保障，老年人离婚、再婚障碍多、难度大。形成障碍的因素有世俗偏见的禁锢也有老年人自身固有观念的束缚，还有子女干涉的原因。而子女对父母婚姻自由进行干涉或者阻挠，其原因或者是情感上无法接受父母离婚或者父母再婚、家庭破裂，或者是考虑到父母再婚财产及遗产如何处分的问题。父母再婚与否只涉及父母新的婚姻关系，对于父母与子女之间的关系并无影响。子女对父母的赡养义务不因父母婚姻关系的变化而终止，也不因父母新的婚姻关系的成立而解除。作为子女，应尊重老人的再婚决定，尊重父母的婚姻权利，不得干涉父母离婚、再婚以及婚后的生活，给老年人一个体面、温馨的晚年。

9. 依法保障“入赘女婿”离婚后的居住权

【裁判要旨】

入赘女婿与配偶长期共同生活，虽在建房审批上没有名字，但对婚后建设的房屋有个人贡献且基于共同生活长期居住，协议离婚后有权对共同建设的房屋进行分割。

【基本案情】

王某与孙某共育有二女，长女王某甲、次女王某乙。1983 年 6 月，王某一家建房申请得以准许。1983 年 10 月 9 日，崔某与王某甲登记结婚，入赘王家。1984 年 5 月，王家建成北正房五间及地下室两大间。王某乙于 1984 年 11 月结婚后搬离该房屋。1988 年，该院内又建东、西厢房各两间，院外南侧建南房五间。崔某、王某甲及双方之子一直在此院居住生活，王某父母未在此院落里居住。2021 年 6 月 11 日，崔某与王某甲协议离婚后，崔某被迫搬离原住所，在外租房居住。同年 6 月，崔某起诉至法院要求对建成的房屋及院落进行分割，此时崔某已年过六旬。

【裁判结果】

法院经审理认为，无论是上门女婿还是传统意义上的男方娶妻，其婚姻关系的本质均受《中华人民共和国民法典》及相关司法解释的保护与规范。在法律上，婚姻是男女双方基于自愿原则建立的契约关系，强调的是男女平等、互相尊重与扶持的基本原则。建房时王某甲、王某乙均已成年并参加工作，与其他家庭成员共同参与了房屋建设。尽管在建房审批上无崔某，但房屋及其院落系其入赘后建设的，且一直由崔某一家居住使用。北正房五间应属于王某夫妇及其两个女儿以及崔某共有。院落内东、西厢房各两间、院外南房五间系王某乙结婚搬离后建设，应由王某夫妇及崔某夫妇共同所有。同时，考虑对房屋建设的贡献、日后生活等因素，法院作出如下判决，北正房五间中东数第一间归原告崔某所有、院外南房五间中东数第一间、第二间、第三间归原告崔某使用。

【法条链接】

中华人民共和国民法典

第一千零八十七条　离婚时，夫妻的共同财产由双方协议处理；协议不成的，由人民法院根据财产的具体情况，按照照顾子女、女方和无过错方权益的原则判决。

对夫或者妻在家庭土地承包经营中享有的权益等，应当依法予以保护。

【法官说法】

“入赘女婿”因为婚姻关系迁入本村与配偶共同生活，原户籍所在村将其承包地收回的，他们已经丧失了赖以生存的生活、生产资源。根据《中华人民共和国民法典》第三百六十六条规定，居住权人有权按照合同约定，对他人的住宅享有占有、使用的用益物权，以满足生活居住的需要。这意味着，在实践中，入赘女婿的居住权通常取决于房屋所有人的意愿。如果房屋所有人同意，女婿可以在该房屋内居住。在法律框架内，入赘女婿有权获得居住权，但具体情况需要根据实际情况和法律规定来判断。本案中，崔某作为“入赘女婿”系家庭生活的重要一员，长期对家庭财富的形成和积累作出重要贡献。双方离婚协议约定崔某净身出户，但该约定导致入赘女婿居无定所，只能在外租房居住。彼时，年轻力壮的青年已成为历经沧桑的六旬老人，共同生活的30余年对家庭的贡献不应该因离婚被抹去。因此，法院依法支持老人的合理诉求，不仅是对其过往付出的认可，更重要的是实现了“老有所居”，给予其晚年生活的安定感，为其能够安享晚年提供一个安身之所。

10. 温情执行助力丧子老人实现隔代探望

【裁判要旨】

未成年人的父、母一方死亡，祖父母或者外祖父母向人民法院提起诉讼请求探望孙子女或者外孙子女的，人民法院应当坚持最有利于未成年人、有利于家庭和谐的原则，在不影响未成年人正常生活和身心健康的情况下，依法予以支持。

【基本案情】

李某与马某（女）于2011年9月登记结婚，并于2016年11月生育一子李小某。婚后，马某与公婆共同居住生活多年，且自李小某出生，作为祖父母的李某乙夫妇长期参与对孩子的抚养照顾，李小某对祖父母形成一定情感依赖。2018年2月李小某父亲李某因病去世。后因房产继承等家庭琐事，马某与公婆产生矛盾。马某于2021年11月在未通知公婆的情况下，将李小某带回娘家，不让公婆探望李小某。李某乙夫妇将儿媳马某诉至法院，要求法院判令二人定期探望李小某。后在法院主持下，就探望事宜达成一致意见。但马某未如期按照调解内容履行协助探望义务，为了如期见到孙子，老人向法院申请强制执行。

【裁判结果】

隔代探望成讼一般都存有无法调和的家庭矛盾。本案执行过程中，法官了解到，祖孙共同生活数年，有深厚的感情基础。虽然李某乙夫妇与儿媳在长年累月的家庭生活中产生过很多矛盾，但是儿媳并不反对爷爷奶奶疼爱李小某，只是希望探望方式更加合理、方便。执行法官多次组织各方见面商谈，让两位老人与孩子充分接触，让抚养人深切感受隔代亲情的重要与温暖，最终在尊重裁判文书确定的探望方案的基础上，根据孩子年龄和学业情况，增加了灵活探望的机会，便利了双方当事人生产生活需要，鼓励抚养人主动安排时间让老人探望。案后，法院对丧子老人及其孙子进行了回访，引导其从悲痛的过往中走出来。

【法条链接】

中华人民共和国民法典

第一千零四十三条 家庭应当树立优良家风，弘扬家庭美德，重视家庭文明建设。

夫妻应当互相忠实，互相尊重，互相关爱；家庭成员应当敬老爱幼，互相帮助，维护平等、和睦、文明的婚姻家庭关系。

【法官说法】

在婚姻家庭领域，案件审理要考虑人情因素，特别是基于血缘关系的伦理亲情。从法律层面来看，国家保障老年人依法享有的权益，李某乙夫妇作为老人，能经常探望孙子是其获得精神慰藉的重要途径，符合尊老敬老的价值要求；在司法实践中，判决祖父母在一定条件下可以隔代探望孙子女已有先例，不让祖父母探望孙子女有违公序良俗。故于情于理均应在本案中保障李某乙夫妇探望孙子李小某的权利。现有法律未就祖父母对孙子女的隔代探望权的具体行使方式进行明文规定，但法律规定了离婚后不直接抚养子女的父或者母有探望子女的权利，另一方有协助的义务，行使探望权利的方式、时间由当事人协议；协议不成的，由人民法院判决。探望权的性质是亲权的内容，行使探望权，涉及直接抚养一方和子女的利益，其具体的行使应保障直接抚养一方和子女的利益，尤其应该考虑被探望人自身意愿，不应对被探望人现有的正常学习与生活造成妨碍。本案中，考虑到孙子是丧子老人最大的精神寄托，且丧子老人曾长期参与孙子的照顾，探望孙子不仅能够缓解丧子老人内心的悲痛，更能为其带来生活希望和精神慰藉。通过调解准许丧子老人探望其孙子女，在一定程度上增进了老年人权益。灵活、温情的执行方式，不仅规避了探望权执行过程中常见的困难，而且促进了当事人之间感情的修复，进而有利于后期探望权的实现。

11. 离婚不离家，依法保障离婚后居住权的行使

【裁判要旨】

夫妻双方离婚后，对于既无经济收入又无固定居所，法院应保障其基本生活权利。

【基本案情】

2014 年 1 月，张某与汪某登记结婚，婚后共同居住在汪某婚前贷款购买的房屋内，婚后两人生育一女汪小某。但随着生活琐事增多，两人经常发生矛盾争吵，两人感情破裂。2021 年 8 月，两人自愿协议离婚，《离婚协议书》中约定："房屋所有权归二人共同所有，房产证上是男方名字，房贷由男方偿还，男方不得出售或抵押，等汪小某满 18 岁后过户给汪小某，女方及子女有永久居住权，男方即日起可居住一年半。"但"离婚未离家"的两人矛盾愈演愈烈，甚至从争吵升级到动手，严重影响了张某与女儿汪小某的日常生活。离婚一年半后，汪某拒绝按约定从案涉房屋搬离，张某遂诉至法院，要求汪某搬离案涉房屋，并配合张某办理居住权证。

【裁判结果】

法院经审理认为，张某与汪某签订的《离婚协议书》合法有效，具有法律约束力，根据约定，汪某在离婚后可在案涉房屋内居住一年半，现二人离婚已超过一年半，汪某应当从诉争房屋中搬离。关于张某主张汪某配合其办理居住权证的请求，根据《中华人民共和国民法典》第三百六十七条第一款规定："设立居住权，当事人应当采用书面形式订立居住权合同。"根据第三百六十八条规定："居住权无偿设立，但是当事人另有约定的除外。设立居住权的，应当向登记机构申请居住权登记。居住权自登记时设立。"张某与汪某达成的离婚协议约定张某与女儿汪小某享有案涉房

屋的永久居住权，汪某作为房屋的登记所有权人，对该房屋设立了居住权，应当按照协议约定协助张某办理居住权登记。最终，法院判决汪某在判决生效后二十日内从案涉房屋搬离并协助张某办理居住权登记。

【法条链接】

中华人民共和国民法典

第三百六十六条 居住权人有权按照合同约定，对他人的住宅享有占有、使用的用益物权，以满足生活居住的需要。

第三百六十七条 设立居住权，当事人应当采用书面形式订立居住权合同。

居住权合同一般包括下列条款：

（一）当事人的姓名或者名称和住所；

（二）住宅的位置；

（三）居住的条件和要求；

（四）居住权期限；

（五）解决争议的方法。

第三百六十八条 居住权无偿设立，但是当事人另有约定的除外。设立居住权的，应当向登记机构申请居住权登记。居住权自登记时设立。

【法官说法】

居住权是自然人依据合同或遗嘱而取得的，在他人享有所有权的房屋上为满足生活居住需要所设立的一种享有占有、使用权益的用益物权。居住权人在权利被侵害时可以申请排除妨害，如未经居住权人同意，任何人不可进入或将其从房屋中驱逐，包括房屋所有权人。经登记公示的居住权具有对抗第三人的法律效力，房屋出售、转让、抵押不影响居住权人居住、使用。设立居住权需要注意以下四点：一是应当采取书面形式签订居住权合同，包括当事人信息、住宅位置、居住条件和要求、居住期限、解决争议的方法等。二是专人专用。居住权一般为满足特定自然人生活居住的需要而设立，不得转让、继承；居住权人对所涉住宅的占用、使用不能超出居住的范畴，不得出租，除非当事人另有约定。三是以无偿设立为原则，但当事人可以就是否有偿设立作出约定。四是公示登记。居住权自登记时设立，只有办理登记手续，才具有物权变动的效力。本案中，汪某为张某及女儿汪小某设立了居住权，虽未进行登记，但依法有效，张某作为居住权人享有对房屋的占有、使用权利，房屋所有权人应当尊重和配合，不应妨害居住权人使用房屋，因此汪某应当按照约定搬离并配合张某办理居住权登记。

12. 依法发出《夫妻共同财产申报令》，公正高效化解离婚纠纷

【裁判要旨】

为便利高效地审理离婚纠纷案件，法院可以向双方当事人送达《夫妻共同财产申报令》，告知当事人填报要求、权利义务和未如实申报的法律后果，列举了主要财产类型和重要财产信息，促使双方当事人依法如实主动申报夫妻共同财产，保障双方当事人的合法权益。

【基本案情】

李某与王某 1992 年登记结婚。二人结婚后，王某脾气暴躁、性格孤僻，因家庭琐事、孩子教育、父母赡养等问题，多次与李某产生争端。工作生活中稍有不顺，便对李某和孩子进行打骂。李某为孩子能在一个完整的家庭中成长生活，选择了隐忍。现孩子已经成年，王某仍未改变恶习，依然存在打骂李某的行为并且转移夫妻共同财产，导致夫妻感情彻底破裂，故李某起诉至法院要求解除婚姻关系，依法分割夫妻共同财产。

【裁判结果】

法院经审理认为，考虑李某提出王某存在恶意转移夫妻共同财产的情况，因李某不能准确提供王某的财产线索，夫妻共同财产清查难度较大。为了保障李某的正当诉讼权益，全面查清双方当事人婚姻存续期间财产状况，案件受理后，法院向双方送达了《夫妻共同财产申报令》，并附《离婚案件财产申报表》及《承诺书》，明确夫妻共同财产申报的内容、时限等，同时告知双方如未如实申报将要承担的诉讼后果，要求双方如实填报财产状况，从而确认本案当事人涉及的夫妻财产范围。最终依据李某和王某财产申报情况，法院确定了二人夫妻共同财产范围，双方在此基础上达

成调解协议，对夫妻共同财产进行了合理分割。

【法条链接】

中华人民共和国妇女权益保障法

第六十七条第二款 离婚诉讼期间，夫妻双方均有向人民法院申报全部夫妻共同财产的义务。一方隐藏、转移、变卖、损毁、挥霍夫妻共同财产，或者伪造夫妻共同债务企图侵占另一方财产的，在离婚分割夫妻共同财产时，对该方可以少分或者不分财产。

【法官说法】

离婚诉讼中，普遍涉及夫妻婚内共同财产分割问题，当事人瞒报、虚报、隐藏、转移夫妻共同财产等情况时常发生，导致夫妻共同财产查清难度大，案件审理周期长。新修订的《中华人民共和国妇女权益保障法》首次将离婚诉讼期间夫妻共同财产申报义务明确为法定义务，夫妻共同财产申报制度的贯彻实行，有利于法院最大限度查明当事人的财产范围和公正高效处理离婚案件中夫妻共同财产分割问题，节约诉讼成本，提升诉讼效率，促进当事人诚信诉讼。同时，也能保障相对弱势一方的婚姻家庭权益，对于婚姻家庭纠纷一次性解决、实质性解决具有重要作用。夫妻共同财产的申报范围包括：其一，夫妻共同财产：在婚姻关系存续期间所得的下列财产：（1）工资、奖金、劳务报酬；（2）生产、经营、投资的收益；（3）知识产权的收益；（4）继承或者受赠的财产，但是《中华人民共和国民法典》第一千零六十三条第三项规定的除外；（5）其他应当归共同所有的财产。夫妻对共同财产，有平等的处理权。其二，夫妻个人财产：（1）一方的婚前财产；（2）一方因受到人身损害获得的赔偿或者补偿；（3）遗嘱或者赠与合同中确定只归一方的财产；（4）一方专用的生活用品；（5）其他应当归一方的财产。其三，夫妻共同债务：夫妻双方共同签名或者夫妻一方事后追认的债务，以及夫妻一方在婚姻关系存续期间以个人名义为家庭日常生活需要所负的债务。

13. 高风险投资损害夫妻共同财产，法院支持婚内夫妻财产分割

【裁判要旨】

婚姻关系存续期间，配偶明确反对进行高风险投资致大额亏损，达到严重损害夫妻共同财产利益程度的，夫妻一方向人民法院请求分割共同财产的，人民法院应当予以支持。

【基本案情】

2004 年，李某与王某登记结婚，婚后育有一女。王某称，二人婚后由其支付首付购买了某小区房屋一套，双方共同还贷，自己长期负担家务、照顾老人孩子，而李某却不顾家人反对一直进行大额炒股，多次投资失败后，李某在王某不知情的情况下多次借数额较大的高利贷导致无力偿还。后李某为还债请求出卖婚后购买房屋，为此，双方签订书面《房产分配协议》，明确房屋出卖后由王某享有三分之二房款，李某享有三分之一房款。房屋以 228 万元价格出售后，李某并未兑现承诺，拒绝将其中所获得 150 万元房款的事实和去向告知王某，并在王某多次拒绝的情况下，仍不顾王某反对进行大额炒股投资，将 144 万元房款用于股票投资并亏损 70 余万元。无奈之下，王某起诉到法院，要求按照《房产分配协议》依法分割财产。

【裁判结果】

法院经审理认为，婚姻关系存续期间，一方有隐藏、转移、变卖、毁损、挥霍夫妻共同财产或者伪造夫妻共同债务等严重损害夫妻共同财产利益的行为，夫妻一方可以向人民法院请求分割共同财产。本案中，双方在婚姻关系存续期间出售房屋所取得的 228 万元属夫妻共同财产。李某未将

所获得房款150万元的事实告知王某，并未经王某同意擅自处分售房款，不顾王某多次反对进行大额炒股投资，将144万元房款用于股票投资并亏损70余万元，属于严重损害夫妻共同财产利益的行为，侵害了王某的平等支配权，王某请求婚内分割售房款的诉讼请求，符合法律规定，本院予以支持。本案中，王某与李某签订的《房产分配协议》，不违反法律规定，系夫妻双方约定夫妻共同财产的行为，双方应予遵守。最终判令李某给付王某88万余元。

【法条链接】

中华人民共和国民法典

第一千零六十六条 婚姻关系存续期间，有下列情形之一的，夫妻一方可以向人民法院请求分割共同财产：

（一）一方有隐藏、转移、变卖、毁损、挥霍夫妻共同财产或者伪造夫妻共同债务等严重损害夫妻共同财产利益的行为；

（二）一方负有法定扶养义务的人患重大疾病需要医治，另一方不同意支付相关医疗费用。

【法官说法】

在婚姻关系存续期间，夫妻作为共同生活的伴侣，对共同财产享有平等的所有权，即夫妻均有依法占有、使用、收益和处分的权利。夫妻在处理共同财产时，应当协商一致，任何一方不得违背对方意志，进行擅自处理，特别是在对共有财产作较大变动（如出卖）时，更应征得对方的同意，否则就侵害了另一方对共同财产的平等支配权。本案特殊之处在于它涉及婚内夫妻财产分割纠纷。《中华人民共和国民法典》规定了婚内分割财产制度，允许婚姻存续期间对夫妻共同财产进行分割，以对夫妻双方中弱势一方起到保护作用。在夫妻婚姻关系存续期间，共同财产应以不允许分割为原则，允许分割为例外。婚内夫妻共同财产分割制度是对夫妻财产制的一般规则无法调整或调整结果明显不当的非常状态下夫妻财产关系进行调整的非常规则，对婚后共有制的不足之处予以补足，只有在满足了法律规定的相关情形后夫妻才可以向法院提出申请分割夫妻婚内共同财产。

为此应坚持审慎的司法审查理念，从严审查，避免对重大理由进行过度解释和类推适用，从而既维护了夫妻共同财产的稳定，又切实保护婚内分割夫妻共同财产请求权的实现。因此，法定明确列举情形之外允许分割的行为之性质和危害程度应达到与“隐藏、转移、变卖、毁损、挥霍夫妻共同财产或者伪造夫妻共同债务”相当的程度。在本案中，不拘泥于列举情形，将配偶明确反对且导致巨额亏损的高风险股票投资，作为其他非典型的使大额夫妻共同财产脱离对方控制甚至毁损灭失的行为纳入“等”的范畴，生动回应了现实要求。

14. 未形成抚养关系的继子女，无须对继父母承担赡养义务

【裁判要旨】

继子女对继父母的赡养义务需要以双方之间成立抚养教育关系为前提，未形成抚养关系的继子女，无须对继父母承担赡养义务。

【基本案情】

2001年1月，张某和李某再婚，李某婚前与前妻育有一女即被告李某乙，再婚时李某乙已成年。2000年9月1日，李某乙进入大学就读，学制三年。张某称李某乙上大学期间没有生活来源，上学期间的一切费用均由其与李某负担。2012年，李某为李某乙在北京市密云区购置一套房产，2013至2023年张某与李某一直在此居住。2024年3月，张某和李某离婚。张某认为其与李某乙事实上已经形成了父母、子女之间的抚养关系，因自己年近七旬，并无收入来源，李某乙应对其承担每月500元赡养费以及医疗费的给付义务，因双方协商无果故诉至法院。李某乙称，张某和李某再婚时自己已成年，正在上大学二年级，距离毕业仅一年。上学期间自己几乎都在奶奶家生活，一两个月才回家一次，张某对自己没有任何抚养照顾。毕业后其与张某的相处仅限于节假日探望父亲期间。李某乙认为原被告双方不构成有抚养关系的继子女关系，故不应承担相应的赡养费及医疗费。

【裁判结果】

法院经审理认为，继父母和受其抚养教育的继子女之间的权利义务关系，适用民法典关于父母子女关系的规定。根据《中华人民共和国民法典》第一千零六十七条第二款、第一千零七十二条第二款的规定，继子女

对继父母的赡养义务需要以双方之间成立抚养教育关系为前提。本案中，原告张某与李某再婚时，被告李某乙已经成年，正处在大学就读期间，即便存在经济上的扶助，由于扶助时间过短，亦不能形成法律上的抚养教育关系，且李某乙成年工作后并未与张某一起生活，故不能适用民法典关于父母子女关系的规定，依法驳回原告张某的全部诉讼请求。

【法条链接】

中华人民共和国民法典

第一千零六十七条 父母不履行抚养义务的，未成年子女或者不能独立生活的成年子女，有要求父母给付抚养费的权利。

成年子女不履行赡养义务的，缺乏劳动能力或者生活困难的父母，有要求成年子女给付赡养费的权利。

第一千零七十二条 继父母与继子女间，不得虐待或者歧视。

继父或者继母和受其抚养教育的继子女间的权利义务关系，适用本法关于父母子女关系的规定。

【法官说法】

婚姻自由理念深入人心，离婚后再择良人步入婚姻的不在少数，中老年群体的晚年幸福也是双方子女乃至整个社会都十分关注的话题，再婚家庭中继父母与继子女的法律关系和权利义务也成为人们关注的焦点。继父母与继子女之间的权利义务关系并不能当然地适用《中华人民共和国民法典》关于父母子女关系的规定，判断继子女对继父母是否负有赡养义务，主要以双方是否形成抚养关系为标准。继子女对继父母赡养义务的成立以继父母对继子女实际承担了抚养教育责任为前提，只有继父母对继子女实际承担了抚养教育责任，才能形成法律上的抚养教育关系，进而适用民法典关于父母子女关系的规定。而抚养教育法律关系的成立与否，需要结合继父母再婚时继子女的实际年龄、继父母对继子女的经济支持程度、抚养教育时间、继子女是否对继父母有经济上的帮助和精神上的关心、家庭身份是否融合等情况综合判定。

15. 约定离婚后分割售房款无法实现时，依法判决一方支付房屋折价款

【裁判要旨】

离婚时如果约定卖房后分割售房款，但因各种原因分割条件无法正常履行，可以认定无法实现双方订立离婚协议的目的，一方主张给付折价款的可以支持。

【基本案情】

张某（男方）与王某（女方）原本是夫妻，结婚期间购置了位于北京市某小区的一套房产并对外出租。后双方因感情破裂签订了离婚协议，并约定房产产权归王某单独所有，租期届满后将该房产进行出售，所得房款双方各分一半，租期内的租金归王某所有，而房屋贷款则由张某承担。该房屋租期届满两年以后，却因报价高等因素迟迟未能出售，平分房屋价款的约定也始终没有实现。张某因此将王某诉至法院，要求王某依照离婚协议并参考市场价格给付自己房屋折价款。王某认为离婚协议中已经约定，房屋出售后双方平分房款，现房屋并未出售成功，不同意张某的诉讼请求。

【裁判结果】

法院经审理认为，共有人可以协商确定分割方式。达不成协议，共有的不动产或者动产可以分割且不会因分割减损价值的，应当对实物予以分割；难以分割或者因分割会减损价值的，应当对折价或者拍卖、变卖取得的价款予以分割。

本案中，王某、张某双方订立的离婚协议系当事人的真实意思表示，不违反法律、行政法规的强制性规定，合法有效，双方应当依照约定履行

各自义务。现双方自述涉案房屋租期届满至今已两年多，王某虽有出售房屋的意愿，但因双方无法对房屋价格达成一致等原因，导致房屋至今无法正常出售。这种情况下，离婚协议中约定的房屋价款分割条件无法正常履行，无法实现双方订立离婚协议的目的。综合本案案情，张某诉请具有合理性，结合评估报告中关于涉案房屋的评估结论、参照离婚协议的内容，并考虑房屋登记及实际使用情况，酌情对涉案房屋进行分割。最终，依法判决坐落于北京市某小区的房屋归王某所有，王某依据评估价格的一半给付张某房屋折价款。

【法条链接】

中华人民共和国民法典

第三百零四条第一款　共有人可以协商确定分割方式。达不成协议，共有的不动产或者动产可以分割且不会因分割减损价值的，应当对实物予以分割；难以分割或者因分割会减损价值的，应当对折价或者拍卖、变卖取得的价款予以分割。

最高人民法院关于适用《中华人民共和国民法典》婚姻家庭编的解释（一）

第六十九条第二款　当事人依照民法典第一千零七十六条签订的离婚协议中关于财产以及债务处理的条款，对男女双方具有法律约束力。登记离婚后当事人因履行上述协议发生纠纷提起诉讼的，人民法院应当受理。

【法官说法】

离婚时如果约定卖房后分割售房款，在起草相关条款时需要对某些问题进行详细约定，避免后续履行时产生争议，具体注意情况有以下三点：

1. 对离婚后至出售房屋期间的房贷、售房成本等费用分担问题进行约定。如出售房屋期间的贷款本金、贷款利息（罚息）、中介费、税费等售房或者过户成本，都需要在协议中明确。

2. 对离婚后至出售房屋期间的房屋维护成本或者收益分配问题进行约定。离婚时如双方约定房屋出售后平分售房款，但并未约定房产归属问题，那么房屋将继续处于共同共有状态，在此期间发生的房屋漏水、物业费、水电燃气费等费用分担问题，或者房屋处于出租状态时的租金收益分配等问题，将可能会产生矛盾纠纷。

3. 对房产价格及房产出售时限等问题进行明确约定。当房屋处于共同共有状态，出售房屋需要双方共同配合，如果双方在卖房时对于出售价格达不成一致意见，或者一方不想卖房，通过种种方式拖延卖房时间，导致房屋一直未能成功出售，也可能会引发矛盾纠纷，导致时间及金钱成本的损耗。

16. 无法证明婚后财产各自所有的，不能认定婚内夫妻间借款关系的成立

【裁判要旨】

一方称夫妻约定婚前婚后财产归各自所有，但并未提交书面财产约定协议，在另一方未到庭的情况下，无法认定夫妻之间存在财产各自所有的约定，仅凭转账记录，不能认定夫妻之间的转账为借款。

【基本案情】

韩某与张某于2019年9月登记结婚，双方均系再婚。韩某称双方共同生活期间，约定婚前婚后个人财产均归各自所有，无夫妻共同财产。2020年期间，因家庭琐事，双方发生激烈争吵，张某欲与韩某离婚。为缓和双方关系、打消张某离婚念头，韩某给过张某50万元现金，其后又通过给付现金16万元及银行转账120万元的方式借钱给张某，共计借给张某186万元，且其转账时备注转账性质为借款。张某于2021年3月离家出走，至今下落不明，韩某先起诉张某离婚后撤诉。在撤诉后，韩某向法院起诉民间借贷纠纷，要求张某偿还其借款186万元。

【裁判结果】

法院经审理认为，男女双方可以约定婚姻关系存续期间所得的财产以及婚前财产归各自所有、共同所有或者部分各自所有、部分共同所有。约定应当采取书面形式。夫妻在婚姻存续期间取得的财产属于夫妻共同财产。本案中，韩某称双方婚姻关系存续期间曾口头约定婚前婚后个人财产均归各自所有，无夫妻共同财产。经法院释明，其未向法院提交书面财产约定，在张某未能到庭的情况下，法院不能确定双方关于夫妻关系存续期间婚内财产的约定情况，且韩某向张某转账及双方互付现金行为均发生在

婚姻存续期间，因张某未到庭参加诉讼，亦不能确定韩某向张某的转账系韩某婚前个人财产还是双方婚后共同财产。故韩某的诉讼请求缺乏相关证据，法院不予支持。

【法条链接】

中华人民共和国民法典

第一千零六十五条第一款 男女双方可以约定婚姻关系存续期间所得的财产以及婚前财产归各自所有、共同所有或者部分各自所有、部分共同所有。约定应当采用书面形式。没有约定或者约定不明确的，适用本法第一千零六十二条、第一千零六十三条的规定。

【法官说法】

随着经济社会的发展，女性经济能力及独立自主意识越来越强，幸福的答案不是只有一种，法院也尊重越来越多的夫妻在结婚前通过公证以及签署财产协议等方式，来约定各自婚前婚后财产归各自所有这一选择。但财产约定协议需要符合法律规定的相关要求，否则无法获得夫妻双方预期的法律效力。

日常生活中，夫妻二人为了减少日后双方的经济纠纷，可以约定财产归各自所有，但应注意以下三点：一是对于财产分别所有的约定，要采用书面形式，即将夫妻双方将对财产分别所有的约定记录下来，达成书面财产约定协议书，双方共同签字确认，并各自留存一份，避免日后一方反悔致使财产约定因不符合法律规定的形式而无效；二是财产约定协议书尽量约定明确、详尽，避免约定不明的情况，因为民法典规定可以对各自婚前以及婚姻关系存续期间的财产进行分配，既可以约定某些财产归双方共同所有，也可以约定某些财产归各自所有，因此，财产约定协议书须明确是婚前财产归各自所有还是包括婚姻关系存续期间各自挣得的财产均归各自所有，对于大额财产如房产、车辆、存单、股权等，尽量在协议书中明确列明所有权归属，必要时也可以进行公证；三是在有财产约定协议书的情况下，对于婚姻关系存续期间夫妻双方的转账或给付现金，确属借款的话，应留存一定的文字借据或收条，避免日后起纠纷。

17. 男子起诉离婚，依法获得家务补偿

【裁判要旨】

夫妻任何一方有证据证明自己在抚育子女、照顾老年人、家务劳动、协助配偶工作等方面付出较多的，在离婚时主张赔偿的，人民法院应予支持。

【基本案情】

2016 年，刘某（男方）与王某（女方）登记结婚，并于 2018 年生育一子。双方自孩子出生后，因家庭琐事产生矛盾，不久便开始分居生活。此后，王某独自外出打工，孩子一直跟随刘某一起生活，王某只是偶尔对孩子进行探望。2020 年，刘某以夫妻感情破裂为由，向法院提起离婚诉讼，要求解除与王某的婚姻关系，孩子由刘某抚养。另外，刘某认为自己因分居期间独立抚育孩子、料理家务，为整个家庭付出了更多，故要求王某支付补偿款 6 万元。王某同意离婚，但不同意支付补偿款。

【裁判结果】

法院经审理认为，夫妻应当以感情为基础。刘某要求离婚，王某表示同意，足见夫妻感情确已破裂，已无和好可能，法院予以准许。对于婚生子女的抚养问题，从有利于子女身心健康成长，保障子女的合法权益出发，结合父母的抚养能力和抚养条件及孩子目前所处的生活环境等实际情况确定由刘某抚养更为合适。另外，根据双方当事人的陈述及刘某出示的证据，刘某确实负担了较多的抚育子女的义务，刘某对于子女抚养贡献更大，王某应给予一定的补偿。最终，依法判决刘某与王某离婚，婚生子由刘某抚养，王某承担一定的抚养费。与此同时，王某支付刘某补偿款 1 万余元。

【法条链接】

中华人民共和国民法典

第一千零八十八条 夫妻一方因抚育子女、照料老年人、协助另一方工作等负担较多义务的，离婚时有权向另一方请求补偿，另一方应当给予补偿。具体办法由双方协议；协议不成的，由人民法院判决。

【法官说法】

《中华人民共和国民法典》明确肯定家务劳动的经济价值和社会价值，男女在家务劳动中的地位是平等的，每个人在家庭中都有自己应当承担的责任。结婚之后，原则上推定夫妻双方对家庭的贡献相等、付出相等，因此离婚时平均分割财产，看似对双方都进行了平等的补偿，但为家务付出较多的一方，还有着能力提高、学历增长等无形中的牺牲，因此这一条款是对家务劳动付出较多的一方，作出的更加清晰的保护。

一般来说，家务补偿制度适用条件：

1. 以离婚为前提条件。在婚姻关系存续期间夫妻双方对家庭生活的安排应属于其自治范畴，任何一方利益的丧失或获得，可通过婚姻共同体的维持实现共同利益，从而达到双方利益的共同平衡，故在双方不离婚的情况下，家务补偿不能适用。

2. 负担了较多家庭义务。在婚姻关系存续期间，一方承担较多带有家务性质的劳动，实践中应综合考量：（1）投入家务劳动的时间；（2）投入家务劳动的精力；（3）家务劳动产生的效益；（4）负担较多义务一方的信赖利益或机会成本的丧失。

3. 离婚时提出经济补偿的请求。经济补偿应由一方主动提起，法院不能主动对经济补偿作出判决，但可向当事人释明，由当事人选择是否提起。但如果是未尽或较少尽义务的一方提出离婚，尽义务的一方在离婚时没有提出，离婚后是否可以再提出，《中华人民共和国民法典》没有作出规定，所以还是建议负担较多义务的一方能在离婚时提出家务补偿。

家务补偿制度的价值在于肯定夫妻一方对家庭所做的贡献，更有利于促进家庭及社会的和谐。家务补偿制度，体现了公平，保护了弱方利益。

在现实生活中很多夫妻为了抚养孩子、赡养老人、照顾家庭，放弃了工作和个人提升的机会，因此《中华人民共和国民法典》规定了家务补偿制度，希望处于弱势地位的一方不要忽视了自己的合法权益，在离婚时要善于保护自己。

18. 将夫妻共同财产赠与情人，依法判决无效

【裁判要旨】

婚姻关系存续期间为维系婚外情人关系持续、多次向第三方转账，违反了夫妻应当互相忠实的道德约束，属于违背公序良俗的行为，该赠与行为依法被认定为无效。

【基本案情】

张某（女方）与李某（男方）系夫妻关系，二人于2007年8月登记结婚。2021年3月，李某与赵某（女）在某KTV消费过程中相识，之后双方发展成为情人关系。在此后近半年的时间里，李某通过微信、支付宝、银行卡转账等方式，先后向赵某转账20余次，转账金额经常出现“1314”“5200”“9999”等具有特殊含义的数字，累计金额达10万余元。张某认为李某赠与赵某的款项属于夫妻共同财产且数额巨大，又未取得其同意，该赠与行为是建立在有悖公序良俗的婚外情基础上的，严重损害了其合法权益，遂将李某、赵某诉至法院，请求法院认定该赠与行为无效，并判决赵某全额返还赠与财产并支付利息。

【裁判结果】

一审法院经审理认为，李某自述2021年4月起，自己开始对赵某产生好感，自2021年7月起与赵某存在不正当男女关系，并从2021年4月起陆续通过微信转账等形式，向赵某转账，赵某对于转账均予以接受，双方之间形成了事实的赠与法律关系，故本院认定李某与赵某之间存在赠与法律关系。李某与赵某系情人关系，李某在婚姻关系存续期间长期、持续、多次向赵某转账的行为目的在于维系婚外情人关系，违反了《中华人民共和国民法典》婚姻家庭编中夫妻应当互相忠实的道

德约束的规定，属于违背公序良俗的行为，该赠与行为应属于无效，故赵某应当返还赠与财产及利息。赵某不服一审判决提起上诉，后二审法院予以维持。

【法条链接】

中华人民共和国民法典

第一百五十三条第二款　违背公序良俗的民事法律行为无效。

第一千零四十三条第二款　夫妻应当互相忠实，互相尊重，互相关爱；家庭成员应当敬老爱幼，互相帮助，维护平等、和睦、文明的婚姻家庭关系。

【法官说法】

夫妻关系存续期间，夫妻双方在未对婚姻关系存续期间所得的财产作出特别约定的情况下，实行法定财产制，即夫妻共同财产由双方共同共有，而非按份共有，夫妻共同财产作为一个不可分割的整体，夫妻双方对于夫妻共同财产有平等的处分权，非因日常生活需要对夫妻共同财产做重要处理决定，夫妻双方应当协商一致。

本案的争议焦点为夫妻共同财产赠与情人的法律效力的认定问题。一是从守法和公序良俗原则的视角分析。擅自将属于夫妻共同财产赠与情人，违反了《中华人民共和国民法典》婚姻家庭编夫妻应当互相忠实的道德约束，属于违背公序良俗的民事法律行为，应属无效，赵某所得利益应该返还。二是从婚姻法家事代理制度的视角分析。在婚姻关系存续期间，夫妻一方为家庭生活考虑有权以家庭或夫妻名义从事一些行为，该权利即“家事代理权”。但夫妻一方滥用家事代理权，且第三人知道或应当知道夫妻一方滥用家事代理权，如本案中的李某将夫妻财产赠与情人，赵某不属于善意第三人，该赠与行为对李某的妻子张某不发生效力。三是从物权法共有财产处分的视角分析。在婚姻存续期间，夫妻对共同财产具有平等的处分权利，并不意味着夫妻各自对共同财产享有一半的处分权。当财产被他人无合法根据占有时，所有权人有权根据物权的追及效力要求非法占有人返还财产，夫妻中的受损害一方可以行使物上请求权，以配偶及其情人为共同被告，要求返还接受赠与的所有财产，而非部分返还。

本案中，李某与赵某系情人关系，李某赠与赵某的财产系李某与张某夫妻关系存续期间共同共有的夫妻共同财产，李某的赠与行为不但违反公序良俗原则，同时也超出家事代理权的范围，属于无权处分行为，应当给予否定性评价从而认定全部赠与无效。

19. 离婚约定“净身出户”损害债权人权益的，债权人可申请撤销部分财产约定

【裁判要旨】

在离婚协议中约定的财产分配明显不合理的情况下，导致其债务偿付能力下降，损害债权人合法权益的，债权人可以申请撤销离婚协议中关于财产约定的部分。

【基本案情】

王某和赵某在生意场上结交，赵某一向信誉良好，两人在业务上多有往来。赵某因生意遇到问题急需资金周转，出于信任，王某给赵某账户打款50万元，约定三个月后还款。借款到期后，赵某未按约定还款，王某多次催促赵某还款，赵某拒不返还。后王某到法院提起诉讼，法院判决赵某需向王某还款50万元及利息。判决生效后赵某依然没有还钱，王某申请执行后得知，赵某名下已无可供执行财产。经多方了解，赵某长期痴迷赌博，家道中落，并于一年前与妻子离婚。王某回忆起赵某之前提及自己拥有北京城中心的两套房产，价格不菲。又听说赵某的妻子与孩子近期移居国外，仅是孩子的学费与日常生活开销每月就高达数万元。经过调查发现，赵某夫妻二人离婚时签订协议，约定自己“净身出户”，两套房子归了前妻，而债务则归赵某自己。于是，王某向法院提起了债务人撤销权之诉。

【裁判结果】

法院经审理认为，债务发生时间在夫妻关系存续期间。赵某夫妻属于平等的民事主体签订《离婚协议》对婚姻关系解除、子女抚养、财产及债务处理等事项协商一致，《离婚协议》是具有人身和财产双重属性的整体

性协议，应当受到民法典相关法律及司法解释的规范。

在离婚协议中约定的财产分配明显不合理的情况下，势必会造成夫妻一方的财产非正常减少，导致其债务偿付能力下降，进而损害债权人的合法权益，债权人可以申请撤销离婚协议中关于财产约定的部分。

本案中，其中一套房屋是赵某前妻婚前个人财产（A 房屋），故归前妻一人所有并无不当，但另一套房屋系夫妻婚姻关系存续期间购买（B 房屋），属夫妻共同财产，虽然王某称因其做生意经常不回家且有赌博的习惯，外债很多，也不能构成前妻独自取得双方全部大额共有财产的合理事由，故离婚协议中的该套房屋实际系将夫妻共同财产中赵某所有的部分无偿转让给了前妻，客观上减少了赵某可供偿还债务的财产价值。最终，依法撤销赵某与前妻签订的《离婚协议》财产分配部分关于 B 房屋归其前妻所有的约定。

【法条链接】

中华人民共和国民法典

第五百三十八条 债务人以放弃其债权、放弃债权担保、无偿转让财产等方式无偿处分财产权益，或者恶意延长其到期债权的履行期限，影响债权人的债权实现的，债权人可以请求人民法院撤销债务人的行为。

第五百四十二条 债务人影响债权人的债权实现的行为被撤销的，自始没有法律约束力。

【法官说法】

在日常生活中，部分债务人明知身陷债务问题中，仍通过离婚不当分割或者无偿赠与、低价转让等协议方式转移财产，企图“净身出户”逃避债务。遇到这些逃避债务的情形，债权人可在法定期限内，向人民法院请求撤销财产处分约定，以实现自身债权，但撤销权的行使范围应以债权人的权责为限。在此，需要提醒的是，债权人行使撤销权需满足以下条件：一是债权人享有合法有效的债权，并且该债权一般以财产的给付为目的；二是债务人向他人无偿转让财产或者放弃其到期债权；三是债权人的债权因债务人的无偿转让财产行为受到损害。此外，债权人的撤销权必须在法定期限内行使。一是债权人知道或者应当知道撤销事由之日起一年内申请撤销；二是必须在债务人的行为发生之日起五年内申请撤销。

本案中，债务人赵某在身负债务情况下，仍通过离婚的形式，无偿向前妻转让自己所有的财产，该无偿转让行为使债务人赵某财产不当减少，缺少足够的资产清偿债权人王某的债权，且债权人王某在法定期间一年内向人民法院提起诉讼行使撤销权，完全符合债权人撤销权的条件，应予撤销。

20. 离婚协议赠与子女的房产不宜认定为遗产

【裁判要旨】

一方死亡的，其离婚协议约定赠与子女的房产，在不存在预先转移、逃避债务的可能性时，不宜认定为遗产，债权人不得主张。

【基本案情】

2006 年 11 月，李某与北京某房地产开发有限责任公司签订商品房买卖合同，合同约定以李某的名义贷款购买案涉房屋一套。2007 年 10 月 16 日，季某甲与李某经密云区民政局协议离婚，离婚协议约定“现有按揭房一所，归儿子季某丙所有”。2010 年，季某甲从原告季某乙处借款 32000 元，法院判决季某甲偿还季某乙借款。因季某甲未履行生效法律文书所确定的义务，季某乙向法院申请执行，后因季某甲去世，裁定终结执行。遂季某乙将季某丙、李某、任某以被继承人债务清偿纠纷起诉至法院，在该案中，任某、王某明确表示放弃继承，法院判决被告季某丙在继承季某甲的遗产范围内偿还原告借款。此后，经法院执行，因无法确定遗产，执行未果。现原告认为案涉房屋系季某甲的遗产，要求二被告在继承遗产范围内清偿债务。

【裁判结果】

法院经审理认为，案涉房屋是李某与季某甲于夫妻关系存续期间购买的。2007 年，李某与季某甲在民政局办理离婚手续并签订离婚协议。离婚协议约定房产归季某丙所有。该协议系双方当事人的真实意思表示，亦未违反法律法规及社会公共利益，协议合法有效。离婚协议中关于案涉房屋归季某丙所有的表述，系李某与季某甲真实意思表示，该房产属于双方离婚时对夫妻共同财产分割后达成的协议，对双方均具有约束力。因离婚协议中约定房屋归子女所有是一种以解除双方身份关系为目的的赠与，具有一定的道德义务性质，有别于普通民事主体之间的赠与。双方婚姻关系因离婚协议得以解除，赠与财产的目的得以实现，该赠与行为不得随意撤销。在庭审中，李某仍表示会继续履行离婚协议约定，将房产过户给季某丙。因此，离婚协议关于案涉房屋归季某丙所有的约定仍然有效，季某丙基于该约定享有在条件成就时将房产过户至自己名下的合法民事权益。另外，不存在季某甲与李某通过签订离婚协议而恶意预先转移、逃避其个人债务的可能性。故，依法认为案涉房屋不属于季某甲遗产，驳回原告季某乙诉讼请求。

【法条链接】

最高人民法院关于适用《中华人民共和国民法典》婚姻家庭编的解释（一）

第七十条　夫妻双方协议离婚后就财产分割问题反悔，请求撤销财产分割协议的，人民法院应当受理。

人民法院审理后，未发现订立财产分割协议时存在欺诈、胁迫等情形的，应当依法驳回当事人的诉讼请求。

【法官说法】

离婚协议赠与子女的房产一般不得撤销。一方死亡的，其离婚协议约定赠与子女的房产，在不存在预先转移、逃避债务的可能性时，不宜认定为遗产，债权人不得主张。本案的争议焦点为案涉房屋是否属于季某甲的遗产。离婚协议不同于一般的合同，其往往涉及婚姻关系解除、子女抚养、财产分割等整体，具有很强的身份及道德性质。其中关于财产分割的内容是对离婚财产的约定，一般离婚协议中约定房屋归子女所有是一种以解除双方身份关系为目的的赠与，具有一定的道德义务性质，有别于普通民事主体之间的赠与。双方婚姻关系因离婚协议得以解除，赠与财产的目的得以实现，该赠与行为不得随意撤销，夫妻双方协议将房产赠与子女，是双方共同为子女设定权利的行为，而且出于保护未成年子女利益的目的，如非在订立财产分割协议时存在欺诈、胁迫等情形，赠与人也不能随意撤销。本案中，离婚协议关于案涉房屋归季某丙所有的表述，系李某与季某甲真实意思表示，该房产属于双方离婚时对夫妻共同财产分割后达成的协议，对双方均具有约束力，任何一方都不得随意撤销，况且在季某甲死亡后，更缺乏双方合意变更协议的客观基础。此外，本案不存在季某甲与李某通过签订离婚协议而恶意预先转移、逃避其个人债务的可能性。因此，案涉房屋不属于遗产。

第二章　赡养继承

1. 遗产范围不明，推选遗产管理人确保遗产顺利分割

【裁判要旨】

推选遗嘱管理人应当以维护遗产价值和遗产权利人合法利益宗旨，以利于后续遗产处理为原则。对于部分继承人在国外生活的，可以推选在国内的继承人作为遗产管理人，确保遗产顺利分割。

【基本案情】

赵某与王某系夫妻关系，共生育三个女儿。赵某夫妇二人于1984年在某村建造北正房5间、南倒座6间。2000年赵某去世，未留有遗嘱，赵某父母也早于赵某去世。2016年王某与北京市某区人民政府房屋征收办公室签订房屋征收补偿预签协议，协议约定被征收房屋产权调换三套楼房及部分补偿款。王某于2022年收到房屋征收指挥部的回迁入住通知书。因三个女儿均在国外生活，继承人就赵某的遗产继承事宜协商未果，故诉至法院要求分割。

【裁判结果】

法院经审理认为，《中华人民共和国民法典》第一千一百四十五条规定，继承开始后，没有遗嘱执行人的，继承人应当及时推选遗产管理人。本案中，继承人有三人在国外生活，只有王某一人在国内居住生活，为了保障本案顺利进行，进一步查清被继承人赵某的遗产情况，便于后续处理遗产必要事务，原被告双方推选遗产管理人有利于后续遗产处理，双方协商同意推选现居国内的母亲王某作为赵某遗产的遗产管理人。王某根据遗产管理人职责及时清理了被继承人赵某的遗产并制作遗产清单，向其余继承人报告遗产情况，使定居国外的其余继承人了解赵某的遗产情况，保障

了案件审理顺利进行。庭审过程中，法院依法核实了被继承人赵某的家庭成员情况、生前住所地、遗产范围及状况、案涉债权人情况，最终在法官的主持调解下，双方针对赵某留有的遗产达成调解协议。

【法条链接】

中华人民共和国民法典

第一千一百四十五条 继承开始后，遗嘱执行人为遗产管理人；没有遗嘱执行人的，继承人应当及时推选遗产管理人；继承人未推选的，由继承人共同担任遗产管理人；没有继承人或者继承人均放弃继承的，由被继承人生前住所地的民政部门或者村民委员会担任遗产管理人。

第一千一百四十六条 对遗产管理人的确定有争议的，利害关系人可以向人民法院申请指定遗产管理人。

【法官说法】

继承开始后往往存在遗产继承人尚未确定，需要等待继承人、受遗赠人作出接受或者放弃的意思表示、遗产无人继承或者被继承人生前负有债务需要偿还的情况。所以从继承开始到遗产分割前容易出现遗产无人管理的情况，此时需要有专门的主体秉持公平公正、诚实守信的原则对遗产进行管理。因此，《中华人民共和国民法典》规定了遗产管理人制度，来实现遗产管理人有效管理和维护遗产及其价值，保障继承人、受遗赠人和债权人合法权益不受侵犯的目的。本案中，因遗产均在国内，且作为遗产的回迁房屋需要办理相应手续，由继承人推选一名遗产管理人实施与遗产相关的管理行为非常必要。故法院依据《中华人民共和国民法典》的规定引导当事人适用遗产管理人制度，方便遗产分割后的执行和管理。本案也是因为推选出了各方认可的遗产管理人，且遗产管理人全面履行了相关职责，对遗产进行清理并制作清单，为继承人就遗产分割事宜达成和解奠定了基础。

2. 外嫁女无所居，有权分割父母遗留房产

【裁判要旨】

继承权男女平等，同一顺序继承人继承遗产的份额，一般应当均等，被继承人的女儿外嫁并未丧失继承权，依法享有继承被继承人留有遗产的权利。

【基本案情】

葛某与妻子龚某共生育两男两女，1996 年葛某去世，2008 年龚某去世，在某村遗留北正房四间。2020 年 7 月，葛某甲、葛某乙姐妹俩与两个哥哥葛某丙、葛某丁就房屋继承问题协商未果诉至法院。审理中，葛某甲表示妹妹葛某乙离婚后无处居住，自己愿意将继承到的房屋全部赠与妹妹。二被告表示自己常年居住在父母遗留的房屋内，两个妹妹已经外嫁，没有继承的权利。

【裁判结果】

法院经审理认为，继承权男女平等，同一顺序继承人继承遗产的份额，一般应当均等。原被告作为葛某、龚某之子女，依法享有同等的继承权，二被告提出外嫁女儿无权继承的辩解意见，于法无据。法院依法判决北正房四间中西数第一、二间由原告葛某乙继承，其余房屋分别由二被告继承。

【法条链接】

中华人民共和国民法典

第一千一百二十六条　继承权男女平等。

第一千一百二十七条　遗产按照下列顺序继承：

（一）第一顺序：配偶、子女、父母；

（二）第二顺序：兄弟姐妹、祖父母、外祖父母。

继承开始后，由第一顺序继承人继承，第二顺序继承人不继承；没有第一顺序继承人继承的，由第二顺序继承人继承。

本编所称子女，包括婚生子女、非婚生子女、养子女和有扶养关系的继子女。

本编所称父母，包括生父母、养父母和有扶养关系的继父母。

本编所称兄弟姐妹，包括同父母的兄弟姐妹、同父异母或者同母异父的兄弟姐妹、养兄弟姐妹、有扶养关系的继兄弟姐妹。

【法官说法】

在我国农村继承案件中，男女平等的思想虽然已经被普及，法律制度也已明确，但是受限于部分地方传统习俗的影响，在现实生活中，还有一部分农村妇女的权益被忽视和侵害，特别是在妇女结婚、离婚、丧偶后。这不仅违背了国家政策，违反了法律法规，更危害了社会的稳定和文明的进步。本案中，被继承人的女儿依法享有继承权，符合法律规定，应当依法予以保护。关于外嫁女继承权保障有以下问题需要注意。

1. 关于继承人身份问题。《中华人民共和国民法典》对遗产继承规定了顺序，即第一顺序为配偶、子女、父母；第二顺序为兄弟姐妹、祖父母、外祖父母。继承开始后，由第一顺序继承人继承，第二顺序继承人不继承；没有第一顺序继承人继承的，由第二顺序继承人继承。本案中，原告葛某甲、葛某乙，被告葛某丙、葛某丁均系被继承人葛某与龚某的子女，为法律规定的第一顺序继承人，应依法享有对被继承人葛某与龚某遗产的继承权。

2. 关于遗产分配问题。《中华人民共和国民法典》第一千一百三十条规定："同一顺序继承人继承遗产的份额，一般应当均等。对生活有特殊困难又缺乏劳动能力的继承人，分配遗产时，应当予以照顾。对被继承人尽了主要扶养义务或者与被继承人共同生活的继承人，分配遗产时，可以多分。有扶养能力和有扶养条件的继承人，不尽扶养义务的，分配遗产时，应当不分或者少分。继承人协商同意的，也可以不均等。"本案中，葛某甲、葛某乙、葛某丙、葛某丁均对被继承人葛某与龚某生前尽了主要扶养义务，对于遗产应平均分配。

3. 强化老年人精神赡养，依法驳回遗赠扶养协议请求

【裁判要旨】

遗赠扶养协议履行期间，遗赠扶养人积极改善老年人的居住条件并多次带其就医，已基本履行了协议约定的义务，且解除协议不利于无人可依的老年人安享晚年，在驳回老人诉讼请求的同时要求遗赠扶养人签订保证书承诺日后更加悉心关怀，关注老人的精神赡养。

【基本案情】

马某已年过七旬，至今未婚，无儿无女，孤寡无依。2011 年 3 月 7 日，经所在人民调解委员会主持，马某与其侄子马某甲签订了《赡养协议》，协议约定由马某甲负责照料马某生活，包括生活费、水费电费、住院医疗费等，马某死后房产、口粮田、自留地等一切财产均由其侄子马某甲继承所有。协议签订后，马某甲依照协议约定，多次带马某看病就医，日常生活中由马某甲的父母时常探望马某。多年来未曾就赡养问题发生矛盾。直至 2020 年 1 月，马某以联系不到马某甲无法及时就医，且马某对其冷漠不予关心为由，起诉至法院，要求解除遗赠扶养协议。

【裁判结果】

法院经审理认为，自然人可以与继承人以外的组织或者个人签订遗赠扶养协议。按照协议，该组织或者个人承担该自然人生养死葬的义务，享有受遗赠的权利。本案双方签订的协议系双方真实意思表示，内容合法有效。马某甲为改善马某居住条件对其房屋进行翻建，并多次带其就医，已基本履行协议约定的义务。且从该村村委会了解如解除遗赠扶养协议，马某也难以得到妥善的安置，生活无着落。考虑到遗赠扶养协议的持续性，

不解除更有利于老年人安度晚年。在驳回马某诉讼请求的同时，要求马某甲签订保证书，承诺在以后的生活中更加悉心照顾，除在物质上多给予支持照料外，还需要从精神上关心马某，注重精神赡养。

【法条链接】

中华人民共和国民法典

第一千一百五十八条 自然人可以与继承人以外的组织或者个人签订遗赠扶养协议。按照协议，该组织或者个人承担该自然人生养死葬的义务，享有受遗赠的权利。

第一千一百四十四条 遗嘱继承或者遗赠附有义务的，继承人或者受遗赠人应当履行义务。没有正当理由不履行义务的，经利害关系人或者有关组织请求，人民法院可以取消其接受附义务部分遗产的权利。

【法官说法】

在人口老龄化趋势下，如何保障老有所养、老有所依是一个社会问题。遗赠扶养协议制度能够为那些没有法定赡养义务人或法定赡养义务人无法实际履行赡养义务的老人提供生活保障。遗赠扶养协议是平等有偿且互负义务的民事法律关系，其目的在于使得没有法定赡养人或虽有法定赡养人但无法实际履行赡养义务的孤寡老人，以及无独立生活能力老人的生活得到保障。遗赠扶养协议履行具有长期性和持续性的特点，一旦解除协议不仅使老人晚年无从依靠，也不利于赡养义务人合法权益的保护。遗赠扶养协议不仅是物资上的帮扶，还需要关心关爱孤寡老人的心理需要，时常探望、嘘寒问暖，满足老年人的多元化诉求。本案中，马某仅因一次联系不上其侄子马某甲，就申请撤销遗赠扶养协议，不仅是对马某甲以往对其赡养照顾的否定，使子侄情感、经济双重受损，也将会因意气用事，断送了自己老年生活的保障，故法院依法驳回马某的诉讼请求。为进一步修复叔侄关系，确保遗赠扶养协议顺利履行，法院要求马某甲签订保证书，在物质照顾的同时，更加主张精神上的陪伴和关心，让马某真正的老有所依。

4. 法院协调化解，帮助八旬老人追回口粮田

【裁判要旨】

农村土地承包经营权分割及确定具体地块应由农村集体经济组织通过民主议定程序进行，再报政府相关部门进行处理。因家庭成员内部产生的对土地承包经营权的分户不属于法院主管范围。

【基本案情】

杜某与王某系婆媳关系，杜某的口粮田一直由次子耕种，次子于2015年9月因病去世，王某于2020年与他人再婚。杜某多次要求王某将口粮田返还，但王某拒不返还，原告无奈起诉至法院。在审理中，法官了解到，案件涉及的口粮田，是通过家庭承包方式承包，承包方代表为王某，内部成员一共四人，杜某是其中之一。杜某向法院提出诉讼请求，要求王某将其中的1/4土地即1.65亩返还给其耕种，必然要涉及对共同承包的土地进行分割，其性质属于在承包期内，家庭成员内部产生的对土地承包经营权的分户，是要把一本《农村土地承包经营权证》分成两本。由于分割及确定具体地块应由发包方即农村集体经济组织通过民主议定程序进行，再报政府相关部门进行处理。从法院工作职责的角度上来说，杜某起诉的这个事项不属于法院主管范围，应当裁定驳回起诉。

【裁判结果】

法院通过前往政府相关部门、村委会了解情况，到涉案土地实地现场勘察，到双方家中反复沟通调解，最终促使双方达成了如下调解协议：杜某享有土地承包经营权证项下土地的四分之一土地承包经营权；王某将土地承包经营权证项下土地的八分之一的收益给付杜某，自2022年1月1日起至土地分割事项全部结束之日止。最终妥善化解了双方的矛盾纠纷，呈

现“家和万事兴”的祥和氛围。

【法条链接】

中华人民共和国民法典

第三百三十三条 土地承包经营权自土地承包经营权合同生效时设立。

登记机构应当向土地承包经营权人发放土地承包经营权证、林权证等证书，并登记造册，确认土地承包经营权。

【法官说法】

口粮田问题是老人的生活保障，妥善化解该纠纷，将“加大老年人权益保护”这一为民实事落到实处的生动实践。涉及“口粮田”有两个法律问题需要注意：

1. “口粮田”的家庭承包经营权的承包主体具有特定性。家庭承包的土地承包经营权的取得须由集体经济组织作为发包方与农户作为承包方签订农村土地承包经营合同，以固定每户应当承包的土地亩数。家庭承包经营权的主体为农户而非签订土地承包经营合同的个人，签约人仅系该农户的代表，在农户内部，每位家庭成员均共享土地承包经营权。

2. 承包经营户家庭成员的身份确定具有特殊性。是否属于承包经营户中的家庭成员，不能以是否在共同居住、是否具有近亲属关系或是否属于同一户口簿等作为判断标准，而应当以集体经济组织发包土地时核对的农户为单位，该家庭成员是否属于农户中的一员作为判断标准。另外，人数增减并不影响承包地的亩数，只是影响每位家庭成员所享有的承包收益分配份额。

本案调解主要基于以下五个基本事实：一是我国实行“增人不增地、减人不减地”的土地政策；二是王某虽然改嫁，但户口还在本村，没有迁出，还属于本村集体经济组织成员，其享有的土地承包经营权不因其婚姻、家庭关系的改变而发生变化；三是经过与村委会、镇经管站的充分沟通，分割土地及分户的条件目前不成就，但是条件成就时是可以分割和分户的；四是杜某要求返还的1.65亩口粮田在以王某为承包方代表的家庭承包合同中，杜某实际享有 1.65 亩土地的承包经营权；五是涉案土地现由村里组织农机队统一进行耕种，所获收益也由村里以亩数为基础按照一定的标准予以发放，将上述收益在家庭成员之间进行分配存在可能。

5. 遗赠扶养协议已无法实现，应当依法解除

【裁判要旨】

遗赠扶养协议目的无法实现，且被扶养人明确表示不再要求赡养，不宜强制继续履行，应解除双方签订的遗赠扶养协议。

【基本案情】

赵某称其妻于2011年因车祸去世，其子赵小某于2021年去世，并无其他近亲属，肖某系其侄儿。2022年赵某与肖某签订《遗赠扶养协议》，双方约定：由肖某对赵某尽赡养义务，肖某负担赵某的生活费、医疗费等费用，在赵某去世后，将位于北京市密云区某村的房屋及院落赠与肖某。肖某为履行赡养义务，多次带赵某就医。赵某认可由肖某花费医药费三千余元。肖某称为履行赡养义务，其曾替赵小某偿还债务，转账截图有赵某签名及手印。赵某认可肖某曾先后给付其多笔赡养费用，并购买面粉等生活用品。后赵某在肖某不知情的情况下，将该房屋以30万元价格出售给蔡某，所获房款已用于其他房屋装修，肖某认为因赵某将其房屋出售导致双方签订的《遗赠扶养协议》无法履行，故诉至法院。

【裁判结果】

法院经审理认为，自然人可以与继承人以外的组织或者个人签订遗赠扶养协议。按照协议，该组织或者个人承担自然人生养死葬的义务，享有受遗赠的权利。双方签订的《遗赠扶养协议》性质属于民法典规定的遗赠扶养协议，系双方真实意思表示，当事人一方迟延履行债务或者有其他违约行为致使不能实现合同目的，当事人可以解除合同。现赵某称涉案房屋已出售，导致合同目的无法实现，且赵某明确表示不再要求肖某赡养，因遗赠扶养协议是身份属性较强的合同，对人身依赖程度及双方信任程度要

求较高，不宜强制继续履行，故对于赵某要求解除《遗赠扶养协议》的诉讼请求，本院予以支持。本案中，为履行《遗赠扶养协议》约定，肖某为赵某支出生活费、医疗费等，赵某应就肖某在赡养期间的合理支出予以返还，具体金额本院依据医疗费单据、转账记录、收条等证据予以确认。法院判决解除赵某与肖某签订的《遗赠扶养协议》，由赵某返还肖某赡养费等支出六万余元。

【法条链接】

中华人民共和国民法典

第一千一百五十八条　自然人可以与继承人以外的组织或者个人签订遗赠扶养协议。按照协议，该组织或者个人承担该自然人生养死葬的义务，享有受遗赠的权利。

【法官说法】

在人口老龄化的趋势下，如何保障老有所养、老有所依是一个社会问题。遗赠扶养协议可以借助组织或个人的力量，帮助、扶养孤老病残群众解决生活困难，保障晚年生活。但需要注意的是遗赠扶养协议本质上是双务、有偿的民事合同，合同订立后需要扶养人和被扶养人按照协议约定履行，扶养人不履行义务的，被扶养人有权解除协议，扶养人不再享有接受遗产的权利，其支付的供养费一般也不再补偿。扶养人履行遗赠扶养协议约定义务后，享有接受约定的遗赠财产的权利。如被扶养人无正当理由导致协议不能履行的，扶养人有权解除扶养协议，被扶养人应当偿还扶养人已经支付的供养费用。本案中，因赵某将协议约定物房屋出售，导致遗赠扶养协议目的无法实现，且赵某明确表示不再要求肖某赡养，故应解除双方签订的《遗赠扶养协议》。对于肖某在赡养期间的合理支出，赵某应予以返还。

6. 未实际形成抚养教育关系的继子女，对继父母不承担赡养义务

【裁判要旨】

再婚家庭中继父母未对继子女承担抚养义务、双方未实际形成抚养教育关系的，继子女对继父母不承担赡养义务。

【基本案情】

2001 年 1 月，原告裴某和被告之父李某再婚，李某婚前育有两女，分别为李某甲和李某乙，其中李某乙于 1982 年 4 月出生。裴某与前夫育有一子，于 1979 年 4 月出生。2009 年，李某甲进入北京联合大学就读，学制三年。原告称李某甲上大学期间没有生活来源，上学期间的一切费用均由其与李某负担。2012 年，李某甲购置一套房产，原告出资 11 万元。2013 年至 2023 年，原告与李某一直在此楼房居住。现裴某以李某甲未支付赡养费为由，诉至法院，要求李某甲每月支付 500 元赡养费以及三分之一医疗费。李某甲辩称，原告和其父亲再婚时自己已成年，在上大学二年级，距离毕业仅一年。上学期间几乎都在姐姐家生活，与原告交集甚少，原告对自己没有任何抚育，也并未用其婚前财产 11 万元为自己购买房屋出资，故不承认双方构成有抚养关系的继子女关系，自己对原告没有赡养义务。

【裁判结果】

法院经审理认为，继父母和受其抚养教育的继子女之间的权利义务关系，适用《中华人民共和国民法典》关于父母子女关系的规定。根据《中华人民共和国民法典》第一千零六十七条第二款、第一千零七十二条第二款的规定，继子女对继父母的赡养义务需要以双方之间成立抚养教育关系为前提。本案中，原告裴某与被告之父李某再婚时，被告李某甲已经成

年，处在大学就读期间，即便存在经济上的扶助，由于扶助时间过短，亦不能形成法律上的抚养教育关系，故不能适用民法典关于父母子女关系的规定，依法驳回原告裴某的全部诉讼请求。

【法条链接】

中华人民共和国民法典

第一千零六十七条第二款 成年子女不履行赡养义务的，缺乏劳动能力或者生活困难的父母，有要求成年子女给付赡养费的权利。

第一千零七十二条 继父母与继子女间，不得虐待或者歧视。

继父或者继母和受其抚养教育的继子女间的权利义务关系，适用本法关于父母子女关系的规定。

【法官说法】

继父母与继子女之间的权利义务关系并不能当然地适用民法典关于父母子女关系的规定，继子女对继父母赡养义务的成立以继父母对继子女实际承担了抚养教育责任为前提，只有继父母对继子女实际承担了抚养教育责任，才能形成法律上的抚养教育关系，进而适用《中华人民共和国民法典》关于父母子女关系的规定。而抚养教育法律关系的成立与否，需要综合继父母再婚时继子女的实际年龄、继父母对继子女的经济支持程度、抚养教育时间、共同生活与否、家庭身份融洽程度等实际情况综合判定。

继父母与继子女之间的抚养义务和赡养义务是对等的，如果未形成抚养教育关系的继子女，通常没有赡养继父母的义务。然而，如果在特定情况下，比如继父母生活困难或者缺乏劳动能力，继子女可能基于人道主义和社会责任而给予一定的帮助。具体情况还需根据法律规定和实际情况来判断。

7. 老人挖坟导致骨灰遗撒，依法赔偿相关损失

【裁判要旨】

故意毁坏他人坟墓，将骨灰盒、套棺等随葬品扔出属于侵权行为，应承担民事赔偿责任。因毁坏行为导致逝者骨灰遗撒，违背风俗习惯，对逝者近亲属造成严重精神损害，应负担一定的精神损害抚慰金。

【基本案情】

小鹏的父母离异后，父母因工作等原因没有能力抚养孩子，小鹏随姑姑共同生活多年。不幸的是，小鹏在 13 岁时因病去世，家人便把他葬在了村旁。后来，74 岁的杨某到村南给去世的丈夫和儿子上坟，发现西面小鹏的坟墓，杨某认为他人坟墓葬在自家地里不吉利，愤怒之下徒手将小鹏的墓地破坏，并将骨灰盒及随葬手机、助听器等物品扔出。

小鹏的姑姑给小鹏上坟时，发现小鹏的坟墓竟然遭到破坏，悲痛之下立即报警。公安机关经过调查，查明始末，对杨某作出了行政拘留十五日的行政处罚决定。后因杨某拒绝民事赔偿，小鹏的父亲李某诉至法院，要求杨某赔偿墓地修复费用及随葬物品 1.5 万元，并赔偿精神损害抚慰金 5 万元。

【裁判结果】

法院经审理认为，行为人因过错侵害他人民事权益造成损害的，应当承担侵权责任。本案中，杨某故意毁坏他人坟墓，将骨灰盒、套棺及手机等随葬品扔出，李某主张赔偿财产损失的诉讼请求应予支持，具体金额法院综合考虑物品价值、年限等情况予以确定。

杨某将坟墓内骨灰盒及其他随葬物品扔出损坏，导致逝者骨灰遗撒，违背风俗习惯，对小鹏近亲属造成严重精神损害，李某主张精神损害抚慰

金的诉讼请求，法院予以支持。

最终法院判决杨某赔偿李某财产损失费、精神损害抚慰金共计 2.8 万元。

【法条链接】

中华人民共和国民法典

第一千一百六十五条第一款 行为人因过错侵害他人民事权益造成损害的，应当承担侵权责任。

最高人民法院关于确定民事侵权精神损害赔偿责任若干问题的解释

第三条 死者的姓名、肖像、名誉、荣誉、隐私、遗体、遗骨等受到侵害，其近亲属向人民法院提起诉讼请求精神损害赔偿的，人民法院应当依法予以支持。

第五条 精神损害的赔偿数额根据以下因素确定：

（一）侵权人的过错程度，但是法律另有规定的除外；

（二）侵权行为的目的、方式、场合等具体情节；

（三）侵权行为所造成的后果；

（四）侵权人的获利情况；

（五）侵权人承担责任的经济能力；

（六）受理诉讼法院所在地的平均生活水平。

【法官说法】

坟墓作为埋葬死者遗体或者骨灰的特殊建筑物，其构筑需要投入一定的人力、物力、财力，具有财产属性，属于一种特殊财产。同时，坟墓作为死者遗骸的存放场所，对于死者近亲属具有寄托哀思的重要意义，承载着死者近亲属特殊的精神价值。损毁他人坟墓，不但会侵害他人特殊的财产利益，也会侵害死者的人格利益，导致死者近亲属精神上的重大损害。因此，损毁他人坟墓者须对死者近亲属承担经济损失和精神损害双赔偿责任。根据相关法律规定，死者的姓名、肖像、名誉、荣誉、隐私、遗体、遗骨等受到侵害，其近亲属向人民法院提起诉讼请求精神损害赔偿的，人民法院应当依法予以支持。本案中，杨某将骨灰盒、套棺及手机等随葬品扔出，损害了李某的财产权益，应予赔偿；此外，李某将逝者坟墓破坏，导致骨灰遗撒，违背公序良俗，给逝者亲属造成严重精神伤害，应对李某的精神损害进行相应赔偿。

8. 私自迁坟侵犯祭奠权益，依法判决赔偿

【裁判要旨】

民事主体从事民事活动，不得违反法律，不得违背公序良俗。按照一般习俗，家庭内部各成员之间应当对迁坟的具体时间、地点等事宜协商一致后方可动土迁坟。在审理该类案件时，要充分考虑原被告双方的过错程度、损害后果及社会风俗习惯，综合予以处理。

【基本案情】

张某在村落规划改造中，为了向开发商领取平坟补偿款，竟擅自将公公孔某的坟迁至村林业队，孔某之妻崔某以及孔某的三个女儿对此毫不知情。其间，孔某的三个女儿曾花费迁坟、骨灰盒、套棺、喜钱共 2300 元，委托花圈寿衣经销店一条龙服务人员前往坟地迁坟，可到场后却发现坟已经被迁走。随后，孔某之妻及三女将张某诉至法院，要求张某赔偿迁坟支出 2300 元、后续迁坟费用 3000 元、精神损失费用 7000 元，并要求张某将孔某的坟冢起出交给崔某。

【裁判结果】

法院经审理认为，张某侵犯四原告祭奠死者权益，给四原告造成一定精神损害，故对四原告要求张某给付精神损害抚慰金的诉讼请求予以支持，具体数额，予以酌定。四原告未经现场核查即委托办理迁坟产生的损失也有一定的过错，结合双方的过错程度确定分担比例，确定金额为 1300 元。原告要求将孔某坟冢起出交还的主张，本着逝者安息、尊重死者的原则，已经入土为安的死者不宜再次惊动，且该主张亦无法律依据，故对该项请求及后续迁坟费用不予支持。

【法条链接】

中华人民共和国民法典

第八条　民事主体从事民事活动，不得违反法律，不得违背公序良俗。

最高人民法院关于确定民事侵权精神损害赔偿责任若干问题的解释

第三条　死者的姓名、肖像、名誉、荣誉、隐私、遗体、遗骨等受到侵害，其近亲属向人民法院提起诉讼请求精神损害赔偿的，人民法院应当依法予以支持。

【法官说法】

民事主体从事民事活动，不得违反法律，不得违背公序良俗。丧葬属于社会风俗习惯的范畴，一般而言，坟冢安葬先人尸骨，系为满足后人纪念的精神需要，用于悼念、追思先人，获取精神慰藉。根据《中华人民共和国民法典》以及《最高人民法院关于确定民事侵权精神损害赔偿责任若干问题的解释》的规定，死者的近亲属可以主张赔偿精神损害的情形。本案中，张某的行为主要侵害了原告以下权利：一是侵犯了财产权。坟墓在民法上属于构筑物，需要投入一定的人力物力进行建设，属于一种特殊的不动产，死者近亲属对之拥有相应的财产权益。二是侵犯了祭祀权，根据我国传统的伦理观念和长期形成的民间风俗习惯，祭奠既是生者对死者的悼念，也是对生者精神上的一种安慰。三是侵犯了原告的人格利益。遗体遗骨作为死者遗存之物，负载了近亲属对死者的哀思，因而是一种特殊的物。对该物的损害，侵犯了死者近亲属的特定身份权益。在迁坟的过程中，死者近亲属应本着尊重死者、悼念死者的原则，协商处理迁坟的时间、迁坟的地点等事宜，家庭内部各成员之间应当对迁坟的具体时间、地点等事宜协商一致后方可动土迁坟。对于先人坟冢，亲属后辈应敬重、慎待，切不可因一己私念动迁。

9. 微信聊天设立遗嘱的，不予确认其效力

【裁判要旨】

遗嘱属于要式法律行为。通过微信聊天形式订立的遗嘱，不具备遗嘱的形式要件，若不能提供其他证据证明此为遗嘱人真实意思表示，人民法院不能确认该遗嘱的效力。

【基本案情】

王某甲与李某原系夫妻关系，双方育有子女二人，即王某乙、王某丙。2000 年，王某甲与李某经法院调解离婚。2004 年，王某甲与赵某登记结婚，二人婚后无子女。2020 年 10 月 11 日，王某甲去世。王某甲遗有坐落于北京市某区某村某院北正房四间、南倒座房三间。王某乙称王某甲于 2020 年 10 月 4 日通过微信聊天的形式订立了遗嘱，内容为“王某乙记住，在我死之后，你奶奶你照顾好，我把某院的房子给你，等我死后，你去把你妈照顾好，这些年对不起你们……”现王某乙持其与王某甲的微信互动截屏，向法院起诉，要求继承王某甲所有的坐落于北京市某区某村某院的房屋。

【裁判结果】

法院经审理认为，该案涉及对于王某乙提交的王某甲于 2020 年 10 月 4 日通过微信所立遗嘱效力的认定。遗嘱是一种单方要式法律行为，遗嘱的订立必须符合法律规定的遗嘱形式，不符合法定形式的遗嘱不能发生遗嘱继承的效力。案件涉及的通过微信聊天订立的遗嘱并非法律规定的遗嘱形式，且此种立遗嘱方式无法排除他人伪造的可能性，难以证明此系王某甲的真实意思表示，故法院对王某乙提交的通过微信聊天订立的遗嘱效力不予确认。因王某甲未留有遗嘱，该案按照法定继承处理涉案房屋。法定

继承中遗产按照第一顺序继承人即配偶、子女、父母的顺序继承。同一顺序继承人继承遗产的份额，一般应当均等。最终法院在确定王甲第一顺序继承人为王某甲之母、王某乙、王某丙、赵某四人后，判决四位继承人对涉案房屋均享有 1/4 的继承权。

【法条链接】

中华人民共和国民法典

第一千一百三十四条 自书遗嘱由遗嘱人亲笔书写，签名，注明年、月、日。

第一千一百三十八条 遗嘱人在危急情况下，可以立口头遗嘱。口头遗嘱应当有两个以上见证人在场见证。危急情况消除后，遗嘱人能够以书面或者录音录像形式立遗嘱的，所立的口头遗嘱无效。

【法官说法】

遗嘱是指自然人生前按照法律的规定处分其合法财产及安排与此有关的事务并于死亡后发生效力的单方的民事行为。遗嘱继承相较于法定继承优先适用，这体现了《中华人民共和国民法典》对于自然人意志的尊重，但是遗嘱自由并非绝对且不受任何限制，为了保证遗嘱能体现遗嘱人的真实意愿，民法典对遗嘱的形式进行了规定，分别为自书遗嘱、代书遗嘱、打印遗嘱、录音录像遗嘱、口头遗嘱、公证遗嘱。自书遗嘱是指由遗嘱人亲笔书写的遗嘱，应由遗嘱人签名并注明年、月、日。代书遗嘱是指有两个以上见证人在场见证，由遗嘱人口述遗嘱内容，由其中一名见证人代书记录的遗嘱，应由遗嘱人、代书人和其他见证人签名并注明年、月、日。打印遗嘱是指有两个以上见证人在场见证，由遗嘱人口述或书写遗嘱内容，并打印成书面文件的遗嘱。遗嘱人和见证人应当在遗嘱每一页签名并注明年、月、日。录音录像遗嘱是指有两个以上见证人在场见证，由遗嘱人口述遗嘱内容，并录音或录像的遗嘱。遗嘱人和见证人应当在录音录像中记录其姓名或者肖像，以及年、月、日。口头遗嘱是指有两个以上见证人在场见证，由遗嘱人口述遗嘱内容的遗嘱。应当注意的是，当危急情况消除后，遗嘱人能够以书面或者录音录像形式立遗嘱的，所立的口头遗嘱无效。公证遗嘱是指由遗嘱人经公证机构办理的遗嘱。本案涉及的微信遗嘱不能归于上述六种遗嘱形式，且无法排除他人伪造的可能性，难以证明此系王某甲真实意思表示，故法院对该遗嘱的效力不予确认。

10. 继承人对被继承人债务承担有限清偿责任

【裁判要旨】

借款人去世，被继承人依法继承其遗产的，在遗产实际价值范围内清偿应当缴纳的税款及个人债务；超过的部分除自愿偿还外，不承担偿还责任；被继承人放弃继承的，可以不负清偿责任。

【基本案情】

中国工商银行股份有限公司某支行与高某、北京某某公司金融借款合同纠纷一案，经法院调解达成协议。2022 年 6 月 15 日，经中国工商银行股份有限公司某支行对该调解书申请，法院作出执行裁定：一、冻结、划拨被执行人高某、北京某公司的银行存款。二、冻结、扣留、提取被执行人高某、北京某公司应当履行义务部分的收入。三、查封、冻结、扣押、扣留、提取、拍卖、变卖被执行人高某、北京某公司应当履行义务部分的财产……2022 年 7 月 5 日，北京某公司向中国工商银行股份有限公司某支行支付本金及利息共计 155163.28 元。现北京某公司诉至本院要求高某继承人在继承遗产范围内承担还款责任。

另查明，2017 年 11 月 15 日，高某因死亡注销户口。陈某与高某原系夫妻关系，二人育有两名子女高某甲、高某乙。高某去世后，高某甲、高某乙放弃继承位于北京市某区某村 401 院内北正房四间中遗产份额，该房屋现归陈某所有。高某甲放弃继承位于北京市某区某村 324 号院内北正房四间中遗产份额，该房屋现归高某乙与陈某所有。

【裁判结果】

法院经审理认为，根据现已查明的被继承人高某遗产已经通过本院民事调解程序予以继承，高某甲并未继承，故高某甲对债务不承担清偿责任。高某乙、陈某均继承了被继承人高某遗产，故应当以其继承的遗产实际价值为限对北京某某公司债务承担清偿责任。综上所述，法院依法判决被告高某乙、陈某在继承高某遗产范围内偿还原告北京某某公司借款本息及执行费。

【法条链接】

中华人民共和国民法典

第一千一百六十一条　继承人以所得遗产实际价值为限清偿被继承人依法应当缴纳的税款和债务。超过遗产实际价值部分，继承人自愿偿还的不在此限。

继承人放弃继承的，对被继承人依法应当缴纳的税款和债务可以不负清偿责任。

【法官说法】

《中华人民共和国民法典》第一千一百六十一条规定了限定继承原则，即继承人清偿被继承人的遗产债务只以遗产的实际价值为限，超过遗产实际价值的部分，继承人不负清偿责任。依据该原则，继承人接受遗产后，对于被继承人生前依法应当缴纳的税款和个人所欠债务，仅在其接受的遗产的实际价值范围内，承担清偿义务。对于超出遗产实际价值的债务，可以不负清偿责任。限制继承原则作为一般规定，但是对于特定遗产债务的清偿并未进行明确。根据一般的继承理论和审判实践，应当认为，死者生前为有劳动能力的继承人的需要所欠的债务和因继承人不尽扶养、抚养、赡养义务而使被继承人迫于生活需要欠下的债务，不以该继承人所继承的遗产的实际价值为限，该继承人应负无限的清偿责任，即应以自己固有的财产进行清偿。继承人对这部分债务承担无限清偿责任的原因在于：遗产债务应从狭义上理解，指的是被继承人生前个人依法应当缴纳的税款和完全用于个人生活和生产需要所欠的债务。这里强调的是，除依法应缴纳的税款外，被继承人所负的债务应是完全用于个人生活和生产需要所欠的债务。

第三章　教育培训

1. 幼儿在校期间受伤，学校或者其他教育机构应当承担侵权责任

【裁判要旨】

幼儿作为无民事行为能力人无危险辨识能力，缺乏自我保护意识，幼儿园应当确保幼儿在活动中的人身安全。幼儿受到人身损害的，幼儿园、学校或者其他教育机构应当承担侵权责任。

【基本案情】

6 岁的李小某就读于某幼儿园大班。一日中午，幼儿园组织幼儿午饭后散步，其中有数十名幼儿围成一圈在大厅内顺时针方向散步，二名教师分别站在大厅两侧，其中一名教师在与幼儿进行交流，另一名教师对散步的幼儿进行看护。李小某在此过程中进行跑跳，摔倒后被其他幼儿扶起后又继续行走了大半圈，与老师交流后坐到大厅内休息，随后，李小某觉得身体不适，向老师反馈了相关情况，经详细询问后老师将李小某送到医院就诊。经医院诊断为右踝骨折、腓骨远端骨骺损伤等，李小某父母自行支付了医疗费。后，李小某父母认为学校没有尽到监管职责，对李小某受伤学校应负全责故起诉至法院要求学校承担赔偿责任。

【裁判结果】

法院经审理认为，李小某系学龄前儿童，对其来说，幼儿园组织的饭后散步活动为日常活动，较为安全、不具有危险性，但李小某在散步活动中进行奔跑，且系自己摔倒受伤，其对自身摔倒受伤负有主要责任。李小某为无民事行为能力人，无危险辨识能力，缺乏自我保护意识，幼儿园应当确保幼儿在活动中的人身安全。但根据幼儿园提供的视频光盘，可以看到，幼儿园在组织幼儿进行散步活动时，虽散步活动较为有序，

但视频中两位教师对散步过程中的儿童奔跑、聚集扎堆等行为未及时进行劝阻及管理，未对活动场所内的幼儿尽到足够的照顾和看管义务。李小某摔倒后，教师未在第一时间发现并处理，该情况说明幼儿园在教育管理职责方面存在疏漏，故应对李小某受伤负有次要责任，依法应当赔偿李小某合理合法损失。综上，法院依照《中华人民共和国民法典》第一千一百九十九条、第一千一百七十三条、第一千一百七十九条，《最高人民法院关于审理人身损害赔偿案件适用法律若干问题的解释》第六条、第八条、第九条、第十一条、第十三条之规定，根据各方过错程度，判定李小某对其自身损失承担70%责任，幼儿园对李小某损失承担30%责任。

【法条链接】

中华人民共和国民法典

第一千一百七十三条　被侵权人对同一损害的发生或者扩大有过错的，可以减轻侵权人的责任。

第一千一百九十九条　无民事行为能力人在幼儿园、学校或者其他教育机构学习、生活期间受到人身损害的，幼儿园、学校或者其他教育机构应当承担侵权责任；但是，能够证明尽到教育、管理职责的，不承担侵权责任。

【法官说法】

少年儿童是祖国的未来，校园是孩子成长的摇篮，校园安全关乎孩子的未来，学校应加强教育管理和安全保障，为孩子们撑起坚实的“安全伞”。依照《中华人民共和国民法典》的相关规定，对于无民事行为能力人在校受伤的事故，实行过错推定原则。过错推定原则本质上也是过错责任原则，但与一般过错责任原则不同点在于举证责任分配，过错推定侵权责任下举证责任倒置。即受害人在诉讼中能够举证证明损害事实、违法行为和因果关系三个要件的情况下，如果加害人不能证明对于损害的发生自己没有过错，那么，就从损害事实的本身推定被告在致人损害的行为中有过错，并就此承担赔偿责任。在本案当中，李小某在幼儿园摔倒受伤，校方若主张自身不承担民事责任，则应举证证明已尽到履行职责的义务，否则将推定校方有过错。但就现有证据显示，校方在看管李小某等幼儿方面存在疏忽，且未能充分举证证明自己已尽到监护职责，因此校方按比例对自身过错承担民事责任。

2. 诱骗、胁迫未成年人“裸聊”属于猥亵，应当依法严惩

【裁判要旨】

行为人为满足性刺激目的，以互联网为媒介，诱骗、胁迫未成年人以“裸聊”等方式进行猥亵，严重侵害了未成年人的人格尊严和心理健康，与传统直接身体接触的猥亵行为具有相同的社会危害性，应当依法追究其刑事责任。

【基本案情】

2022年，被告人宋某通过朋友介绍认识15岁的女孩张小某，在其家中，采用摸隐私部位等方式，强行对其进行多次猥亵。张小某哀求宋某停止侵害行为，宋某表示，如果张小某能够介绍他认识其他女孩子，便不再侵犯张小某。无奈之下，张小某将自己的朋友小红介绍给宋某。为寻求刺激，宋某威胁未满14周岁的小红与其通过微信视频裸聊。后被小红的父母发现并报案。案件受理后，公安机关很快对相关案件事实进行了调查，公诉机关向法院提起公诉，并移送了受案登记表，到案经过，证人被害人母亲的证言，被害人的陈述，被告人宋某的供述，辨认笔录及照片，微信聊天记录截屏，司法鉴定所司法鉴定意见书等证据，指控被告人宋某的行为构成强制猥亵罪、猥亵儿童罪。

【裁判结果】

法院经审理后认为，被告人宋某猥亵未成年女性，其行为已构成强制猥亵罪；被告人宋某明知小红系未满14周岁的儿童，为寻求刺激，仍通过网络社交软件，以言语威胁为手段，强迫小红与其裸聊，严重侵害儿童人格尊严和心理健康，其行为已构成猥亵儿童罪，应与其所犯强制猥亵罪并

罚。鉴于被告人宋某到案后如实供述自己的罪行，自愿认罪认罚，依法对其从轻处罚。据此，根据被告人宋某犯罪的事实、性质、情节和对社会的危害程度，依照《中华人民共和国刑法》第二百三十七条第一款、第三款，第六十七条第三款，第六十九条，第四十五条，第四十七条，第六十四条，第六十一条和《中华人民共和国刑事诉讼法》第十五条的规定，判决被告人宋某犯强制猥亵罪，判处有期徒刑二年；犯猥亵儿童罪，判处有期徒刑一年三个月；决定执行有期徒刑三年；没收随案移送的被告人宋某作案使用的手机一部。

【法条链接】

中华人民共和国刑法

第二百三十七条　以暴力、胁迫或者其他方法强制猥亵他人或者侮辱妇女的，处五年以下有期徒刑或者拘役。

聚众或者在公共场所当众犯前款罪的，或者有其他恶劣情节的，处五年以上有期徒刑。

猥亵儿童的，处五年以下有期徒刑；有下列情形之一的，处五年以上有期徒刑：

（一）猥亵儿童多人或者多次的；

（二）聚众猥亵儿童的，或者在公共场所当众猥亵儿童，情节恶劣的；

（三）造成儿童伤害或者其他严重后果的；

（四）猥亵手段恶劣或者有其他恶劣情节的。

【法官说法】

2023 年 6 月 1 日起施行的《最高人民法院、最高人民检察院关于办理强奸、猥亵未成年人刑事案件适用法律若干问题的解释》第九条明确规定，胁迫、诱骗未成年人通过网络视频聊天或者发送视频、照片等方式，暴露身体隐私或者实施淫秽行为，以强制猥亵罪或者猥亵儿童罪定罪处罚。

“隔空猥亵”与传统的接触性猥亵犯罪相比，手段更为隐蔽、危害范围更为广泛，虽然表现形式不同，也没有实质性的身体接触，但同样会对被害人尤其是未成年被害人的人格尊严、心理健康造成严重的侵害，是猥亵犯罪的一种形式。随着互联网的快速发展，未成年人接触网络越来越频繁，但涉世未深的未成年人因不具备成熟的辨别是非能力，很容易成为“网络大灰狼”侵害的对象。保护好孩子的权益，就是保护好我们的未来，家长、学校等监护主体要特别注意引导孩子们加强自我保护意识，学会甄别网络中的真假是非，安全上网，健康成长。

3. 父母严重侵犯未成年人合法权益的，依法可撤销其监护人资格

【裁判要旨】

当监护人实施严重损害被监护人身心健康的行为、怠于履行监护职责或无法履行监护职责并且拒绝将监护职责部分或者全部委托给他人，导致被监护人处于危困状态，或者实施严重侵害被监护人合法权益的其他行为时，人民法院可以依法申请撤销监护人资格，并按照最有利于被监护人的原则依法指定监护。

【基本案情】

2019 年 7 月至 2022 年 7 月，被申请人王某某采用威胁等方式多次对其女王小某（2006 年 6 月 16 日出生）实施强奸行为。2023 年 2 月 10 日，北京市密云区人民法院判决被申请人王某某犯强奸罪，判处有期徒刑十二年，剥夺政治权利二年。被申请人王某某已不适合担任王小某的监护人。鉴于现已无具有监护资格的人适合担任被监护人王小某的监护人，区民政局特向法院申请依法撤销被申请人王某某对被监护人王小某的监护人资格，并同意承担对王小某的监护职责。

【裁判结果】

法院认为，父母对未成年子女负有抚养、教育和保护的义务，父母应当尽力为未成年子女提供安全、良好的成长环境。被申请人王某某作为被监护人王小某的亲生父亲，本应妥善照顾未成年子女的生活，保护其身心健康和人身安全，却对王小某实施严重侵害其身心健康的性侵行为，严重违背社会伦理道德，严重损害了未成年人的身心健康。鉴于被申请人王某某的行为经依法审判已构成强奸罪，符合依法撤销其监护人

资格的情形。经查，现已无具有监护资格的人适合担任被监护人王小某的监护人。综合考虑被监护人的年龄、健康状况、目前生活环境以及本人意愿等因素，由申请人区民政局担任王小某的监护人，更有利于王小某的身心健康，故本院依法指定区民政局担任王小某的监护人。综上，法院判决：撤销王某某为王小某的监护人的资格，指定区民政局为王小某的监护人。

【法条链接】

中华人民共和国民法典

第三十六条 监护人有下列情形之一的，人民法院根据有关个人或者组织的申请，撤销其监护人资格，安排必要的临时监护措施，并按照最有利于被监护人的原则依法指定监护人：

（一）实施严重损害被监护人身心健康的行为；

（二）怠于履行监护职责，或者无法履行监护职责且拒绝将监护职责部分或者全部委托给他人，导致被监护人处于危困状态；

（三）实施严重侵害被监护人合法权益的其他行为。

本条规定的有关个人、组织包括：其他依法具有监护资格的人，居民委员会、村民委员会、学校、医疗机构、妇女联合会、残疾人联合会、未成年人保护组织、依法设立的老年人组织、民政部门等。

前款规定的个人和民政部门以外的组织未及时向人民法院申请撤销监护人资格的，民政部门应当向人民法院申请。

【法官说法】

未成年人是祖国的未来和民族的希望，进一步加强未成年人司法保护对新时代人民法院工作提出了更高的要求。本案中，被申请人王某某作为被监护人王小某的亲生父亲，却对王小某实施严重侵害其身心健康的行为，已不符合作为未成年人监护人的条件。法院按照最有利于被监护人的原则和全面保护未成年人合法权益的要求，联合有关部门对被监护人进行安置、救助，以图最大限度保障未成年人的合法权益。经过走访调查，被监护人已无其他近亲属，且被监护人已经长期离开其户籍所在村委会居住，已无具有监护资格的人适合担任被监护人王小某的监护人。为避免防止出现监护空白，考虑到区民政局已经对王小某进行了临时监护和照顾，由民政局履行监护责任对王小某未来的生活照顾、学习管理更具优势，故法院指定区民政局作为王小某的监护人。

4. 学员要求培训公司股东退还剩余学费，应证明股东与公司人格混同

【裁判要旨】

应履行提供教育培训服务的培训公司，因自身原因无法继续履行培训义务，学员一方要求股东与公司共同承担退还剩余教育培训费用的，需要明确主张股东承担退款责任的法律依据，并提供相应的证据材料。

【基本案情】

2020 年 9 月，王某与某舞蹈培训公司订立《培训服务合同》，约定购买 126 课时舞蹈培训服务，培训地点位于密云区某工作室，培训费用 1.72 万元。合同签订后，赵某向该舞蹈培训公司全额支付了费用。2023 年 1 月，王某得知，该舞蹈培训公司因疫情及经营不善等因素，陷于无法运营状态，培训地点闭店，无法继续提供课程培训服务，其尚剩余 90 余课时的课程，价值约 1.1 万元。在与某舞蹈培训公司沟通无果后，王某诉于法院，要求某舞蹈培训公司退还剩余课时费用。同时，王某认为包某作为该公司的法定代表人兼股东，应共同承担退还剩余课时费的责任。

【裁判结果】

法院经审理认为，王某与某舞蹈培训公司签订的《培训服务合同》，系双方当事人真实意思表示，不违反法律、行政法规的强制性规定，应属合法有效，双方当事人均应按约定全面履行自己的义务。现某舞蹈培训公司自身原因不能继续提供课程服务，导致王某想要获得舞蹈培训的合同目的无法实现，某舞蹈培训公司构成根本违约，双方之间的合同应该解除。合同解除后，对于未履行的剩余培训课时，某舞蹈培训公司作为合同收款方和提供培训服务的义务方，应承担退款责任。某舞蹈培训公司系有限责

任公司，但非只有一个股东。王某主张某舞蹈培训公司的法定代表人兼股东包某承担退款义务，应提供证据证明包某与公司之间存在人格混同或存在过度支配公司财务及管理的证据，现王某未提供任何证据，故王某要求某舞蹈培训公司的法定代表人兼股东包某承担退款责任的诉求不能得到支持。综上，法院判决由某舞蹈培训公司向王某承担退还剩余课时费用的责任。

【法条链接】

中华人民共和国公司法

第二十三条 公司股东滥用公司法人独立地位和股东有限责任，逃避债务，严重损害公司债权人利益的，应当对公司债务承担连带责任。

股东利用其控制的两个以上公司实施前款规定行为的，各公司应当对任一公司的债务承担连带责任。

只有一个股东的公司，股东不能证明公司财产独立于股东自己的财产的，应当对公司债务承担连带责任。

【法官说法】

《中华人民共和国公司法》规定，公司是企业法人，有独立的法人财产，公司以其全部财产对公司的债务承担责任。所以公司对其债务，系以公司自身全部财产承担责任为原则，但同时法律规定了几种特殊情形，可以由股东对公司债务承担连带责任。

第一种情况是只有一个股东的公司。法律规定，这种公司，股东不能证明公司财产独立于股东自己的财产的，应当对公司债务承担连带责任。且举证责任应由股东承担。第二种情况是公司与股东之间存在人格混同。判断是否人格混同，最根本的判断标准是公司是否具有独立意思和独立财产。股东无偿使用公司资金或财产，公司账簿与股东账簿不分，股东收益与公司营利不分，致使两者财产无法区分，都属于人格混同情形。第三种情况是股东对公司存在过度支配与控制。过度支配与控制是指股东操纵公司的决策过程，使公司完全丧失独立性，沦为控股股东的工具。第四种情况是资本显著不足。是指公司设立后在经营过程中，股东实际投入公司的资本数额与公司经营所隐含的风险相比明显不匹配。股东利用较少资本从事力所不及的经营，把投资风险转嫁给债权人。第二至第四种情形均需要由主张连带责任的债权人对公司人格否认承担相应的举证责任。

本案当中，王某作为债权人，主张某舞蹈培训公司的法定代表人兼股东包某应对公司债务承担连带责任，则应提供证据证明包某与公司之间存在人格混同或存在过度支配公司财物及管理的情形，但王某并未提供相应证据，故其诉求未得到支持。

5. 学生课间打闹致骨折，双方均有过错共担责

【裁判要旨】

限制民事行为能力人在学校或者其他教育机构学习、生活期间受到人身损害，学校或者其他教育机构未尽到教育、管理职责的，应当承担侵权责任。限制民事行为能力人同时亦存在过错的，应按过错程度承担相应责任。

【基本案情】

小秦和小英是初中同学。一天课间休息时，两人在教室旁的楼梯附近打闹，小秦从后方搂住小英颈部将其拉拽到卫生间附近，经同学劝阻无效后，小英搂住小秦肩部，双方继续在楼道内相互撕扯，后双方均因重心不稳，双双摔倒，倒地时小英坐在了小秦的小腿上。学校校医赶至现场后并未对小秦采取任何救治措施。小秦伤情经医院诊断为右侧胫骨远端骨骺损伤、右侧腓骨远端骨折。小秦因此支付医疗费 3 万余元。就小秦受伤后所造成的医疗费、护理费、交通费、护具费等，三方不能协商一致，故小秦将小英及其父母、学校诉至法院，要求小英一方及学校共同赔偿其 5 万余元。

【裁判结果】

法院经审理认为，小秦与小英均已具备一定的安全意识和规则意识，对自身行为的性质和后果已有一定程度的预知和控制能力，二人在明知推搡等打闹行为违反校规校纪，仍于课间休息期间在楼道打闹，经同学劝阻后并未停止打闹，最终双方在相互撕扯中均因站立不稳倒地，小秦因此受伤。小秦搂住小英颈部将其拖拽至卫生间门口的行为是本次事件的起因，在其与小英进行撕扯过程中因重心不稳倒地受伤是本次事件发生的主要原

因；小英搂住小秦肩部与其进行撕扯的行为与小秦受伤间存在因果关系，其对小秦受伤具有一定过错，应在其过错范围内承担相应的赔偿责任。学校虽平时对学生进行了安全教育，但在学生进行打闹时并未及时制止，且在小秦受伤后，该校校医到场后并未采取任何救治措施，故学校在教育管理上存在一定疏漏，未尽到教育、管理职责，应对小秦受伤造成的损失承担一定责任。小英的父母作为其监护人，应对小英对小秦造成的损害共同承担赔偿责任。最终，法院酌定小秦、小英、学校分别承担60%、20%、20%的责任。判决由小英及其父母、学校各赔偿小秦损失近1万元。

【法条链接】

中华人民共和国民法典

第一千二百条 限制民事行为能力人在学校或者其他教育机构学习、生活期间受到人身损害，学校或者其他教育机构未尽到教育、管理职责的，应当承担侵权责任。

【法官说法】

生活中，课间安全事故时有发生。相对于学校而言，应当加强对学生课间活动的安全监管，防止拥挤伤害、追逐打闹等各种危险行为，特别是楼道、走廊、卫生间等公共区域，极易发生安全事故，必要时可以安排值班教师进行监管，及时制止危险行为，防患于未然，发生人身伤害事故后，应及时进行救护并通知学生家长。对于学生自己而言，也应当有相应的安全意识和风险防范意识，时刻谨记“课间玩耍需谨慎，遵规守纪护安全”。本案当中，两位学生在课间打闹受伤，应在自身过错范围内承担相应的赔偿责任。学校在学生进行打闹时并未及时制止，在教育管理上存在一定疏漏，因此也应承担相应责任。

6. 教育培训机构变更环境和场地视为变更合同主要内容，消费者可主张解除合同

【裁判要旨】

教育培训机构变更环境和场地，视为变更了合同的主要内容，因此致使合同目的无法实现的，消费者可主张解除教育培训服务合同。

【基本案情】

任某某与某教育公司签订《课程销售协议》，约定任某某之女在儿童运动馆接受课程培训，任某某当场支付了教育培训费。在授课过程中，儿童运动馆所在地的亲子广场运营部发布公告函，告知儿童运动馆的学员家长，儿童运动馆已长期欠缴租金，学员家长应尽快与儿童运动馆协商调课退费等问题。后任某某同该教育公司协商调课及退费问题，双方无法达成一致意见。任某某将该教育公司诉至法院，要求解除培训合同并退还剩余课时费。

某教育公司表示认可未授课程的事实，同意变更授课地点继续为任某某之女授课，但不同意解除合同并退还课时费。

【裁判结果】

法院经审理认为，合同是确立双方当事人权利义务关系的协议，依法成立的合同具有法律约束力。本案中，任某某与该教育公司签订的《课程销售协议》系双方真实意思表示，合同内容亦不违反法律法规的强制性规定，应属合法有效。合同的双方当事人应当按照合同约定履行义务。在履行期限届满前，当事人一方明确表示或者以自己的行为表明不履行主要合同义务，合同相对方可以解除合同。当事人一方未通知对方，直接提起诉讼依法主张解除合同的，人民法院确认该主张的，合同自起诉状副本送达

对方时解除。合同解除后，尚未履行的终止履行；已经履行的，根据履行情况和合同性质，当事人可以要求恢复原状、采取其他补救措施，并有权要求赔偿损失。现该教育公司更换了经营地点，环境和场地的变化变更了合同的主要内容，致使合同目的无法实现，且双方未能就变更合同内容协商一致，任某某诉请解除合同于法有据，本院予以支持；合同解除后，某教育公司理应退还任某某未授课时的课程费用，并支付利息损失。

【法条链接】

中华人民共和国民法典

第五百六十三条 有下列情形之一的，当事人可以解除合同：

（一）因不可抗力致使不能实现合同目的；

（二）在履行期限届满前，当事人一方明确表示或者以自己的行为表明不履行主要债务；

（三）当事人一方迟延履行主要债务，经催告后在合理期限内仍未履行；

（四）当事人一方迟延履行债务或者有其他违约行为致使不能实现合同目的；

（五）法律规定的其他情形。

以持续履行的债务为内容的不定期合同，当事人可以随时解除合同，但是应当在合理期限之前通知对方。

第五百六十五条第二款 当事人一方未通知对方，直接以提起诉讼或者申请仲裁的方式依法主张解除合同，人民法院或者仲裁机构确认该主张的，合同自起诉状副本或者仲裁申请书副本送达对方时解除。

【法官说法】

当前，因教育机构经营不善导致撤店引发的纠纷频发。教育机构通常向学员提出调课或者更换培训地点的补救措施，要求继续履行，拒绝解除合同及退还未授课时费。实际上，学员可以综合考虑变更后的授课内容是否为自己实际所需，上课地点是否离家较近等因素，决定是否继续履行变更后的合同。若不同意继续履行，可主张授课地点或内容实际变更导致合同目的无法实现，要求解除合同。

同时，培训机构无证经营、部分培训机构虚假宣传及夸大宣传、未签订书面合同或合同主要内容不明确不具体、培训机构收费主体混乱、消费者提前预付培训费用等现象层出不穷。这些乱象的背后，既有教育培训市场不够规范、监管机制不够健全等因素，也有消费者的法律意识淡薄、防范意识不强等不可忽视的原因。广大消费者在选择教育培训机构前，可以通过工商管理网站、征信系统、裁判文书网等平台核查教育培训机构的资质，查看其办学许可证、营业执照或其他正规证书，或者实地考察培训机构，慎重选择缔约主体；在与教育培训机构签订正式培训合同时，要仔细阅读培训机构提供的格式合同，认真核实合同中关于培训内容、培训方式、收费情况、培训地点、培训成效等条款的描述是否符合自己的要求；在签订合同后应保管好合同、交款凭证、变更协议、课时消耗记录等重要文件，在遇到权益受损问题时，依法维护自己的权益。

7. 法院可责令犯罪少年父母接受家庭教育指导

【裁判要旨】

人民法院在办理案件过程中，发现未成年人存在严重不良行为或者实施犯罪行为，或者未成年人的父母或者其他监护人不正确实施家庭教育侵害未成年人合法权益的，根据情况对父母或者其他监护人予以训诫，并可以责令其接受家庭教育指导。

【基本案情】

17 岁的小明自幼父母离异，随父亲生活。但父亲忙于工作疏于照顾，母亲亦很少主动关心小明，均对小明缺乏有效沟通和教育监护，致其长期游荡在社会上，沾染了不良行为习惯。2022 年 9 月至 12 月 24 日期间，小明四次到某 1 商店盗窃烟、酒、矿泉水，经价格认定，被盗物品价值人民币 712 元；十次到某 2 商店盗窃烟、酒及人民币 650 元。小明的家属赔偿被害人的经济损失并取得谅解。公诉机关指控小明的行为构成盗窃罪，应当追究刑事责任。

【裁判结果】

在案件审理过程中，法院发现小明的父母作为其监护人，未尽到足够的关心爱护责任和抚养教育义务，不利于小明的身心健康成长，属于法律规定的"怠于履行家庭教育责任"，依法应当予以纠正。因此，在案件宣判后，法院当庭向小明的父亲发出《家庭教育令》，责令其切实履行监护职责，承担起家庭教育的主体责任，定期接受家庭教育指导。与此同时，法院专程邀请家庭教育指导师现场对小明父亲进行家庭教育指导，帮助其改善亲子关系，更好地履行监护职责。接受家庭教育指导后，小明父亲表示深受教育，深刻认识到孩子触犯法律，父母有不可推卸的责任，今后一定会遵守《家庭教育令》的要求，加强对小明的教育，用更多的时间和精力陪伴小明，认真接受家庭教育指导，尽到为人父母的职责和义务。

【法条链接】

中华人民共和国民法典

第二十六条第一款　父母对未成年子女负有抚养、教育和保护的义务。

中华人民共和国家庭教育促进法

第十四条第一款　父母或者其他监护人应当树立家庭是第一个课堂、家长是第一任老师的责任意识，承担对未成年人实施家庭教育的主体责任，用正确思想、方法和行为教育未成年人养成良好思想、品行和习惯。

第四十九条　公安机关、人民检察院、人民法院在办理案件过程中，发现未成年人存在严重不良行为或者实施犯罪行为，或者未成年人的父母或者其他监护人不正确实施家庭教育侵害未成年人合法权益的，根据情况对父母或者其他监护人予以训诫，并可以责令其接受家庭教育指导。

【法官说法】

问题孩子多出自问题家庭。家庭是孩子的第一所学校，父母是孩子的第一任老师。《中华人民共和国家庭教育促进法》确立了家庭教育令制度，家庭教育令是指由人民法院发出的，以促进家庭教育和纠正监护人失职行为等为目的的司法裁定文书。文书中会规定监护人在特定的期限内，在家庭教育方面应该做什么，禁止做什么，以及应该怎么做。如果监护人违反家庭教育令，那么法院会视情节轻重予以训诫、罚款、拘留等措施；构成犯罪的，依法追究刑事责任。家庭教育令制度的确立传递出一个清晰信号：父母如何管孩子，不再仅仅是家庭私事，也是国家公事，父母需要按照法律规定带孩子和管孩子，对于父母不称职的情况，国家会在必要时介入干预。在本案当中，法院发出家庭教育令，并不只是对未成年人父母的训诫或处罚，而是对其失位、失责的家庭教育实行强制性介入和干预，目的是解决好未成年人父母在家庭教育与监护中“不想、不会、不能”等难题，既依法惩戒“养而不教、监而不管”，也依法纠偏“教而无方、教而不当”。

8. 通过网络集结形成作案团伙向未成年人索要财物的，构成寻衅滋事罪

【裁判要旨】

通过网络纠集他人并形成固定犯罪团伙，采用语言威胁、殴打等手段，多次强拿硬要未成年学生财物，造成恶劣社会影响，构成寻衅滋事罪。

【基本案情】

被告人赵某在手机 QQ 中建立聊天群，群中结交大量未成年学生广收“弟弟”“妹妹”，并在“QQ 空间”发布信息“扛旗所有中学”，扩大自己的影响力，意图在中学充当“老大”。被赵某认可的“小弟”可以向某一学校的学生收取“保护费”，并定期向赵某上交部分“保护费”。2018 年至 2019 年 5 月，被告人赵某先后单独或纠集被告人崔某、张某、田某、孙某等人以收取“保护费”的名义并采取语言威胁、殴打等手段，向 8 所学校的 42 名初中学生共计索要人民币 3575 元。

【裁判结果】

法院经审理认为，被告人赵某纠集被告人崔某、张某、田某、孙某等人，逐渐形成成员较为固定的恶势力团伙，以未成年人为犯罪对象，在学校及学校周边地区采用语言威胁、殴打等手段，多次强拿硬要未成年在校生财物，使未成年学生产生恐惧心理，造成心灵创伤，严重影响未成年人健康成长，侵害未成年人合法权益，破坏学校教育教学秩序，给学校周边地区带来不稳定因素，严重破坏社会秩序，造成恶劣社会影响，五被告人行为均构成寻衅滋事罪。最终，法院根据五被告人各自的犯罪事实、犯罪性质、情节和对社会的危害程度等情况分别被判处有期徒刑十个月至六年

不等的刑罚。五被告人均未上诉，案件已生效。

【法条链接】

中华人民共和国刑法

第二百九十三条 有下列寻衅滋事行为之一，破坏社会秩序的，处五年以下有期徒刑、拘役或者管制：

（一）随意殴打他人，情节恶劣的；

（二）追逐、拦截、辱骂、恐吓他人，情节恶劣的；

（三）强拿硬要或者任意损毁、占用公私财物，情节严重的；

（四）在公共场所起哄闹事，造成公共场所秩序严重混乱的。

纠集他人多次实施前款行为，严重破坏社会秩序的，处五年以上十年以下有期徒刑，可以并处罚金。

【法官说法】

由于未成年学生自我保护意识和能力较弱，易成为违法犯罪分子的作案目标。近年来，不良社会青年在校园内培养其“小弟”“小妹”，在未成年学生当中逞强耍横、显示威风，对未成年学生围追堵截、恐吓吓唬甚至侮辱殴打，或者强拿硬要未成年人的“零花钱”等财物的情形屡屡发生。根据规定，强拿硬要的财物价值为1000元以上的，多次强拿硬要或者强拿硬要未成年人的财物，造成恶劣社会影响的均构成寻衅滋事罪。本案还反映出涉未成年人犯罪已向以互联网为媒介的非接触性犯罪蔓延的趋势，以互联网为媒介实施犯罪，具有违法信息传播迅速、受害人规模激增、危害面和危害程度扩大等特点。违法犯罪分子通过“线上”组建有上下级关系的违法犯罪团伙，将“线下”校园周边地区作为其和校园欺凌者勾结的集结地。此类违法犯罪活动中，被害人众多且长期不敢告发，也助长了违法犯罪分子的嚣张气焰。这样的违法犯罪行为不仅造成未成年学生财产损失，也损害了未成年学生的身心健康，侵害了未成年人合法权益，同时破坏了正常的学校教育教学秩序，严重的情况还给学校周边地区带来不稳定因素，严重破坏社会秩序。法院通过严惩网络犯罪的方式，推动建立网络监管长效机制，为未成年人的健康成长保驾护航。

9. 降低抚养费应以最有利于未成年人原则

【裁判要旨】

父母负有抚养未成年子女的义务。父母离婚后，不直接抚养子女一方应当负担部分或全部抚养费。在请求降低抚养费案件中，法院根据未成年子女利益最大化原则，在尊重离婚协议约定或生效裁判文书的基础上，严格审查主张降低抚养费的事由，确非必要，不得随意降低。

【基本案情】

李某与张某于2010年9月2日登记结婚，于2014年4月23日生育一女张某1。2017年11月16日，李某与张某因感情不和协议离婚，约定张某1由李某抚养，张某每月支付张某1生活费2000元，医疗费、教育费凭票据由李某与张某各承担二分之一。但张某离婚后一直未按协议约定尽到抚养义务，故张某1诉至法院，请求判令给付拖欠的生活费、教育费和医疗费。张某答辩称生活费标准过高，同意按照每月1000元的标准给付。

【裁判结果】

法院经审理认为，离婚后，子女由一方直接抚养的，另一方应当负担部分或者全部抚养费。负担费用的多少和期限的长短，由双方协议；协议不成时，由人民法院判决。本案中，李某与张某协议离婚时，双方明确约定张某1由李某抚养，张某每月给付张某1生活费2000元，医疗费、教育费凭票据各承担二分之一。该协议对双方具有法律约束力，均应按照协议约定内容履行各自义务。关于张某要求降低抚养费的事由，依据张某提供的2021年1月至2021年12月期间收入纳税明细查询可知，张某每月工资收入为3000元至9300元不等，其月收入水平与签订离婚协议时并未明显降低，足见离婚协议中约定的抚养费数额应系张某慎重考量之结果，张某应当按照协议约定给付拖欠的抚养费，故对其要求降低抚养费的答辩意见，本院不予采信。

【法条链接】

中华人民共和国民法典

第一千零八十五条 离婚后，子女由一方直接抚养的，另一方应当负担部分或者全部抚养费。负担费用的多少和期限的长短，由双方协议；协议不成的，由人民法院判决。

前款规定的协议或者判决，不妨碍子女在必要时向父母任何一方提出超过协议或者判决原定数额的合理要求。

【法官说法】

抚养是指父母从物质上、经济上、生活上对子女的养育，包括子女的生活费、教育费、医疗费的负担和日常生活的照料，这是子女健康成长的物质基础，对未成年人权益保护意义重大。因此，在涉未成年人婚姻家庭纠纷案件中，抚养费纠纷案件数量最多，主要包括确定抚养费数额、增加或减少抚养费等。

根据《中华人民共和国民法典》的规定，离婚后，已满两周岁的子女，父母双方对抚养问题协议不成的，由人民法院根据双方的具体情况，按照最有利于未成年子女的原则判决。这意味着在降低抚养费时，法院会综合考虑未成年子女的最佳利益，包括其生活、教育、健康等方面的需求。具体有以下三种考量因素：一是未成年子女的最佳利益。法院会综合考虑未成年子女的实际需要、父母双方的负担能力以及当地的实际生活水平来确定抚养费的数额。二是生活环境的稳定性。在未发生重大变化的情况下，维持现有生活环境的稳定性和连续性对未成年子女的健康成长最为有利。三是父母的抚养能力。法院会评估父母双方的经济能力和精神利益，确保未成年子女在变更抚养费后仍能得到充分的照顾和引导。

综上所述，法院在处理抚养费变更时会全面考虑未成年子女的最佳利益和生活环境的稳定性，根据未成年子女利益最大化原则，在尊重离婚协议约定或生效裁判文书的基础上，严格审查主张降低抚养费的事由，确非必要，不得随意降低。

10. 家长未尽到监护责任致未成年人受伤的，应在过错程度内承担责任

【裁判要旨】

父母作为未成年子女的监护人，负有教育、保护未成年子女的法定义务。在日常生活中，家长因为疏忽导致未成年人受到伤害，未能尽到合理的监护责任，存在一定的过错，应在其过错程度内承担责任。

【基本案情】

幼儿园放学后，6 岁的小悦和 5 岁的小琪在双方父母的陪同下在小区广场玩耍。玩耍的过程中，小悦自广场东南方向向西北方向奔跑，小琪自东北方向向西南方向奔跑。由于奔跑速度快、躲避不及时，小悦和小琪撞在了一起，最终导致小悦摔倒磕在台阶上。小悦随后立即被其父母送至区医院治疗后，区医院表示伤口较深，经诊断，小悦的伤情为左侧上睑开放性损伤，拆线后仍需进行淡化疤痕治疗，且伤疤无法完全消除。小悦父母认为小悦系被突然出现行进方向的小琪绊倒的，小琪及其监护人应当对小悦伤情承担赔偿责任，为维护自身合法权益，故小悦将小琪及其父母诉至法院。

【裁判结果】

法院经审理认为，无民事行为能力人、限制民事行为能力人造成他人损害的，由监护人承担侵权责任。本案案发时，小悦和小琪均不满 8 周岁，为无民事行为能力人。小悦和小琪作为幼儿，尚不完全具备对周围环境的安全性进行准确分析和判断的能力，需要监护人予以必要的教育和看管。本案中，小悦和小琪在奔跑过程中相撞，双方监护人均未能够通过教育、管理等方式避免被监护人出现上述行为，故双方监护人在此次伤害事件中

均应承担相应责任，本院酌定为同等责任。对小悦主张的医疗费、营养费、护理费、交通费等费用，法院根据案件实际情况予以认定。对于小悦主张的精神损害抚慰金，考虑其面部受伤，经诊断面部瘢痕不会消失，其身体和心灵受到一定创伤，故本院酌定为1000 元。以上各项损失按照前述责任比例进行赔偿。

【法条链接】

中华人民共和国民法典

第一千一百八十八条 无民事行为能力人、限制民事行为能力人造成他人损害的，由监护人承担侵权责任。监护人尽到监护职责的，可以减轻其侵权责任。

有财产的无民事行为能力人、限制民事行为能力人造成他人损害的，从本人财产中支付赔偿费用；不足部分，由监护人赔偿。

【法官说法】

未成年人家长是孩子安全的第一责任人，孩子的健康成长离不开家长的陪伴，更需要家长的亲自养育。父母应切实承担家庭教育的主体责任，结合未成年人的生理、心理、智力发展状况等，采取必要的措施，防止未成年人处于危险之中，并进行相关安全知识教育，增强其自我保护的意识和能力。如今，因父母监护不力造成未成年人受伤的报道屡见不鲜。就本案而言，两位未成年人在嬉戏玩耍的过程中，其父母应当时刻绷紧安全弦，切实履行监护职责，关注孩子日常举动，随时了解孩子外出活动情况，提示孩子注意安全风险，避免损害发生，但两方家长均存在疏忽大意的情况，因此在损害发生后，双方应根据自身过错程度承担相应责任。

11. 未成年人在校受伤，学校未尽到教育管理职责的应当承担责任

【裁判要旨】

限制民事行为能力人在学校参加户外活动，受到人身损害，学校如果未充分尽到教育管理职责，应承担相应的侵权责任。

【基本案情】

小梁和小冯是初二学生，值班老师组织部分学生在学校操场进行户外活动时，小梁和小冯相约进行“跳山羊”游戏，先由小梁弓背、小冯从其背上跳过，后由小冯弓背、小梁从其背上跳过，但小梁在跳跃时摔倒，导致牙齿受损。双方均认可事发时值班老师巡视操场北侧篮球场，未发现小梁和小冯所进行的活动。事发后，学校以视频通话方式将小梁的伤情告知小梁家长。

学校为证明其对学生进行了安全教育，尽到了教育管理责任，向法院提交了事情经过书面材料、《某市中小学生日常行为规范》、《学校校园活动安全管理制度》、《中小学生守则》、《学生日常行为规范》以及学校安全教育材料、班主任安全教育记录等。

【裁判结果】

法院经审理认为，学校组织学生进行户外活动，应当保障学生的人身安全。事发时值班老师未能及时发现学生进行危险活动并及时予以制止，学校未充分尽到教育管理职责，应承担相应的侵权责任。小梁和小冯虽系未成年人，但均已年满 13 周岁，能够对“跳山羊”游戏的危险性有一定认知和判断，故双方均应对损害后果的发生承担一定责任，监护人亦应承担侵权责任。综合本案的具体情况，法院酌定学校承担 40% 的赔偿责任，

小冯以及小冯的父母承担30%的赔偿责任，小梁自身承担30%的责任。医疗费、交通费、精神损害抚慰金等各项损失按照各自责任比例进行赔偿。

【法条链接】

中华人民共和国民法典

第一千一百八十八条第一款　无民事行为能力人、限制民事行为能力人造成他人损害的，由监护人承担侵权责任。监护人尽到监护职责的，可以减轻其侵权责任。

第一千二百条　限制民事行为能力人在学校或者其他教育机构学习、生活期间受到人身损害，学校或者其他教育机构未尽到教育、管理职责的，应当承担侵权责任。

【法官说法】

学校是未成年人接受教育、快乐成长的港湾，学校保护在未成年人的保护中起着至关重要的作用。因此，学校在教书育人的同时，应当履行好安全管理职责，保护未成年人的人身权益和人身安全。学校虽然在日常管理中对学生进行了必要的安全教育，但在组织学生进行户外活动时，应当采取必要措施保障学生的人身安全。如果学校未充分尽到教育管理职责，应承担相应的侵权责任。未成年人如果对活动的危险性有一定认知和判断，亦应对损害后果的发生承担一定责任，但八周岁以上的未成年人为限制民事行为能力人，因此限制民事行为能力人造成他人损害的，由监护人承担侵权责任。

第四章　休闲娱乐

1. 格式条款未事前告知，健身机构不得据此免除责任

【裁判要旨】

在健身合同履行过程中，因消费者原因要求解除合同退还课程费用的，消费者构成违约，应当承担相应的违约责任。在消费者承担违约责任后，健身机构不应依据合同中的格式条款而拒绝退费。

【基本案情】

2019 年 12 月 12 日，王某在某健身机构办理了会员卡和私教卡，花费 2.16 万元购买 72 节私教课程。在 2020 年 7 月一次私教课锻炼时，王某觉得训练方式不当，导致身体不适中止了锻炼。此后身体未能好转，又逢工作变动搬家等原因，王某与健身机构工作人员协商办理退课，想将剩余未上课程对应费用退回。健身机构称王某购买的课程已过有效期，按照双方签订的《私教课程购买协议书》，过期课程的课时费不予退还。王某认为，从办卡到最后协商退卡，健身机构未告知其课程存在有效期。故王某将健身机构诉至法院，要求退还未上课程的课时费 1.16 万元。

【裁判结果】

法院经审理认为，本案中《私教课程购买协议书》中约定的“过期课程的课时费不予退还”的条款，系健身机构为了重复使用而预先拟定，并在订立合同时未与对方协商的条款，属于格式条款，其内容存在免除或减轻自身责任、限制对方主要权利，属于与对方有重大利害关系的条款。健身机构未能提供证据证明对该部分条款进行了提示或说明义务，故对于该部分条款，不能成为合同内容。但王某因自身原因要求退课，应承担停止履约的违约责任，本院综合考量协议的履行程度、健身机构提供服务情

况、双方协商沟通过程，王某过错程度等因素，依照公平原则和诚实信用原则予以酌定王某应承担的违约金为3690元。判决健身机构将剩余未使用部分对应的课程款扣除酌定的违约金后退还给王某。

【法条链接】

中华人民共和国民法典

第四百九十六条 格式条款是当事人为了重复使用而预先拟定，并在订立合同时未与对方协商的条款。

采用格式条款订立合同的，提供格式条款的一方应当遵循公平原则确定当事人之间的权利和义务，并采取合理的方式提示对方注意免除或者减轻其责任等与对方有重大利害关系的条款，按照对方的要求，对该条款予以说明。提供格式条款的一方未履行提示或说明义务，致使对方没有注意或者理解与其有重大利害关系的条款的，对方可以主张该条款不成为合同的内容。

第五百七十七条 当事人一方不履行合同义务或者履行合同义务不符合约定的，应当承担继续履行、采取补救措施或者赔偿损失等违约责任。

【法官说法】

消费者在民事活动中，应当遵循诚信原则，秉持诚实，恪守承诺。法律不鼓励任何形式的违约行为，消费者违约后也应承担相应的违约责任。所以，消费者在选择健身机构时，应当根据自身情况，保持谨慎周全的态度，避免冲动消费。同时，在签订合同时，应当全面细致阅读条款，对有疑问的条款应及时提出异议，并与健身机构协商修改。健身机构作为格式条款的提供方，应当遵循公平原则确定当事人之间的权利和义务，并采取合理的方式提示对方注意免除或者减轻其责任等与对方有重大利害关系的条款，对该条款予以说明。提供格式条款的一方未履行提示或者说明义务，致使对方没有注意或者理解与其有重大利害关系的条款的，对方可以主张该条款从合同内容中剔除。因此，商家有责任将合同内容、相应规则向消费者解释清楚，让消费者把钱花得明白，而不是为了与消费者达成交易而选择性告知，导致纠纷频发进而影响消费者权益及商家信誉。

2. 体育场馆的管理人未尽到安全保障义务的，应当承担侵权责任

【裁判要旨】

从事体育运动，存在着受伤的隐患，体育场馆应当对体育项目设备采取相应的措施避免危险的发生，同时应当有工作人员在现场进行提示和指导。未成年人在体育场馆玩耍受伤后起诉体育场馆，若体育场馆的管理人未尽到安全保障义务，造成他人损害的，应当承担侵权责任。

【基本案情】

"蹦床部落大滑梯"惊险刺激，是某体育场馆的招牌项目。王小某妈妈带着王小某慕名而来，从十几米高的滑梯顶部，王小某突然发生侧翻，最终造成受伤。经医院诊断，王小某为左足多发骨折（第 2、3、4 跖骨），左距腓韧带断裂，左跟腓韧带断裂，左踝关节积液，软组织损伤（左踝），外伤后高凝状态等。事情发生紧急，王小某妈妈自行支付了医疗费。随后，王小某妈妈将该体育场馆诉至法院。

王小某父母认为，该项目存在较大安全隐患，工作人员专业技能欠缺，致使王小某在滑梯时发生侧翻受伤，某体育场馆应对王小某受伤负全责。某体育场馆则认为，事发时相关设施安全员全程跟随，告知了王小某注意事项，提示其把腿抬起来，已经尽到了讲解指导义务。场馆各项器材均符合规定。王小某在滑梯过程中，自行将腿放下导致受伤，与场地没有关系。在进入场馆之前，王小某母亲签订了安全协议，工作人员正常履行了职责，某体育场馆认为其没有责任，不同意承担赔偿责任。

【裁判结果】

某体育场馆所设置的"蹦床部落大滑梯"项目危险系数很高，虽然设

置了 1 名安全员，并且告知了王小某要全程抬腿，但由于滑梯坡度过陡，很难保持平衡，仅以抬腿动作难以保障运动安全。从现场照片证据来看，场馆并未向王小某提供必要的运动护具，也未提供其他可以免责的证据材料。法院认为，某体育场馆未尽到安全保障义务，造成他人损害，应当承担侵权责任，依法赔偿王小某医疗费、护理费、交通费等合理费用。王小某在玩滑梯项目时，未听从工作人员的指导将腿全程抬起，对损害结果的发生也具有一定过错。根据法律规定，被侵权人对损害的发生也有过错的，可以减轻侵权人的责任。最终，法院判决王小某承担 20% 的责任，某体育场馆对王小某损失承担 80% 的责任。

【法条链接】

中华人民共和国民法典

第一千一百九十八条第一款 宾馆、商场、银行、车站、机场、体育场馆、娱乐场所等经营场所、公共场所的经营者、管理者或者群众性活动的组织者，未尽到安全保障义务，造成他人损害的，应当承担侵权责任。

【法官说法】

体育运动安全永远是第一位。作为消费者，参与这类危险系数较高的体育活动，要充分考虑自身身体状况，再决定是否参加。要提前充分了解运动场馆是否有经营资质，仔细查看场馆设施是否安全稳定。同时，在游玩过程中，要注意安全提示，按照操作规范合理使用场馆设施，对于风险性较高的体育项目，需按要求佩戴好安全护具，在确保安全的情况下玩耍，避免自身受到伤害，一旦出现身体不适，要立即停止活动，与相关工作人员沟通，按照实际情况及时救治。要注意留存好就医的相关单据，并且尽早维权。

作为经营者，应当充分保证所提供的商品或者服务符合保障人身、财产安全的要求，对可能危及人身、财产的商品和服务，应当向消费者作出真实的说明和明确的警示，采取有效措施防止危险发生。未尽安全保障义务造成他人人身损害的，应当承担相应的赔偿责任。对于风险性较高的体育项目，经营单位在经营活动中不仅应具备相应资质，更应将相关安全保障制度落实到位，配置专业指导人员、救助人员、救助设备，对突发事件做好风险预判、预案等，做好加强安全保障义务，定期检修设备，保护消费者合法权益。同时，场馆方要特别注意，对于消费者不规范、不恰当的行为，要及时制止，一旦发生损失事件时，要积极应对，提供必要的帮助，以尽量减少各方损失。

3. 雪场管理人未尽到安全保障义务导致运动者受伤的，应当承担赔偿责任

【裁判要旨】

滑雪运动参与者之间发生碰撞，出现伤情，法院应当根据双方的技术规范、故意或者过失情节、现场视频等情况，还原致伤过程，合理界定双方的责任问题。同时，雪场管理人应当尽到安全保障义务，提供必要的救助措施，未尽到安全保障义务导致运动者受伤的应当承担赔偿责任。

【基本案情】

2020 年 12 月 10 日，李某前往某滑雪场滑雪。视频中显示，李某在中级雪道上从上至下呈“之”形快速滑行时，其前方的张某却以近乎横向的方式缓慢滑行，后张某摔倒，其雪板前出，恰巧撞上李某的雪板，致使李某向前摔出。事故发生后，经滑雪场医务室进行简单救治后，张某及其同伴将李某送至医院诊治，被诊断为“右肱骨近端骨折”。

李某认为张某作为初学滑雪者，违反滑雪运动的安全规则与常识，在明显与其滑雪水平不相符的中级雪道内横向滑行，摔倒后绊倒自己，应当承担赔偿责任；滑雪场作为经营者和管理者，未尽到安全告知和保障义务，应承担连带赔偿责任，遂将张某及滑雪场一同诉至法院索要赔偿款。庭审中，张某辩称滑雪运动本身就具有一定的危险性，自己并非滑雪初学者，事发系因李某没有及时减速避让所致，且自己已经尽到了及时救助的义务，故不同意承担赔偿责任。此外，滑雪场辩称，其已进行了安全提示和现场救治的义务，不应承担赔偿责任。

【裁判结果】

法院经审理认为，李某作为完全民事行为能力人，是自身安全的第一

责任人。根据事故现场视频显示，李某在中级雪道上从上至下呈“之”形快速滑行，作为后方的滑雪者，其在向下滑行的过程中应当注意观察前方雪道的情况，控制好自身滑雪速度，以便遇见危险时能够及时避让。李某在滑行过程中，自身滑行速度过快，以至于其没有充分时间采取避让措施，致使其在避让时与张某的雪板相碰，其自身对于事故的发生负有一定责任。张某在中级雪道上以近乎横向方式滑雪并摔倒的行为，是导致李某摔倒的主要原因。张某对事故的发生具有重大过错，因此张某应当对损害的发生承担主要责任。滑雪场除了负有安全提示的义务外，还应当在事故发生后积极主动履行救助义务，故该滑雪场应当对损害的发生承担一定责任。综合考虑各方的过错程度并结合本案实际情况，酌定李某自身承担20%的责任，张某承担60%的责任，滑雪场承担20%的责任。

【法条链接】

中华人民共和国民法典

第一千一百六十五条第一款 行为人因过错侵害他人民事权益造成损害的，应当承担侵权责任。

第一千一百九十八条 宾馆、商场、银行、车站、机场、体育场馆、娱乐场所等经营场所、公共场所的经营者、管理者或者群众性活动的组织者，未尽到安全保障义务，造成他人损害的，应当承担侵权责任。

因第三人的行为造成他人损害的，由第三人承担侵权责任；经营者、管理者或者组织者未尽到安全保障义务的，承担相应的补充责任。经营者、管理者或者组织者承担补充责任后，可以向第三人追偿。

【法官说法】

近年来，人民群众参与冰雪运动的热情越发高涨，积极投身于各式各样的冰雪运动之中。但众所周知，滑雪是一项上手略有难度的冬季运动，滑雪安全是一项永恒的话题。实践告诉我们，滑雪如果管理不当或者参与不当，危险的程度便会增强。滑雪者应当了解安全常识、佩戴保护装备。滑雪者亦应当根据个人滑雪水平、现场雪道情况，采取适合的滑行速度和滑行方式，并保持安全距离，以便遇到危险情况时能够给自己留有反应的能力和余地。鉴于大多数滑雪事故发生在雪道上，滑雪场作为经营方，是滑雪安全保障的主要负责方，因此，保障雪道的质量以及应对突发情况实施迅速得当的救助对于滑雪安全，也非常重要。

具体到本案中，张某在中级雪道上以近乎横向方式滑雪并摔倒的行为，是导致李某摔倒的主要原因。张某对事故的发生具有重大过错，因此张某应当对损害的发生承担主要责任。滑雪场除了负有安全提示的义务外，还应当在事故发生后积极主动履行救助义务，故该滑雪场应当对损害的发生承担一定责任。

4. 好友聚会大打出手造成伤害的，应承担赔偿责任

【裁判要旨】

自然人享有生命权、身体权、健康权等权利。自然人的身体完整和行动自由受法律保护，任何组织或者个人不得侵害他人的身体权。自然人的身心健康受法律保护，任何组织或者个人不得侵害他人的健康权。侵害他人造成人身损害的，应当依法承担侵权责任。

【基本案情】

赵某、焦某均系张某好友。2022 年 1 月 25 日，赵某前往张某住处参加朋友聚会，焦某酒后与张某因琐事发生口角，后焦某欲持刀伤害张某。在此过程中由于赵某进行了劝架，焦某将赵某左手、左肩部及腹部砍伤，赵某入院治疗被诊断为左手小指末节完全离断等伤情。赵某受伤后，在医院住院手术治疗 28 天，花费医疗费近 5 万元。经鉴定赵某构成轻伤二级，还需二次治疗，并丧失部分劳动能力。故赵某起诉要求焦某赔偿其因伤所受损失。焦某还因此被判处刑罚。

【裁判结果】

法院经审理认为，公民的身体权、健康权受法律保护，当事人因侵权造成他人人身损害的，应当承担民事赔偿责任。本案中，焦某用刀将赵某砍伤，焦某的行为与赵某之伤存在因果关系。焦某在此纠纷中存在过错，具备侵权行为要件。综合事发原因、经过、造成的后果等案情，焦某应对此次人身伤害造成的损害承担全部赔偿责任。据此，法院判决焦某向赵某赔偿医疗费、住院伙食补助费、误工费、营养费、护理费、交通费、医疗辅助器材费共计 8 万余元。

【法条链接】

中华人民共和国民法典

第一千零三条 自然人享有身体权。自然人的身体完整和行动自由受法律保护。任何组织或者个人不得侵害他人的身体权。

第一千零四条 自然人享有健康权。自然人的身心健康受法律保护。任何组织或者个人不得侵害他人的健康权。

第一千一百七十九条 侵害他人造成人身损害的，应当赔偿医疗费、护理费、交通费、营养费、住院伙食补助费等为治疗和康复支出的合理费用，以及因误工减少的收入。造成残疾的，还应当赔偿辅助器具费和残疾赔偿金；造成死亡的，还应当赔偿丧葬费和死亡赔偿金。

【法官说法】

随着人际交往日益密切，社会矛盾纠纷也相应增多。这类矛盾纠纷多为琐事而起，造成纠纷后导致当事人受伤的不在少数，被侵权人可以依法提起诉讼维护合法权益。公民的生命权、健康权、身体权受法律的保护，因违法行为而侵害公民身体健康权的，应依法承担相应的赔偿责任。我国相关法律规定，侵害他人造成人身损害的，应当赔偿医疗费、护理费、交通费、营养费、住院伙食补助费等为治疗和康复支出的合理费用，以及因误工减少的收入。但被侵权人对同一损害的发生或者扩大有过错的，可以减轻侵权人的责任。在身体权、健康权受到损害时，若被侵权人也有过错、亦应承担相应的责任，即减轻侵权人的责任。在纠纷发生后，法院将结合事发原因、经过、造成损失后果等因素来综合分析前因后果，最终判定各方责任。本案中，双方本是一同参加受到好友邀请参加聚会的朋友，却因聚会上言语失和等琐事发生口角进而演变成持刀伤害，造成双方都难以挽回的严重后果。在发生矛盾纠纷时，我们要保持冷静、避免冲动，通过合理合法的途径解决问题。

5. 景区台阶上跌落致死，旅行社和景区应承担相应赔偿责任

【裁判要旨】

跟团旅行中，游客在自行安排活动期间遭受人身损害，若旅行社和景区管理者已经尽到了安全保障义务，则二者不承担赔偿责任，若未尽到安全保障义务，则应承担赔偿责任。

【基本案情】

陈某等四人以拼团方式与某公司、旅行社签订《团队境内旅游合同》，并支付了团费 1740 元。某日上午，陈某等一行人跟随旅行社组团共 25 人前往某景区并购买景区旅游团队门票。13 时许，陈某等人在长城 3 号台下行至 2 号台过程中，陈某失足向前摔倒并滚落至该段长城楼梯台阶；13 时 42 分，陈某被景区工作人员担架抬至长城 2 号台，同行的景区医生实时观察其伤情，并继续向下行走；13 时 59 分，陈某被抬至 120 救护车送往医院救治。次日，陈某因颅内出血颅脑损伤抢救无效死亡。后陈某的父母、妻儿以某公司、旅行社未尽到安全提示义务，未对陈某履行及时救助义务为由诉至法院，要求某公司、旅行社连带赔偿各项损失共计 11.47 万余元。

【裁判结果】

法院审理认为，某公司、旅行社作为旅游经营者应当保证其提供的商品和服务符合保障人身、财产安全的要求，其安全保障义务包括旅游活动前的风险告知义务和损害发生后的危险救助义务。本案中，旅行社将陈某等组团成员集中、安全送至某景区，陈某等人进行长城景区游览活动属于其报名旅游项目中的自由活动环节，旅行社已在事前进行了必要的安全提示，且事后救治时，垫付医药费用、协助办理保险理赔，已尽到必要的提

示及救助义务，故旅行社对于陈某的摔伤不具有过错。事发地点系原始人工室外景点，非事故多发地段，坡度较缓，台阶宽度较大，两侧手扶城墙完好，防护设施齐备。同时，某公司分别在景区入口和沿途张贴了游览须知和安全提示。危险发生时，景区安保人员立即上报险情、联系景区医护人员救治、协助呼叫并运至救护车后送往医院，积极、及时地进行了救助，已尽到安全保障义务，对于陈某的摔伤不具有过错。陈某作为完全民事行为能力人，对自己的出行安全应具有预判、防范的注意义务。陈某在事发地段下行游览时采取快步甚至小跑等危险下行动作，超出了安全保障义务的合理限度，故其对本人意外摔伤应承担全部责任。综上，法院判决驳回原告的全部诉讼请求。

【法条链接】

中华人民共和国民法典

第一千一百九十八条第一款 宾馆、商场、银行、车站、机场、体育场馆、娱乐场所等经营场所、公共场所的经营者、管理者或者群众性活动的组织者，未尽到安全保障义务，造成他人损害的，应当承担侵权责任。

最高人民法院关于审理旅游纠纷案件适用法律若干问题的规定

第十七条 旅游者在自行安排活动期间遭受人身损害、财产损失，旅游经营者未尽到必要的提示义务、救助义务，旅游者请求旅游经营者承担相应责任的，人民法院应予支持。

前款规定的自行安排活动期间，包括旅游经营者安排的在旅游行程中独立的自由活动期间、旅游者不参加旅游行程的活动期间以及旅游者经导游或者领队同意暂时离队的个人活动期间等。

【法官说法】

许多旅行社都会为旅行团安排自由活动时间，游客在自行安排活动期间遭受人身损害，旅行社和景区管理者作为旅游经营者未尽到安全保障义务的，应当承担相应责任。旅游经营者的安全保障义务包括旅游活动前的风险告知义务、旅游活动中的危险预防义务及损害发生后的危险救助义务。本案中，游客参加自由活动前，旅行社进行了必要的安全提示，景区也在入口和沿途张贴旅游须知和安全提示。陈某作为完全民事行为能力人，应当对自己的行为所造成的后果有明确的认知能力，其在自由活动期间不慎跌落，其受伤和死亡结果与旅行社和景区没有因果关系，旅行社和景区人员发现后也在第一时间将其送医救治，已尽到了安全保障义务，故不应承担赔偿责任。

6. 高危险运动场地经营者应承担更高的安全保障义务

【裁判要旨】

高危险运动场地的经营者承担高于一般经营场所的安全保障义务。除了提供符合标准的场地、设备和设置安全标志以及事后救助以外，还应在日常管理中及时发现并有效处置风险。相关经营者未尽到安全保障义务的，应当承担相应的补充责任。

【基本案情】

2018 年 2 月 18 日 14 时许，在某滑雪公司 4 号滑雪道（中级）中，李某（时年 8 岁）用双板直线下滑，在躲闪其他滑雪者时摔倒，又与前方呈“之”字形路线单板滑行的赵某接触，造成赵某背部向下摔倒。事发后，赵某被雪场工作人员送往公司医务室，之后被转送往医院进行治疗。经诊断，赵某伤情为胸 12 椎体爆裂骨折、髋骨第 4 节骨折等，共住院 19 天，支付医疗费 11 万余元，后经鉴定赵某构成九级伤残。各方就赔偿事宜未达成一致意见，诉至法院。

【裁判结果】

法院经审理认为，被告李某作为未成年人在中级雪道采取直线下滑方式，本身速度难以控制，危险性较大，且未与其他滑雪者保持足够安全距离，亦未及时降速、转向或者采取其他确保安全的做法，存在严重过错，应承担主要责任。被告李某作为无民事行为能力人对他人造成损害，由其监护人代为承担侵权责任。赵某以“之”字形路线左右交替向下滑行，二人碰撞前，赵某正从左侧向右侧回退滑行，而李某摔倒后在赵某右后侧直线向下滑行，双方是以侧向接触的方式碰撞，而非李某从赵某正背后将其撞倒。赵某未及时发现右后侧已有人摔倒，亦未能采取有效躲避措施，其本身存在一定过错，应承担相应责任。某滑雪公司虽尽到了设置安全标志以及事后救助的义务，但作为高危险运动场地，应承担高于一般经营场所的安全注意义务，例如在日常管理中及时发现并有效处置风险。根据现场视频显示，在李某长时间从上向下直线快速滑行的过程中，未有雪场安全员及时发现并处理该风险。事发时间点和路段附近，也未见雪场安全员。因此，某滑雪公司存在管理疏漏，应在其安保责任范围内对赵某因伤所受损失承担补充责任。结合本案实际情况，本院酌定李某承担 60% 的责任，赵某自身承担 20% 的责任，某滑雪公司承担 20% 的责任。

【法条链接】

中华人民共和国民法典

第一千一百九十八条 宾馆、商场、银行、车站、机场、体育场馆、娱乐场所等经营场所、公共场所的经营者、管理者或者群众性活动的组织者，未尽到安全保障义务，造成他人损害的，应当承担侵权责任。

因第三人的行为造成他人损害的，由第三人承担侵权责任；经营者、管理者或者组织者未尽到安全保障义务的，承担相应的补充责任。经营者、管理者或者组织者承担补充责任后，可以向第三人追偿。

最高人民法院关于审理旅游纠纷案件适用法律若干问题的规定

第七条 旅游经营者、旅游辅助服务者未尽到安全保障义务，造成旅游者人身损害、财产损失，旅游者请求旅游经营者、旅游辅助服务者承担责任的，人民法院应予支持。

因第三人的行为造成旅游者人身损害、财产损失，由第三人承担责任；旅游经营者、旅游辅助服务者未尽安全保障义务，旅游者请求其承担相应补充责任的，人民法院应予支持。

【法官说法】

以滑雪为代表的冬季运动逐渐进入普通人的生活，但滑雪本身是一项十分专业且高危险性的运动项目。为保障人民群众在此类运动项目中的安全，需要滑雪者和场地经营者共同承担其特定的安全注意义务。

对普通滑雪者而言，应当具备较高的运动安全意识，让自己的滑行处于可控范围之内，就滑行速度、路线和方式应当依据其个人滑雪水平、现场地势、场地人口密度进行选择，并且后方滑雪参与者务必要选择不危及前方滑雪者的线路滑行。未尽到合理安全注意义务致他人损害的应承担法律责任。对于雪场等高危险运动场所经营者而言，法律对其要求了高于一般公共场所的安全保障义务。除了设置安全告示、运动守则、安全指南等提示外，高危险运动场所经营者还应当对入场游客尤其是特定群体的游客开展安全教学和指导，并设置专人分段负责场地的安全监管，及时发现并处理风险。相关经营者在管理过程中未尽到上述义务，应当对场所内发生的损害承担直接责任或者补充责任。

7. 打牌发生口角致牌友突发疾病，应当承担赔偿责任

【裁判要旨】

人在参与扑克、麻将等文娱活动时往往情绪波动较大，容易过度紧张、激动，在此种状态下更容易受外界刺激而诱发自身基础疾病，故共同参与者在知晓对方身体状况的情况下，因不当的言语或者行为而致人病发或造成其他损害的，应当承担相应的赔偿责任；此外，受害方在自身存在易受刺激疾病的情况下贸然参加牌局并导致发病的，也存在相应过错，可以减轻侵权人的责任。

【基本案情】

李某与王某系同村村民，闲暇时都喜好玩牌娱乐，经常一起相约打牌。某日，二人一同打牌时，因牌面大小产生争执并发生激烈口角。争吵过程中，经周围人劝解，李某自行离开牌局，但王某仍不顾他人阻拦，追上前去再次与李某发生争吵，最终导致自身情绪激动，心脏病突然发作。后王某被紧急送往医院就医治疗，病情经诊断为“不稳定性心绞痛、心脏病”等，王某为此花费医药费1万余元。出院后，王某认为李某在明知自身患有心脏病的前提下，不顾他人劝阻，对自己进行辱骂，导致自己心脏疾病发作，故起诉至法院，要求李某赔偿其医疗费等相关损失。

【裁判结果】

本案在审理过程中查明，王某本身就患有心脑血管疾病，此前也曾就相关疾病进行过就诊，事发时还随身携带有“速效救心丸”等药物，且二人发生争吵并经人劝解分开后，王某又主动上前与李某发生争吵，对自身心脏病发存在过错，应对损害结果负主要责任。而李某作为王某同村固定

牌友，经常与王某相约牌局，对王某身体状况应当知情，且在双方发生争吵过程中，周围劝解人员也多次就王某身体状况告知李某，但其在被劝解开后又持续性与王某发生口角，对王某损害后果也存在过错，应对损害结果负次要责任。最终经法院主持调解，双方均认识到自身行为存在的过错，并在法庭组织下握手言和，由李某一次性赔偿王某损失2000元，本案以调解方式结案。

【法条链接】

中华人民共和国民法典

第一千一百六十五条第一款 行为人因过错侵害他人民事权益造成损害的，应当承担侵权责任。

第一千一百七十三条 被侵权人对同一损害的发生或者扩大有过错的，可以减轻侵权人的责任。

第一千一百七十九条 侵害他人造成人身损害的，应当赔偿医疗费、护理费、交通费、营养费、住院伙食补助费等为治疗和康复支出的合理费用，以及因误工减少的收入。造成残疾的，还应当赔偿辅助器具费和残疾赔偿金；造成死亡的，还应当赔偿丧葬费和死亡赔偿金。

【法官说法】

本案中，李某作为具备一般智识经验的成年人，应该能够预见到，与他人长期持续发生激烈争吵，存在诱发王某自身疾病的客观可能性，但其仍不顾牌友劝阻与王某争吵，对王某病发的损害结果存在主观上的过失，应当承担相应责任；而王某明知自身患有易受刺激的疾病，却仍然参加牌局，并与李某发生争吵，导致自身情绪激动发病，其中既有情绪激动的诱因，也有自身疾病的影响，其对损害结果的发生存在过错，可以减轻李某的过错责任。另需注意的是，打牌本身是为了消遣娱乐，过程中发生争执虽然在所难免，但如果争执发酵成口角甚至肢体冲突，就要面临承担法律责任的后果，所以在参加文娱活动时应该放平心态，适度娱乐，遇到纠纷时更应理智处理，妥善解决，避免矛盾扩大升级，而牌友或其他提供活动场所人员在同伴身体突发异常时，也应积极采取相应的救助措施，切莫赢了牌局输了生活。

8. 公共场所经营管理者尽到安全保障义务的，无须承担责任

【裁判要旨】

公共场所的经营者、管理者负有保障他人免遭损害的安全保障义务，但该安全保障义务应当限于合理限度范围之内。超出具体安全保障义务范围发生人身财产损害，受害人请求管理者承担补充责任的，法院不予支持。

【基本案情】

2021 年 8 月 19 日，郑某因与家人外出旅游，在某旅游公司服务大厅行李服务台咨询相关事宜，转身离开时碰到宋某放置的平板行李推车后摔倒受伤。郑某受伤后，在旅游公司和宋某的陪同下先后前往医务室、某医院进行检查、治疗。郑某认为旅游公司作为该公共场所及行李推车的管理者，完全可以预见行李推车不在其监管下使用、停放可能产生的后果，该旅游公司未尽到应有的安全保障义务，其对于自己损害的发生存在过错。郑某因此将宋某和旅游公司诉至法院，请求判令宋某和旅游公司共同承担赔偿责任。

【裁判结果】

法院审理认为，经营管理者的安全保障义务，应限于合理限度范围之内，与其管理和控制能力相适应。且安全保障义务系过错责任，不能以结果的发生反推责任的承担，而应以义务人具体未尽到的义务内容予以过错认定。本案中，宋某使用大堂内行李推车的行为本属正常行为，行李推车虽由旅游公司所提供，但要求其对使用行李推车的游客进行全方位的监管和安全提示亦超出了安全保障义务的合理限度范围。郑某摔倒受伤主要系

因宋某的重大过失行为以及自身的轻微过失所致，旅游公司在此事故中并无过错，且在郑某受伤后，旅游公司的工作人员积极提供轮椅，及时陪同就医，尽到了相应的救助义务。因此，郑某要求某旅游公司承担赔偿责任无事实及法律依据，本院不予支持。

【法条链接】

中华人民共和国民法典

第一千一百九十八条 宾馆、商场、银行、车站、机场、体育场馆、娱乐场所等经营场所、公共场所的经营者、管理者或者群众性活动的组织者，未尽到安全保障义务，造成他人损害的，应当承担侵权责任。

因第三人的行为造成他人损害的，由第三人承担侵权责任；经营者、管理者或者组织者未尽到安全保障义务的，承担相应的补充责任。经营者、管理者或者组织者承担补充责任后，可以向第三人追偿。

【法官说法】

日常生活和娱乐过程中，进入公共场所难以避免，而一旦在公共场所发生人身财产损害，受损害人能否请求公共场所的经营者、管理者或者活动组织者承担赔偿责任，则应当依据法律规范结合具体事实进行综合考量。

首先，违反安全保障义务的侵权责任是一种过错责任。《中华人民共和国民法典》第一千一百九十八条规定，无论是安全保障义务主体的直接责任还是补充责任，都以其未尽到安全保障义务为前提条件。这就意味着，如果安全保障义务主体尽到了安全保障义务，就可以免除责任。因此，即便是在公共场所发生了人身财产损害事实，也不当然推定公共场所经营者、管理者存在过错，直接认定相关管理者、经营者的侵权责任。而应看公共场所管理者、经营者是否尽到了社会和法律所期望其所遵守某种程度的安全保障义务。

其次，应当把握判定行为人是否尽到安全保障义务的标准。人的行为往往受时间、地点、人、环境等变量影响，在一些具体场景下安全保障义务内容本身的标准难以具体统一，往往需要借助法律规定、行业习惯或者惯例、合同约定等诸多标准进行考量，再结合个案情况加以综合判定。例如，本案中，导致损害事实产生的是第三者的日常行为而非具有高度危险的行为，旅游公司事先在入口处设置了安全提示和排队距离提示线，事后也及时对受伤者进行了救助，即可认定其尽到了法定的安全保障义务。

最后，合理确定安全保障义务主体的范围，既要以人为本，对社会生活中可能发生危险的场所或者活动，要求行为人履行必要的防范损害发生的义务，充分保护广大人民群众的人身和财产安全；又要考虑相关公共场所的本身特点，以兼顾社会和谐与发展为出发点，不能盲目地扩大相关安全保障义务的范围。

9. 农民专业合作社向外来民俗经营人收取管理费的，不构成不当得利

【裁判要旨】

农民专业合作社为不具有村集体成员身份的外来经营者提供与本村集体成员相同或类似管理服务并收取合理费用的，应当认为双方之间存在基础法律关系，前者取得利益具有法律依据，不构成不当得利。

【基本案情】

为促进农村产业发展，某民俗旅游特色乡村组织村民成立了民俗旅游专业合作社，该村239家民俗户入社。该专业合作社采取“酒店经营”的运营模式，来住宿的客人须来前台登记身份信息办理入住。刘某系该专业合作社雇佣的经理，负责该村民俗户相关管理工作。

2020年8月16日，吕某、王某（合作社成员、出租方）与陈某（外来经营者、承租方）签订《租赁合同》，约定吕某、王某将涉案民俗屋出租给陈某用以经营。合作社按照一间房每登记一次5元的标准收取了管理费。陈某称租赁合同中未约定5元管理费事宜，而刘某指定收取管理费的也是个人账户且时有变化。由此，陈某认为刘某收受的管理费缺乏法律根据，且涉案款项去向不明，故诉至法院，请求判令刘某及合作社返还不当得利。

【裁判结果】

法院经审理认为，构成不当得利需具备法定要件。陈某以不当得利为由主张返还合作社收取的管理费，须就其与刘某、合作社之间欠缺给付原因承担举证责任。首先，在本案中，该管理费系合作社依据村规民约以及统一管理的相关规则向参加合作社的民俗户收取，与之相对的合作社则将

入住民俗户客人的身份证信息上传至公安机关，并通过建立微信群等方式为民俗户提供相应服务，陈某本人在该微信群中，其也承认在他处办理入住的客人须经过上述登记和身份信息上传。故陈某作为民俗的经营者与合作社之间存在基础法律关系，其所交纳管理费具有一定的对价意义。其次，当事人对自己提出的诉讼请求所依据的事实或者反驳对方诉讼请求所依据的事实，应当提供证据加以证明，但法律另有规定的除外。陈某以不当得利起诉，但未提供证据证明该管理费欠缺给付原因，亦未提供证据证明其与刘某、合作社之间存在不当得利的法律关系。故此，陈某关于涉案款项属于不当得利的主张，缺乏事实和法律依据，本院不予支持。

【法条链接】

中华人民共和国民法典

第九百八十五条　得利人没有法律根据取得不当利益的，受损失的人可以请求得利人返还取得的利益，但是有下列情形之一的除外：

（一）为履行道德义务进行的给付；

（二）债务到期之前的清偿；

（三）明知无给付义务而进行的债务清偿。

【法官说法】

农村集体经济组织是推动乡村振兴的经济载体。当前以民俗文化、农家乐为主题的乡村旅游十分火热，但与此同时涉及农村集体经济组织的法律纠纷也层出不穷。

本案当中主要涉及不当得利之债，不当得利之债是债的发生根据之一，指因他人没有法律根据，取得不当利益，受损失的人有权请求其返还不当利益。就陈某的诉讼请求而言，其主张涉案款项构成不当得利需具备以下四个要件：第一，一方受有损失；第二，另一方取得财产利益；第三，一方所受损失与另一方取得利益之间具有因果关系；第四，取得利益没有法律根据。就刘某与合作社的抗辩而言，虽然本案的租赁合同中并未约定管理费，陈某也并非该农民专业合作社的成员，但合作社提供的《服务手册》中写明了管理费事宜，而且合作社是在其为陈某经营民俗提供一定管理服务的前提下收取的管理费，陈某交纳的管理费已经取得了合理的对价，应当认定该管理费属于具有法律依据的给付。

综上所述，农民专业合作社为不具有村集体成员身份的外来经营者提供与本村成员相同或类似管理服务并收取合理费用的，不构成不当得利。

10. 住度假酒店游泳时摔伤，经营者未尽安全保障义务的应承担赔偿

【裁判要旨】

酒店内体育场馆、娱乐场所等的经营管理者未尽到法律规定范围内的安全保障义务，造成消费者损害的，应当承担侵权责任；消费者对自身损害发生或扩大有过错的，承担部分责任。

【基本案情】

2016 年，李某到某旅游公司经营的度假酒店住宿消费，在酒店游泳馆游泳期间，在泳池摔倒受伤，当日被同行人员送往两家医院治疗，均诊断为身体多处骨折。经鉴定，李某损伤程度为十级伤残。李某认为酒店泳池设计不合理且未作任何危险提示，工作人员亦未尽到提醒义务，其受伤后未履行任何照顾、未采取任何急救措施，旅游公司对酒店管理存在重大过失，起诉要求该公司承担相应的赔偿责任，一次性支付伤残赔偿金、精神损害赔偿金等各项损失。旅游公司承认李某在其酒店游泳池内摔伤、治疗及伤情鉴定的事实，但认为李某对事故的发生负有责任，泳池的水是外溢的，其应当知道泳池是开放式的，且在事发时，泳池的管理人员及时对其进行救治并安抚，也尽到了相关的安全义务。

【裁判结果】

法院经审理认为，旅游公司作为涉案泳池的管理人，有义务为客人提供安全的游泳环境，最大限度保障消费者的人身、财产安全。该案中，事发时事故现场灯光昏暗，亦未贴有明显安全警示标语，且泳池造成事故一侧为开放性设计；经现场勘查，李某撑坐的亚克力板高约 1.4 米，与玻璃墙面的距离约为 1 米，空隙地面除铺垫一层海洋球及 PVC 泡沫板外，并无

其他安全防护。可见旅游公司并未尽到合理限度范围内的安全保障义务，其对李某摔伤之损害结果应承担主要责任。李某作为完全民事行为能力人，在泳池池水向一侧外溢的情况下，应当意识到泳池该侧面的开放性设计，其在手撑亚克力板时，亦应意识到亚克力板与后方玻璃墙面的空隙。李某未审慎注意安全，撑坐亚克力板并摔伤，应对自身摔伤之损害后果承担次要责任。综上，法院判决旅游公司在责任限额内赔偿李某部分经济损失。

【法条链接】

中华人民共和国民法典

第一千一百九十八条第一款 宾馆、商场、银行、车站、机场、体育场馆、娱乐场所等经营场所、公共场所的经营者、管理者或者群众性活动的组织者，未尽到安全保障义务，造成他人损害的，应当承担侵权责任。

【法官说法】

当前，旅游业已全面复苏，旅游从业者积极履行法定义务，是维护游客合法权益，促进酒店、民宿、景区、旅行社规范化经营，保障旅游市场安全、有序、稳定发展至关重要的因素。安全保障义务一般指场所的经营者、管理者要在公共场所、经营场所履行安全警示告知义务，安全设施设备安装、维护义务以及旅游合同提供服务的一方依法应承担的安全保障义务。安全保障缺失或存在瑕疵，在法律上将导致违约或侵权的后果。

本案是一起典型的因“旅游安全保障不到位”引发的人身损害赔偿责任纠纷。酒店泳池属于酒店配套，受酒店管理，游客入住酒店期间使用泳池受到损害的，按照《中华人民共和国民法典》有关侵权责任的规定，酒店管理经营方在未尽到法律规定范围内的安全保障义务情况下，认定其应当承担赔偿责任。而在具体界定其承担责任大小时，若游客对自身损害或扩大亦存在过错，则可以减轻酒店方责任。具体到本案当中，李某主张的赔偿责任将根据酒店管理经营方违反法定安全保障义务的过错程度判定，是否在此基础上减轻再看李某自身有无过错。

11. 景区内受伤致残，管理公司是否系适格被告应根据旅游合同确定

【裁判要旨】

游客在旅游景区内受伤造成人身损害，若游客以旅行社未全面履行合同构成违约为由提起旅游合同纠纷，则适格被告应为旅行社。游客与景区管理公司、旅行社与景区管理公司之间无直接的旅游合同，景区管理公司非适格被告。

【基本案情】

2017 年 11 月 11 日，张某前往某度假区旅游，在该度假区内台阶处时不慎从台阶上摔下受伤，造成十级伤残。后张某向法院起诉要求提供本次旅游服务的某旅行社与该度假区管理公司共同赔偿各项损失共计 220068.02 元。某旅行社称张某和第三方电子商务平台建立合同，和旅行社没有关系，张某属于完全民事行为能力人，摔伤是其未尽到注意义务，摔伤的地点是景区，应该由当地的部门履行告知义务，此外旅行社也为原告投了意外险，故不同意原告的诉讼请求。某度假区管理公司则称公司已经尽到安全保障义务，不应承担赔偿责任。张某并未在景区购票，该公司并不是本案的适格被告。

【裁判结果】

法院经审理认为，旅游合同纠纷是指旅游者与旅游经营者、旅游辅助服务者之间因旅游发生的合同纠纷。旅游经营者是指以自己的名义经营旅游业务，向公众提供旅游服务的人。本案中，张某系通过第三方电子商务平台与某旅行社建立了旅游合同，“支付结果”的订单显示，该订单的“供应商”为某旅行社，故某旅行社与张某之间成立了旅游合同关系，故

某旅行社系本案适格被告。张某进入旅游度假区的门票系由某旅行社统一预约并购买，并在某旅行社工作人员的带领下参观景区的，张某与度假区管理公司之间并无直接的旅游合同，且旅行社与度假区管理公司之间亦无旅游协作等方面的协议，本案系旅游合同纠纷，故度假区管理公司并非本案适格被告。旅游经营者对可能危及旅游者人身、财产安全的旅游项目未履行告知、警示义务，造成旅游者人身损害、财产损失的，应当承担相应的责任。本案中，张某发生事故的台阶坡度较缓，台阶宽度较大，且事发时为景区旅游淡季，游人相对较少，张某系完全民事行为能力人，且身体不存在应给予特殊照顾的情况，常理认知下，张某在下涉事台阶时，不属于上述可能危及其人身、财产安全的旅游项目，且事故发生后某旅行社已及时联系了景区对张某进行了救助。故某旅行社在张某下台阶摔伤事故中，并不存在过错，没有违约行为，不应承担违约责任。最终，法院判决驳回张某的全部诉讼请求。

【法条链接】

最高人民法院关于审理旅游纠纷案件适用法律若干问题的规定

第一条 本规定所称的旅游纠纷，是指旅游者与旅游经营者、旅游辅助服务者之间因旅游发生的合同纠纷或者侵权纠纷。

“旅游经营者”是指以自己的名义经营旅游业务，向公众提供旅游服务的人。

“旅游辅助服务者”是指与旅游经营者存在合同关系，协助旅游经营者履行旅游合同义务，实际提供交通、游览、住宿、餐饮、娱乐等旅游服务的人。

旅游者在自行旅游过程中与旅游景点经营者因旅游发生的纠纷，参照适用本规定。

第三条 因旅游经营者方面的同一原因造成旅游者人身损害、财产损失，旅游者选择请求旅游经营者承担违约责任或者侵权责任的，人民法院应当根据当事人选择的案由进行审理。

【法官说法】

游客在旅行过程中发生的人身安全事故，存在合同违约责任与侵权责任竞合的情况，游客针对不同对象，可选择其中一种法律关系主张权利。合同具有相对性，本案中张某与旅行社之间构成合同关系，张某与旅游管理公司之间并无直接的旅游合同，且旅行社与度假区管理公司之间亦无旅游协作等方面的协议，所以度假区管理公司并非本案适格被告。若因旅行社未尽到安全保障责任，造成游客人身损害的，旅客可以依据旅游合同以旅行社未能全面履行合同构成违约为由提起合同违约之诉。同时，游客是自身安全的第一责任人，在旅游的过程中应尽到充分的安全注意义务，本案张某作为成年人，且身体不存在应给予特殊照顾的情况，张某在下涉事台阶时，也不属于可能危及其人身、财产安全的旅游项目，故其应对自身损害结果承担全部责任。

12. 因加装功能存在质量问题要求退车的，不予支持

【裁判要旨】

消费者新购汽车后以加装功能存在质量问题为由要求退车，不符合《家用汽车产品修理更换退货责任规定》中可以办理退换的情形，不予支持。

【基本案情】

刘某购买了一辆轿车，并在4S店为新车加装了蓝牙钥匙控制功能。但加装该功能后，蓝牙钥匙控制功能经常失灵，无法正常使用。刘某多次将车辆送至4S店维修，仍不能解决问题，刘某以销售的车辆不符合质量要求为由，将4S店诉至法院，要求4S店回收车辆并退还全部购车费用。

4S店辩称，所销售的车辆并不存在质量问题，蓝牙钥匙是刘某购车后选装的功能，并非车辆出厂自带功能。该功能无法正常使用，目前并未查清原因，可能环境干扰、软件不兼容等多种因素造成。但蓝牙无法连接并非车辆质量问题，故不同意原告诉求。

【裁判结果】

法院经审理认为，《家用汽车产品修理更换退货责任规定》中明确规定，在家用汽车产品三包有效期内，符合本规定更换、退货条件的，消费者凭三包凭证、购车发票等由销售者更换、退货。本案中，刘某称加装的蓝牙钥匙经多次维修无法正常使用，但该功能并非车辆出厂时自带功能，属于单独购买并后期增加的功能，与车辆本身是相分离的，因此该功能无法使用并不能说明车辆本身存在问题，故刘某要求车辆做退货处理并不会

得到支持。

承办法官经与当事人沟通，4S 店为车辆进行了维修并补贴刘某为此支出的费用，并同意在双方约定的保修期内提供维护。最终，在法官主持下，刘某不再主张退车，双方达成和解并当庭履行完毕。

【法条链接】

家用汽车产品修理更换退货责任规定

第二十二条 家用汽车产品自三包有效期起算之日起 7 日内，因质量问题需要更换发动机、变速器、动力蓄电池、行驶驱动电机或者其主要零部件的，消费者可以凭购车发票、三包凭证选择更换家用汽车产品或者退货。销售者应当免费更换或者退货。

第二十三条 家用汽车产品自三包有效期起算之日起 60 日内或者行驶里程 3000 公里之内（以先到者为准），因质量问题出现转向系统失效、制动系统失效、车身开裂、燃油泄漏或者动力蓄电池起火的，消费者可以凭购车发票、三包凭证选择更换家用汽车产品或者退货。销售者应当免费更换或者退货。

第二十四条 家用汽车产品在三包有效期内出现下列情形之一，消费者凭购车发票、三包凭证选择更换家用汽车产品或者退货的，销售者应当更换或者退货：

（一）因严重安全性能故障累计进行 2 次修理，但仍未排除该故障或者出现新的严重安全性能故障的；

（二）发动机、变速器、动力蓄电池、行驶驱动电机因其质量问题累计更换 2 次，仍不能正常使用的；

（三）发动机、变速器、动力蓄电池、行驶驱动电机、转向系统、制动系统、悬架系统、传动系统、污染控制装置、车身的同一主要零部件因其质量问题累计更换 2 次，仍不能正常使用的；

（四）因质量问题累计修理时间超过 30 日，或者因同一质量问题累计修理超过 4 次的。

发动机、变速器、动力蓄电池、行驶驱动电机的更换次数与其主要零部件的更换次数不重复计算。

需要根据车辆识别代号（VIN）等定制的防盗系统、全车主线束等特殊零部件和动力蓄电池的运输时间，以及外出救援路途所占用的时间，不计入本条第一款第（四）项规定的修理时间。

【法官说法】

消费者以车辆存在质量问题为由要求退货，需要符合《家用汽车产品修理更换退货责任规定》的相关标准，即只有出现特定问题才能要求退货。本案中，刘某在购买车辆后，为了满足自身使用需求，单独加购了蓝牙钥匙功能。蓝牙钥匙功能时常失灵，具体原因不明，亦无法证明车辆本身存在质量问题，故刘某要求退车并返还全部购车费用的要求无法得到支持。但蓝牙钥匙作为单独产品，消费者在购买后若出现质量问题，可以要求销售者承担相应责任。

13. 足球运动中意外受伤发生的损害由受害人自担

【裁判要旨】

在体育运动中，若无证据显示其他参与者在损害发生时存在故意或者重大过失，则在运动中发生的损害由受害人自担。

【基本案情】

某中学举办足球比赛，曹某在无身体对抗情况下，接球时右膝跪地受伤。受伤后，老师用冰块对曹某受伤位置进行冰敷，紧急联系曹某家属，并带曹某前往就近卫生院。因医疗诊断条件所限，卫生院未接诊，带队老师与曹某父子遂前往区医院救治。经诊断结果为右膝损伤，建议休息三天。后因身体依旧不适，曹某父子翌日前往北京某医院就诊，经诊断为前交叉韧带断裂，医生建议手术，支具固定结合伸直固定，并减少运动量、避免剧烈运动、避免负重、避免爬山登楼梯，需要休息一个月。后续，曹某家人与学校就赔偿问题协商未果，诉至法院。

【裁判结果】

法院经审理认为，限制民事行为能力人在学校或者其他教育机构学习、生活期间受到人身损害，学校或者其他教育机构未尽到教育、管理职责的，应当承担侵权责任。学校组织学生参加教育教学活动或者校外活动时，应当对学生进行相应的安全教育，并在可预见的范围内采取必要的安全措施，是学校履行教育、管理等法定义务的应有之责。经查，本次比赛属于区教委组织的某赛区足球分区赛之一，比赛方案及安全预案载明“各学校要树立安全第一的意识。赛前要召开运动员会，做好安全教育工作，如交通安全、饮食卫生、比赛期间的运动常识教育。各赛点学校在赛前必须与地段医院取得联系，保证比赛中对运动员的身体伤害等突发事件的现场及时处理”。

本案事发时，曹某正值14周岁，受伤后并未有专业医务人员在现场援助，学校也未与相关地段医院提前取得联系，导致曹某未能及时就患处进行拍片检查，延误治疗。故学校对于曹某因参赛而遭受身体伤害具有过错，应负主要责任。其次，鉴于年满14周岁的曹某长期参与足球训练，其对足球比赛中的风险具有一定的认知和判断能力，且导致其受伤的动作也是运动规则允许范围内的正常行为，属于运动固有的危险，所以其自身需对损害结果承担一定的责任。综上，根据当事人过错程度、减轻责任事由、比赛结果获益归属等实际情况，法院酌定对曹某的损害后果，由曹某自担20%的责任，某中学承担80%的责任。

【法条链接】

中华人民共和国民法典

第一千一百七十六条第一款 自愿参加具有一定风险的文体活动，因其他参加者的行为受到损害的，受害人不得请求其他参加者承担侵权责任；但是，其他参加者对损害的发生有故意或者重大过失的除外。

第一千二百条 限制民事行为能力人在学校或者其他教育机构学习、生活期间受到人身损害，学校或者其他教育机构未尽到教育、管理职责的，应当承担侵权责任。

【法官说法】

足球运动节奏快、悬念性强、战术体系多变，因而有着独一无二的魅力，吸引了越来越多人参与足球运动。但也正是足球运动具有对抗激烈、体能消耗大、节奏紧凑等特点，参与者在运动中容易出现受伤情况。有鉴于此，赛事组织者应当做好准备工作，赛前检查场地和器材装备能否达到比赛标准，比赛中配备相应的医疗保障，一旦发生意外情况能够及时启动应急预案。同时，参与者也应当意识到足球运动的风险性，规范自身的技术和拼抢动作，摆正比赛心态，保护自己，保护对手。毕竟，胜负之外，足球比赛中体现出来的团结协作、尊重对手和公平竞赛精神更是这项竞技运动所倡导的价值追求。

第五章　住房保障

1. 房屋买卖由中介收取定金，违约者亦须双倍返还

【裁判要旨】

为确保买卖合同的如期订立和进一步履行，买受人预先支付一定数额的定金给出卖人，如果因买受人原因导致合同不能订立，买受人无权要求返还定金；如果出卖人反悔拒绝订立合同，则应当双倍返还定金，此规则被称为定金罚则。法律规定，定金合同自实际交付定金时成立。即使没“拿”定金，也可能受定金罚则之约束。

【基本案情】

李某欲售房，请某中介机构将房屋挂在网上帮助宣传。买方赵某在中介机构带领下进行实地看房，对房屋面积、坐落位置、层高等均表示满意。在中介机构的见证下，李某与赵某商定以185万元的价格成交该房屋。但由于李某即将到外地出差，双方于是约定在90天内签订房屋买卖合同，赵某先给李某1万元定金。中介机构提出1万元定金由中介机构代收，李某对此表示同意。当天，三方共同在《定金收付书》上签字，《定金收付书》约定了房屋的具体位置、面积、成交价格、定金金额及于90日内签订房屋买卖合同等事项，并明确约定出卖人违约应双倍返还定金，买受人违约定金不退。李某给赵某出具了收到1万元定金的收条。其后，赵某多次致电李某，也要求中介机构帮忙催促，但李某均称最近很忙需等等，最后甚至直接不接电话。直至90天期限已过，李某仍未与赵某签约。此时，赵某被中介机构告知，李某称房子不卖了。中介机构将代收的定金1万元原数退回赵某。赵某很是气愤，认为李某言而无信，且这三个月间房价略有涨幅，导致自己错过很多机会，遂将李某诉至法院，要求李某赔付定金1万元。李某辩称，法律规定定金要实际交付才算数，自己并没有实际收

到定金，自然也无须赔付。

【裁判结果】

法院经审理认为，赵某与李某签订的《定金收付书》，其性质为定金合同，李某亦同意由中介机构代收 1 万元定金，且为赵某出具了收到定金的收条。该笔定金已实际交付，定金合同成立。因李某原因未能在约定期限内与赵某签订房屋买卖合同，应承担双倍返还定金的违约责任。因中介机构已将代收定金 1 万元返还赵某，故对于李某要求赵某赔付定金 1 万元的诉讼请求，本院予以支持。

【法条链接】

中华人民共和国民法典

第五百八十六条第一款　当事人可以约定一方向对方给付定金作为债权的担保。定金合同自实际交付定金时成立。

第五百八十七条　债务人履行债务的，定金应当抵作价款或者收回。给付定金的一方不履行债务或者履行债务不符合约定，致使不能实现合同目的的，无权请求返还定金；收受定金的一方不履行债务或者履行债务不符合约定，致使不能实现合同目的的，应当双倍返还定金。

【法官说法】

法律规定，定金合同自实际交付定金时成立，但并不是“我没有拿定金，就不算实际交付”。本案中定金的交付方式在房屋买卖合同中具有一定代表性。随着房屋中介行业的不断发展壮大，房屋买卖双方多数均需通过专业的中介机构达成交易。相较于刚刚认识、不甚了解的买卖双方而言，房屋中介机构以其专业能力、居间地位和较为雄厚的资金保障，让买受人更愿意由中介机构代收定金，以防出现在出卖人违约时，步入可能连定金原数都无法真正退还的尴尬境地。此时，出卖人同意由中介机构代自己收取定金，且买受人也将定金实际交付给中介机构，那么就可以认定定金已经实际交付，买受人和出卖人即受定金罚则的约束。给付定金的一方不履行债务或者履行债务不符合约定，致使不能实现合同目的的，无权请求返还定金；收受定金的一方不履行债务或者履行债务不符合约定，致使不能实现合同目的的，应当双倍返还定金。人们在从事民事活动中，应当遵循诚信原则，秉持诚实，恪守承诺，切记不要“聪明反被聪明误”。

2. 自然人受骗购入商业办公类房屋，开发商担责

【裁判要旨】

购房人不具备购买商业办公类房屋的主体资格，房地产公司在销售房屋时将商业办公类房屋宣传为居住用途，进行虚假宣传且在未取得预售许可证的情况下违规销售房屋，存在明显过错，应当对购房人因购房协议履行不能而遭受的损失承担赔偿责任。

【基本案情】

2016 年 5 月，韩某与某置业公司签订《订购协议》，购买某置业公司开发的房屋一处，成交总价 2732455 元。随后，韩某向某置业公司支付房款 1372455 元，某置业公司为韩某出具了收据，收款单位公章是某置业公司财务专用章。签约当日，韩某还向某信息技术公司支付 10 万元，某信息技术公司为韩某出具收据，收据记载：今收到韩某交来服务费人民币壹拾万元整，收款单位公章是某信息技术公司财务专用章。

2017 年 3 月 26 日，五部门联合印发《关于进一步加强商业、办公类项目管理的公告》，明确商业和办公类项目销售对象应当是合法登记的企事业单位、社会组织。根据该购房政策，韩某丧失购买涉案房屋的主体资格。2017 年 7 月 18 日，市住建委出具行政处罚决定书，对某置业公司以“商改住”的名义进行虚假宣传、违规销售商业办公房屋的问题进行行政处罚。2017 年 8 月 7 日，区住建委对某置业公司处以已收取预付款 1% 的罚款。

2023 年 3 月，在通过诉讼程序要求某置业公司返还购房款后，韩某再次向法院提起诉讼，要求被告支付 1372455 元并赔偿相应的利息损失。同时，韩某还将某置业公司、某信息技术公司一并诉至法院，要求赔偿服务费 10 万元及相应利息。

【裁判结果】

法院经审理认为，根据关联案件以及本案查明的事实，能够认定服务费10万元系韩某与某置业公司签订订购协议过程中实际支出的费用。现韩某与某置业公司之间关于涉案房屋的订购协议已解除，且订购协议解除的直接原因是“3·26”购房新政导致韩某丧失购房资格，韩某向某信息技术公司交纳的10万元服务费系属韩某所遭受的损失。某置业公司在销售房屋时将商业办公类房屋宣传为居住用途，进行虚假宣传且在未取得预售许可证的情况下违规销售房屋，故某置业公司在与韩某签订订购协议时存在明显过错，应当对韩某因订购协议履行不能而遭受的损失承担赔偿责任，对于韩某要求某置业公司与某信息技术公司连带赔偿原告10万元服务费及利息的诉讼请求，法院予以支持。

【法条链接】

中华人民共和国民法典

第五百六十六条第一款　合同解除后，尚未履行的，终止履行；已经履行的，根据履行情况和合同性质，当事人可以请求恢复原状或者采取其他补救措施，并有权请求赔偿损失。

【法官说法】

2017年3月26日，市住建委等五部门联合印发《关于进一步加强商业、办公类项目管理的公告》（以下简称《公告》），其中第四条规定：“开发企业在建（含在售）商办类项目，销售对象应当是合法登记的企事业单位、社会组织。购买商办类项目的企事业单位、社会组织不得将房屋作为居住使用，再次出售时，应当出售给企事业单位、社会组织。”根据上述规定，自然人不具备购买商业办公类房产的主体资格。而本案中，某置业公司虽未收取10万元的服务费用，但其在销售房屋时将商业办公类房屋宣传为居住用途，进行虚假宣传且在未取得预售许可证的情况下违规销售房屋，导致《订购协议》因韩某丧失购房资格而被依法认定为无效。因此，某置业公司在与韩某签订《订购协议》时存在明显过错，应当对韩某因订购协议履行不能而遭受的损失承担连带赔偿责任。

3. 因买受人原因导致房屋买卖合同解除，买受人应当全额支付中介费用

【裁判要旨】

如果房屋买卖双方在合同中明确约定买受人应当在签署房屋买卖合同时依照一定的标准支付中介服务费，即使合同订立后因买受人违约导致房屋买卖合同被解除，买受人仍需全额支付中介服务费。

【基本案情】

2021年，张某经某房地产经纪公司居间介绍，确认购买李某的房屋一套，三方签订了承购经纪服务合同、房屋买卖合同等，约定由张某支付中介服务费。因张某当日资金不足，经协商后其为房地产经纪公司出具欠条一张并约定第二日给付。经过一晚的思考，张某觉得该小区建成年代久远、顶层漏雨严重、配套设施不完善便私下与李某解除了房屋买卖合同。

当房地产经纪公司要求张某支付中介服务费时，张某以该公司仅提供了看房、草签合同的中介服务，未履行协助过户等后续手续为由拒绝支付全额费用。因协商未果房地产经纪公司将张某诉至法院。

【裁判结果】

法院经审理认为，张某与某房地产经纪公司签订的承购经纪服务合同及补充协议等系当事人真实意思表示，不违反法律、行政法规强制性规定，应属合法有效，双方应当按照约定全面履行义务，且上述合同独立于房屋买卖合同。合同中明确约定张某应当在签署房屋买卖合同时，按照房屋总价款的2%的标准向房地产经纪公司支付中介服务费。现张某已与李某签订了《存量房屋买卖合同》，居间合同约定的支付中介费

月的条件已经成就。后因张某个人原因导致房屋买卖合同被解除，在此过程中房地产经纪公司并无过错，最终法院判决张某向房地产经纪公司全额支付中介服务费。中介合同是中介人向委托人报告订立合同的机会或者提供订立合同的媒介服务，委托人支付报酬的合同。中介人促成合同成立的，委托人应当按照约定支付报酬。中介人未促成合同成立的，不得请求支付报酬；但是可以按照约定请求委托人支付从事中介活动支出的必要费用。

【法条链接】

中华人民共和国民法典

第九百六十一条　中介合同是中介人向委托人报告订立合同的机会或者提供订立合同的媒介服务，委托人支付报酬的合同。

第九百六十三条　中介人促成合同成立的，委托人应当按照约定支付报酬。对中介人的报酬没有约定或者约定不明确，依据本法第五百一十条的规定仍不能确定的，根据中介人的劳务合理确定。因中介人提供订立合同的媒介服务而促成合同成立的，由该合同的当事人平均负担中介人的报酬。

中介人促成合同成立的，中介活动的费用，由中介人负担。

第九百六十四条　中介人未促成合同成立的，不得请求支付报酬；但是，可以按照约定请求委托人支付从事中介活动支出的必要费用。

【法官说法】

在当前的房屋买卖市场上，中介人以其实际劳动在提供信息、促成交易等方面起到了重要作用，因此如果中介人促成合同成立的，委托人应当按照约定支付报酬。因此，为了确保中介服务的质量和水平，购房人在准备委托房地产经纪公司进行二手房交易时，要选择已经过备案登记的房地产中介机构及具备从业资质的房地产经纪人员，谨慎审阅合同中关于中介服务的内容、完成标准、收费标准及支付时间等约定，在确保仔细、实地勘验房屋、查验产权情况并充分理解合同内容的基础上再行签署，防止合同订立后一方反悔或者不具备购房资质、不符合贷款条件等需要承担中介费用或者违约责任的风险。如果在履行合同过程中，房地产经纪公司存在虚假陈述、虚假承诺、故意隐瞒真实情况的过错行为，存在未尽到必要的审核义务及因自身原因未能完成合同义务的违约行为等，也不应当请求支付报酬。因此，人民法院在审理此类案件时通常会判决酌减或免除中介费用，并要求中介承担与过错程度相适应的赔偿责任。

4. 在“名为买卖、实为借贷”的情况下，当事人依据房屋买卖合同要求交付房屋难获支持

【裁判要旨】

在“名为买卖、实为借贷”的情况下，当事人依据房屋买卖合同要求履行合同的，法院应当按照实际查明的法律关系即民间借贷法律关系进行处理，如经过法律释明，原告坚持不变更诉讼请求的，法院应当驳回原告的诉讼请求。

【基本案情】

张某、李某夫妇育有一子张小某。2018 年 2 月至 6 月期间，王某累计借给张小某 40 万元，月息 36%，并要求张小某以签订房屋买卖合同的方式提供担保。2018 年 6 月 25 日，张某夫妇与王某签订《农村房屋买卖合同书》，约定将其合法所有的 12 间民房转让给王某，转让价格为 40 万元，并于 6 月 30 日前将该房屋交付王某。房款分两次交付，签订合同当日先行支付 20 万元，余下房款交付腾退房屋时一次性交齐。当日，张某等向王某出具 40 万元房款的收条。次日，张小某与王某又签订了《房屋补差价手续》，记载：王某已付款 40 万元，如到期未还款，张某、李某将房屋以当时市场价格买卖给王某。自 2018 年 9 月起，张小某未再向王某支付欠款本金及利息。2021 年，王某以农村房屋买卖合同纠纷为由将张某等诉至法院，要求确认该《农村房屋买卖合同书》为有效合同，同时腾退并交付涉案房屋。庭审中，张某、李某及张小某虽然认可该份合同及收条确系本人书写，但认为该合同为张小某向王某借款的担保，其性质并非房屋买卖合同。

【裁判结果】

法院经审理认为，根据相关证据显示，张小某每月在相对固定的时间向

王某支付数额相对固定的金钱，且数额与张小某陈述的利率计算标准、借款时间、预先扣除利息的情况基本吻合；其后签订的《农村房屋买卖合同书》说明双方当时就房屋买卖价款并未达成一致，而王某在房屋尚未腾退前却给付所有房款、在逾期腾退后未及时主张权利等均与真实的房屋买卖合同关系不符。综上，法院认为案涉《农村房屋买卖合同书》与以支付购房款取得房屋所有权为目的的房屋买卖合同关系的法律特征不符，而与民间借贷中以签订房屋买卖合同为借贷提供担保的常见做法相吻合，故王某与张某、李某、张小某之间应不属于真实的房屋买卖合同关系。经法院释明，王某仍坚持以房屋买卖合同法律关系主张权利，拒绝变更诉讼请求。因此，法院确认涉案的《农村房屋买卖合同书》无效，判决驳回原告王某的全部诉讼请求。

【法条链接】

中华人民共和国民法典

第一百四十六条 行为人与相对人以虚假的意思表示实施的民事法律行为无效。

以虚假的意思表示隐藏的民事法律行为的效力，依照有关法律规定处理。

最高人民法院
关于审理民间借贷案件适用法律若干问题的规定

第二十三条 当事人以订立买卖合同作为民间借贷合同的担保，借款到期后借款人不能还款，出借人请求履行买卖合同的，人民法院应当按照民间借贷法律关系审理。当事人根据法庭审理情况变更诉讼请求的，人民法院应当准许。

按照民间借贷法律关系审理作出的判决生效后，借款人不履行生效判决确定的金钱债务，出借人可以申请拍卖买卖合同标的物，以偿还债务。就拍卖所得的价款与应偿还借款本息之间的差额，借款人或者出借人有权主张返还或者补偿。

【法官说法】

在“名为买卖、实为借贷”的情况下，虽然合同已经成立，但仅具有买卖合同的外观形式，当事人并不具备购买房屋的真实意愿，反观其真实意图在于以房屋买卖作为履行借贷合同的担保方式。房屋买卖合同只是通谋的虚伪的意思表示，而让与担保才是隐藏的真实民事法律行为。法院应当按照实际查明的法律关系进行处理，若当事人根据法庭审理情况变更诉讼请求的，人民法院应当准许；若当事人拒绝变更诉讼请求，仍坚持要求履行房屋买卖合同的，人民法院依法应予驳回。

5. 卖房离婚遭遇房屋滞销，男子诉请折价款获支持

【裁判要旨】

共有人可以协商确定分割方式。难以分割或者因分割会减损价值的，应当对折价或者拍卖、变卖取得的价款予以分割。离婚时如果约定卖房后分割售房款，但因各种原因分割条件无法正常履行，可以认定无法实现双方订立离婚协议的目的，一方主张给付折价款的可以支持。

【基本案情】

张某（男方）与王某（女方）原本是夫妻，结婚期间购置了位于某小区的一套房产并对外出租。后双方因感情破裂签订了离婚协议，并约定房产产权归王某单独所有，租期届满后将该房产进行出售，所得房款双方各分一半，租期内的租金归王某所有，而房屋贷款则由张某承担。该房屋租期届满两年以后，却因种种原因迟迟未能售出，平分房屋价款的约定也始终没有实现。张某因此将王某诉至法院，要求王某依照离婚协议并参考市场价格给付自己房屋折价款。王某认为离婚协议中已经约定，房屋出售后双方平分房款，现房屋并未出售成功，不同意张某的诉讼请求。经了解，该房屋王某报价 160 万元出售，要价过高无人购买。后经评估，该房屋现值 140 余万元。王某又认为评估价格过低。

【裁判结果】

法院经审理认为，共有人可以协商确定分割方式。达不成协议，共有的不动产或者动产可以分割且不会因分割减损价值的，应当对实物予以分割；难以分割或者因分割会减损价值的，应当对折价或者拍卖、变卖取得的价款予以分割。

本案中，王某、张某双方订立的离婚协议系当事人的真实意思表示，不违反法律、行政法规的强制性规定，合法有效，双方应当依照约定履行各自义务。现双方自述涉案房屋租期届满至今已二年多，王某虽有出售房屋的意愿，但因双方无法对房屋价格达成一致等原因，导致房屋至今无法正常售出。这种情况下，离婚协议中约定的房屋价款分割条件无法正常履行，无法实现双方订立离婚协议的目的。综合本案案情，张某诉请具有合理性，法院结合评估报告中关于涉案房屋的评估结论、参照离婚协议的内容，并考虑房屋登记及实际使用情况，酌情对涉案房屋进行分割。最终法院判决坐落于某小区的房屋归王某所有，王某依据评估价格的一半给付张某房屋折价款。

【法条链接】

中华人民共和国民法典

第三百零四条第一款 共有人可以协商确定分割方式。达不成协议，共有的不动产或者动产可以分割且不会因分割减损价值的，应当对实物予以分割；难以分割或者因分割会减损价值的，应当对折价或者拍卖、变卖取得的价款予以分割。

最高人民法院关于适用《中华人民共和国民法典》婚姻家庭编的解释（一）

第六十九条第二款 当事人依照民法典第一千零七十六条签订的离婚协议中关于财产以及债务处理的条款，对男女双方具有法律约束力。登记离婚后当事人因履行上述协议发生纠纷提起诉讼的，人民法院应当受理。

【法官说法】

双方在离婚协议中约定卖房后分割售房款，但是房屋却迟迟无法出卖，这种情况并不常见。而该案例也启示我们，离婚时如果约定卖房后分割售房款，在起草相关条款时需对某些问题进行详细约定，避免后续履行时产生争议。

首先是对离婚后至出售房屋期间的房贷、售房成本等费用分担问题进行约定，如出售房屋期间的贷款本金、贷款利息（罚息）、中介费、税费等售房或者过户成本等都需要在协议中明确。

其次是对离婚后至出售房屋期间的房屋维护成本或者收益分配问题进行约定。离婚时如约定房屋出卖后平分售房款，却并未约定房产归属问题，那么房屋则一直处于共同共有状态，在此期间发生的房屋漏水、物业费、水电燃气费等费用分担问题，或者房屋处于出租状态时的租金收益分配等问题，将可能会产生矛盾纠纷。

最后就是要对房产价格及房产出售时限等问题进行明确约定。当房屋处于共同共有状态，出售房屋需要双方共同配合，如果双方在卖房时对于出售价格达不成一致意见，或者一方不想卖房，通过种种方式拖延卖房时间，导致房屋一直未能成功售出，也可能会引发矛盾纠纷，导致时间及金钱成本的损耗。

6. 在自家安装摄像头但能监控到他人自留地的，属于侵害他人隐私权

【裁判要旨】

村民在自留地上耕作时，其穿戴、行为动作等具有一定随意性，属于隐私权的法律保护范围，故在自家屋檐下安装摄像头但能持续监控到他人在其土地耕作的行为属于侵犯他人隐私。

【基本案情】

李某与张某二人是邻居，2020 年 11 月，张某在自家屋檐下安装了摄像头，李某认为张某安装摄像头的行为侵犯了其隐私权，故将张某诉至法院。

李某诉称，2020 年 11 月张某在其房屋西房山墙南北两侧屋檐下各安装了一个高清摄像头。摄像头居高临下，其中南侧的摄像头摄像范围覆盖李某宅院，北侧摄像头摄像范围覆盖李某家自留地，李某及其家人耕作土地时被摄像头监视，毫无隐私。张某的侵权行为给李某及其家人的精神、心理、身体造成伤害，请求法院判令张某停止侵权，拆除其正房西房山墙南角、北角屋檐下的两个摄像头并赔偿李某及其妻子的精神损失费、体检费 10000 元。

张某辩称，其房屋墙体有保温层，保温材料易燃。张某家房屋西侧为李某家自留地。为防止李某在张某房屋墙体附近堆放庄稼秸秆，消除安全隐患，张某在自家屋檐下安装了摄像头。摄像头未对准李某房屋院落，未侵犯其隐私权。

经现场勘查，张某家安装的北侧涉案摄像头监控范围包括其西房山墙及房山墙西侧李某家自留地，监控不到李某宅院。南侧的涉案摄像头监控范围包括其房山墙及李某家自留地、小部分街道路面，监控不到李某宅院。

【裁判结果】

法院经审理认为，张某在其房屋西房山墙南北两侧屋檐下安装摄像头，监控范围虽不涉及李某房屋院落等私密空间，但可监控李某家自留地。因村民在自留地上耕作时，耕作人的穿戴、行为动作等具有一定随意性，故持续监控他人在自家土地耕作的行为亦属侵犯他人隐私。因李某所提供的证据仅有其妻子的健康体检报告，不能证明损失金额，亦不能证明损失结果与其主张的侵权行为之间存在确定的因果关系，故对于其主张的精神损失费不予支持。最终法院判决：一、张某调整其房屋西房山墙屋檐下的摄像头朝向，使其监控范围不得覆盖李某家房屋、院落、院门、自留地；二、驳回李某的其他诉讼请求。

【法条链接】

中华人民共和国民法典

第一千零三十二条第一款　自然人享有隐私权。任何组织或者个人不得以刺探、侵扰、泄露、公开等方式侵害他人的隐私权。

第一千零三十三条　除法律另有规定或者权利人明确同意外，任何组织或者个人不得实施下列行为：

（一）以电话、短信、即时通讯工具、电子邮件、传单等方式侵扰他人的私人生活安宁；

（二）进入、拍摄、窥视他人的住宅、宾馆房间等私密空间；

（三）拍摄、窥视、窃听、公开他人的私密活动；

（四）拍摄、窥视他人身体的私密部位；

（五）处理他人的私密信息；

（六）以其他方式侵害他人的隐私权。

【法官说法】

自然人享有隐私权。隐私是自然人在私人生活中享有的安宁和不愿为他人知晓的私密空间、私密活动、私密信息。随着科技的发展，很多居民都试图通过安装摄像头来保护家庭财产安全，但在安装摄像装置的同时也负有不妨碍他人合法权益的注意义务，必须在合理限度内行使权利，否则可能构成对隐私权的侵犯。

本案中，村民张某安装在其房屋西房山墙南北两侧屋檐下的摄像头摄录范围包括邻居李某的自留地，通过该摄像头可以采集到李某及其家人日常耕作土地的情况，包括耕作人的穿戴、行为动作等信息，上述信息与李某及其家人的私人生活习惯等高度关联，具有一定的私密性，属于隐私权的法律保护范围。

在民法典实施背景下，本案判决村民张某调整涉案摄像头朝向，旨在保障公民个人隐私，进一步增强人民群众的安全感。法官在此也提示大家，在处理邻里关系时，应注重尊重他人隐私，若确有必要安装监控设备，摄录范围超出自家范围，应与有关相邻方积极沟通并取得相邻方同意。作为公民一定要严格遵守法律规则，不能因为“保护自己”而“侵犯他人”，否则将会承担相应的法律责任。

7. 共用管道堵塞反水致房屋受损，举证责任多方承担

【裁判要旨】

对于举证责任及责任主体的确定，首先应由原告完成初步举证责任，然后由被告举证。被告物业公司对其尽到相应维护、检修等义务负有举证责任，被告其他业主对于管道堵塞并非其使用不当所致负有举证责任。

【基本案情】

李某系小区一层业主，所处单元楼共六层。2023 年 3 月 2 日晚，物业公司电话告知李某其房屋溢水。次日，李某返回家中，发现卫生间马桶污水倒灌，家中被污水浸泡，并伴有恶臭。之后，物业公司工作人员通过该单元外的污水井对污水管道进行清理，从管道中清理出毛巾、杂絮等物后李某房屋未再反水。

事发后，李某雇用保洁人员对房间进行清理，更换了房间地板、粉刷了墙面，为此支出一大笔费用。楼上 5 户业主均答辩称房屋反水与其无关，不同意原告诉讼请求。物业公司则认为，物业虽负有及时清理、恢复畅通等合同义务，但是在本案中已尽到监督维护义务，不应承担责任。庭审中，针对李某因房屋反水造成的财产损失，各方当事人均未申请鉴定，并同意由法院对财产损失数额进行酌定。

【裁判结果】

李某和楼上住户共用下水管道，各户均应当合理使用该下水管道，因使用不当造成其他住户损失的，应当承担赔偿责任。从物业公司清理出毛巾等物后李某家不再反水来看，李某和楼上住户存在未能合理使用公共下

水道的可能性，现该下水道阻塞给李某造成损失，李某和楼上住户如不能证明自己没有过错，应当承担赔偿责任。因下水道阻塞满溢到致使李某重新装修存在一定的过程，李某未能及时发现并采取相应的措施，应承担相应的责任，且其也不能排除自身对下水管道使用不当的责任。事发后，物业公司虽赶到现场将自来水管阀门关闭，但并未及时联系李某，对出现的问题未及时解决并消除安全隐患，直至第二日才发现李某家漏水的原因系污水倒灌，且事发前也未进行彻底排查，故物业公司在履行修缮的合同义务上仍存在瑕疵，应当承担一部分责任。故法院认定李某、楼上住户、物业公司均应按照过错程度承担部分责任。关于李某主张的财产损失数额，法院结合举证情况进行酌定，由物业公司和业主各赔偿1500元。判决作出后，当事人均未上诉，及时履行判决所确定的义务，邻里关系得到缓和。

【法条链接】

中华人民共和国民法典

第一千一百六十五条　行为人因过错侵害他人民事权益造成损害的，应当承担侵权责任。

依照法律规定推定行为人有过错，其不能证明自己没有过错的，应当承担侵权责任。

【法官说法】

近年来，因住宅楼共用下水道堵塞而引起的纠纷多有发生，一旦处理不好，容易造成邻里矛盾，激化成讼。住宅楼公共管道阻塞的原因往往很复杂，可能有物业公司疏于修缮、管理的原因，也有可能系其他业主或自身的不当行为造成。此类案件应由原告业主完成初步举证责任，然后由物业公司和其他业主举证。物业公司对其尽到相应维护、检修等义务负有举证责任，其他业主对于管道阻塞并非其使用不当所致负有举证责任。最后，根据各方的举证情况，分析判断造成阻塞的原因，综合判定承担赔偿责任的主体。如可证明系原告业主不当行为使损失扩大，应可以适用过失相抵原则减轻物业公司或其他业主的赔偿责任。当然，业主和物业公司都是住宅楼安全的守护者和管理者，都对住宅楼环境维护负有责任。当出现邻里矛盾时，每个人都应本着方便生活、团结互助、公平合理等原则妥善化解，互谅互让，增进邻里友谊，共同营造和谐友爱的社会环境。

8. 购房合同网签后提出解除，再次反悔意思表示无效

【裁判要旨】

撤销要约的意思表示以非对话方式作出的，应当在受要约人作出承诺之前到达受要约人。在日常沟通合同解除事宜时，表达态度应明确具体。即使反悔不想解除，应提前和对方取得联系，及时撤销解除合同的意思表示。

【基本案情】

王某从李某处购买二手房并交纳首付款、办理网签后，2021 年 6 月 3 日，王某因还款压力大提出不想买房，要求解除合同。次日，李某通过中介告知王某可以解除合同，但双方未就退款时间达成协商一致。6 月 9 日，李某与王某联系，希望在端午节前完成撤销网签，并表示找到买家后就退房款，王某则提出收到房款后再撤网签。当天，李某委托中介卖房。6 月 14 日，李某与新买家孙某签订房屋买卖合同并收取 5 万元定金。6 月 19 日，王某提出不再解除合同，想继续履行原合同。双方由此产生争议，李某诉至法院，要求解除合同并注销网签。王某辩称，双方没有就退款时间及其他问题达成一致，只对是否解除合同进行过协商，其同意撤网签的前提是李某退回已付房款。在案件审理过程中，王某还提出反诉，认为李某拒绝承担增值税、个人所得税，违反双方约定，导致合同无法继续履行，要求李某退还购房款 168 万元，并支付违约金 72.4 万元。

【裁判结果】

法院认为，6 月 4 日，李某与王某就解除合同协商一致，但就解除合同的后果，如退款、撤网签时间等未协商一致。6 月 9 日，王某提出收到房款再撤网签的方案。6 月 14 日，李某为筹钱与孙某签订新合同，应当视

为李某以实际行动同意该方案，故双方就退款和撤网签等事项亦达成一致，应视为双方在6月14日协商一致解除了合同。虽然6月19日，王某提出不再解除合同，但此时已不符合撤回及撤销意思表示有关时间限制的规定，故不能发生不解除合同的法律效果。此外，关于税费承担的问题，鉴于双方合同尚未履行到交纳税费的阶段，王某也缺乏证据证明解除合同系由李某违反税费负担约定导致的。综上，法院依法确认李某与王某签订房屋买卖合同解除，李某于判决生效之日起十日内返还王某购房款168万元，王某于收到购房款之日起十日内协助李某注销案涉房屋的网上签约信息，驳回李某、王某的其他诉讼请求。

【法条链接】

中华人民共和国民法典

第四百七十七条 撤销要约的意思表示以对话方式作出的，该意思表示的内容应当在受要约人作出承诺之前为受要约人所知道；撤销要约的意思表示以非对话方式作出的，应当在受要约人作出承诺之前到达受要约人。

【法官说法】

在日常生活中，我们已然能认识到签订合同不是一件小事，需谨慎对待，同样，解除合同亦是如此。我们在沟通合同签订或解除事宜时，应在充分思考后，表达态度明确具体。即使反悔不想解除合同，也要提前和对方取得联系，并及时撤回或撤销解除合同的意思表示，否则就可能承担不利风险。撤销意思表示将导致已发出的意思表示失效，相对人将无法再应约承诺，所以除了应满足“在受要约人作出承诺之前为受要约人所知道”的时间要求外，内容还应当明确具体，使得相对人清楚了解其内容。本案中，早在6月9日，王某就已经使李某及中介了解他想要解除合同的内心真意。6月14日，李某用实际行动表明双方就解除的意思表示已达成一致意见，合同在此时就已经解除。王某在6月19日表示要继续履行合同，显然已过撤销的最后期限，所以对其诉讼请求，法院不予支持。该案启示我们，诚实守信是社会良性运行的基石，无论是签订合同还是解除合同，务必要谨慎不冒失，三思而后行。

9. 房屋漏水延迟维修，物业承担相应责任

【裁判要旨】

对报修事项负有维修义务的物业公司不能证明其在报修当天进行过维修，并完全履行了及时维修和日常维护的义务，即具有一定的管理过错，应承担相应的财产损失赔偿责任。

【基本案情】

2015 年初，史某因经营需求租赁房屋一套，该房屋系由所属小区物业提供管理服务。到了 2020 年 7 月，由于雨水频繁，7 月 5 日，史某以案涉房屋屋顶漏雨向物业公司报修，物业公司当日进行了查看，但并未提供证据表明当日进行了维修；2020 年 8 月 16 日、17 日，史某确认物业公司对房屋进行了维修，之后房屋未再发生漏雨情况。

史某认为物业公司在其首次报修之日承诺维修而未及时履行维修义务，导致租赁房屋跑水积水近两个月，造成房顶、墙面损坏及商品损失，故诉至法院。

【裁判结果】

法院经审理认为，公民合法的财产权利受法律保护，损害他人财产的，应当恢复原状或者赔偿损失。被侵权人对损害的发生也有过错的，可以减轻侵权人的责任。

本案中，物业公司作为租赁房屋的物业服务企业，应当按照与开发商签订的前期物业服务合同履行对服务小区房屋建筑共用部位的维修、养护和管理责任。本案系屋顶漏雨导致的财产损失纠纷，屋顶区域系房屋建筑共用部位，物业公司有进行维修、养护和管理的义务。

结合报修和实际修复完成时间及双方提交的证据情况，房屋漏雨确实

影响了史某使用房屋，并造成了一定的财产损失，物业公司提交的维修清单及用料情况单不足以证实当天进行了维修，以及其已完全履行了及时维修和日常维护的义务，具有一定的管理过错，应承担因漏雨导致的史某的相应损失。但同时事发当季雨水较多，房屋出现漏雨问题时抢修难度较大，史某作为房屋使用人，未采取积极措施避免维修期间损失的进一步扩大，对损害后果具有一定的放任过失，亦应自行承担相应的损失。最终酌情判令被告物业公司赔偿原告史某财产损失共计1400元。

【法条链接】

中华人民共和国民法典

第一千一百六十五条第一款 行为人因过错侵害他人民事权益造成损害的，应当承担侵权责任。

第一千一百七十三条 被侵权人对同一损害的发生或者扩大有过错的，可以减轻侵权人的责任。

【法官说法】

房屋漏雨是日常生活中的多发问题，物业公司作为居民日常居住房屋的主要管理者，一般负有房屋建筑共用部位的维修、养护和管理义务。对房屋建筑共用部位进行维修、养护的目的是保证房屋正常和安全使用，这不仅体现在房屋建筑共有部分出现损坏时进行及时的修缮，同时也需要进行日常的修护和养护，以提前消除隐患、预防损害发生。因此，在其所管理的小区范围内，有房屋发生损坏，应当在业主或使用人报修后，第一时间进行维修，以确保业主或使用人的人身和财产安全，否则，其在管理上存在过错，应当赔偿相应的因未及时维修所造成的损失。

作为业主而言，发现漏水后及时和物业取得联系，及时报修。依照物业服务合同，物业公司负有维修的义务，业主也负有通知和协助的义务。一旦发现房屋漏水，业主应当第一时间和物业公司取得联系，在物业公司工作人员来到家中进行检修时，也应最大限度地配合其工作。在物业公司未能及时维修房屋时，及时采取有效措施防止损失的扩大。房屋漏水后，在物业公司拒绝维修或者不能及时维修的情况，业主也不能放任损失的进一步扩大，而是应当及时采取积极措施。

10. 物业公司设置立牌不当致业主受伤，应承担赔偿责任

【裁判要旨】

物业公司为实施物业管理行为在小区公共区域设置设备、设施，应尽到与人身安全相符的安全保障义务。物业公司设置的设备、设施妨碍通行、存在安全隐患，且未设置安全警示标识、未对通行人员进行有效提示的，应当承担未尽到安全保障义务的赔偿责任。

【基本案情】

2021 年 1 月某日晚 7 时许，秦某下楼投放垃圾返回时，在垃圾桶站附近区域，被物业公司设置的用于固定禁止占用消防通道立牌的地锁铁链绊倒摔伤，秦某伤情经诊断为“肱骨近端骨折（右）”。经鉴定，秦某伤情构成十级伤残，伤残赔偿指数为 10%。因与物业公司就损害赔偿问题未达成一致，故诉至法院要求物业公司赔偿 20 余万元。物业公司认可立牌系其设置并管理，但认为设置立牌是为了物业管理，自身并不存在过错，不同意秦某的诉讼请求。

【裁判结果】

法院经审理认为，物业公司在管理小区公共区域设置立牌，应尽到与人身安全相符的合理安全保障义务。物业公司架设的立牌用铁链连接地锁固定，占用道路过宽，且铁链松散铺于地面妨碍通行，该设施的设置方式存在安全隐患，造成人员通行的危险性，且物业公司对立牌、地锁及铁链未设置安全警示标识，未对通行人员采取有效提示措施，故本院认为物业公司未尽到对小区公共区域的安全保障义务，应对秦某的损害承担赔偿责任。同时，秦某对自身安全未尽到足够的谨慎注意义务，

亦有一定过错。法院最终确定物业公司对秦某合理损失承担60%的赔偿责任。

【法条链接】

中华人民共和国民法典

第一千一百九十八条第一款 宾馆、商场、银行、车站、机场、体育场馆、娱乐场所等经营场所、公共场所的经营者、管理者或者群众性活动的组织者，未尽到安全保障义务，造成他人损害的，应当承担侵权责任。

【法官说法】

安全保障义务，是指保障义务人应尽的在合理限度范围内使他人免受人身及财产损害的义务。

关于安全保障义务人承担责任的标准要注意把握以下三个方面：一是承担安全保障义务的主体范围；二是未尽到安全保障义务的判断标准；三是责任承担的具体方式。

首先，安全保障义务的主体包括场所责任主体和组织责任主体，其中场所责任主体又包括经营场所的经营者和公共场所的管理者。安全保障义务一般发生在公共场所、经营场所、公众活动领域，由于其面对的是不特定的公众群体，作为危险源的开启者和管理者，法律要求相关主体负起保障参与者安全的义务。

其次，是否尽到安全保障义务要结合损害发生的具体情况、安全保障义务人不作为的具体情形、是否尽到相应的防范和注意义务等方面进行综合判断。安全保障义务人不仅对场所内的建筑物、设备、安全设施等的安全性负责，确保其符合要求、运行良好；还应当安排适当的人员、制定合理的规章制度保障进入场所或参加活动者的安全，包括警告、指示说明、通知等。安全保障义务程度的高低受到以下因素影响：保障义务人是否获得利益；风险或损害行为的来源及强度；安全保障义务人控制、防范危险或损害的能力；受害人参加经营活动或者社会活动的具体情形。实践中要结合损害发生时安全保障义务人提供的设施状况、相关注意和防范措施是否到位、损害发生的具体原因等情形予以认定。

最后，未尽到安全保障义务导致他人损害的，安全保障义务人承担的是过错责任，适用过失相抵规则。安全保障义务人承担侵权责任以存在“未尽到安全保障义务”的过错为构成要件，被侵权人对同一损害的发生或者扩大有过错的，可以减轻侵权人的责任。

11. 开发商宣传“温泉入户”未兑现，应承担违约责任

【裁判要旨】

“温泉入户”系开发商对涉案房屋使用功能质量的陈述，对于买受人订立商品房买卖合同、满足特定的心理预期以及房屋价格都有一定影响，应当视为合同内容。开发商未按照约定提供温泉入户构成违约，应承担违约责任。

【基本案情】

2016年12月11日，王某与某公司签订《商品房预售合同》，约定该公司将位于某小区房屋出售给王某，房屋总价3065310元。之后，王某全额支付房款，该公司交付涉案房屋。房屋交付后，王某认为该公司存在未按照售房时的宣传承诺接通温泉入户等违约行为，故诉于法院，请求判令该公司支付因未履行温泉入户所造成的经济损失91959.3元等。王某提交了宣传册、业主手册、手袋等证据，载明该公司宣传涉案小区有源自大地深处的天然温泉并引入每一户业主家中等内容。该公司认可做过相应宣传，但认为商品房预售合同及补充协议中并未约定温泉入户等事项，且不能实现温泉入户是政策变化导致，属于不可抗力，该公司无须担责。

【裁判结果】

法院经审理认为，王某与某公司签订的涉案合同系双方当事人真实意思表示，内容未违反法律、行政法规的强制性规定，应属合法有效。首先，根据生效判决查明事实，王某提交的楼盘宣传资料大量涉及温泉内容，且某公司对涉案房屋进行了温泉入户管道设施的安装，故该公司否认其曾提供过相应宣传资料不符合常理，本院不予采纳。其次，商品房的销

售广告和宣传资料为要约邀请，但是出卖人就商品房开发规划范围内的房屋及相关设施所作的说明和允诺具体确定，并对商品房买卖合同的订立以及房屋价格的确定有重大影响的，构成要约。该说明和允诺即使未载入商品房买卖合同，亦应当为合同内容，当事人违反的，应当承担违约责任。本案中，某公司在宣传楼盘时多次强调“温泉”，在业主手册中将温泉水费一项列出，且设置了温泉入户管道设施，足以使买受人对温泉入户产生特定的心理预期并对房屋价格产生一定影响，故即使温泉入户未载入案涉合同，也应当视为合同内容。某公司未按照约定提供温泉入户已构成违约，应承担违约责任，故依法判决某公司给付王某因未履行温泉入户造成的经济损失 61000 元。

【法条链接】

最高人民法院
关于审理商品房买卖合同纠纷案件适用法律若干问题的解释

第三条 商品房的销售广告和宣传资料为要约邀请，但是出卖人就商品房开发规划范围内的房屋及相关设施所作的说明和允诺具体确定，并对商品房买卖合同的订立以及房屋价格的确定有重大影响的，构成要约。该说明和允诺即使未载入商品房买卖合同，亦应当为合同内容，当事人违反的，应当承担违约责任。

【法官说法】

实践中，开发商为了获得购房者青睐，往往会夸大宣传甚至虚假宣传，造成实际交付的房屋明显与宣传资料不一致。购房者若以此主张开发商承担违约责任，具体应看宣传资料能否构成合同内容。

1. 宣传资料所作的说明和允诺是否具体确定。实践中，购房者拿到的开发商宣传资料通常只是要约邀请。要约邀请往往是向不特定人发布的，希望他人向自己发出要约的意思表示，不属于具体确定的允诺。但是，如果这些资料部分信息“具体确定”，如公摊面积、具体绿化指标等，且对购房者决定是否购买房屋影响重大，即便合同中未以明文形式体现，仍可构成合同内容。

2. 宣传资料是否系“对商品房开发规划范围内的房屋及相关设施作出的承诺”。开发商只有在其自己规划范围内的房屋和设施才能成为合同一部分。如果开发商对商品房开发范围外的教育、医疗等重要公共资源也作出了说明或允诺，如开通地铁、开办学校等，因不属于开发商规划控制范围内，一般不构成合同内容。

3. 宣传资料是否对商品房买卖合同订立以及房屋价格的确定有重大影响。如开发商在宣传中所作的允诺既属于其开发规划范围内又具体确定，且已经比较明显地反映在房屋售价中，如除地理位置等因素外，宣传楼盘相比一般楼房价格偏高等，据此可以认定宣传资料已对商品房买卖合同订立以及房屋价格的确定有重大影响。

12. 房屋电路系统有问题，开发商应承担质量瑕疵担保责任

【裁判要旨】

出卖人交付的标的物不符合质量要求的，买受人可以请求出卖人承担违约责任。电路系统虽不属于房屋主体结构，但仍然是房屋整体组成部分。开发商交付的房屋中如电路存在问题，依然应当承担质量瑕疵担保责任。

【基本案情】

2015 年张某从开发商处购买房屋一套，入住后发现房屋负一层所有电源插座无法使用，只要一经合闸，全单元总闸就会跳闸。张某多次联系物业公司和开发商未果。为此，张某将开发商诉至法院，要求开发商承担电路修缮费用。开发商辩称，房屋已经通过竣工验收并交付使用，不认可案涉工程质量有问题，不同意张某的诉讼请求。审理过程中，张某申请对房屋用电无法正常使用的具体原因、修复方案及修复费用进行鉴定，鉴定机构出具鉴定意见，认为用户无法正常用电的具体原因为地下一层插座线路之间存在短路，修复方案分为明敷设和拆除原装插座线路再恢复原状修复，其中明敷设修复费用为 5000 元，恢复原状修复费用为 30000 元。

【裁判结果】

法院经审理认为，开发商作为建设单位，对其交付的房屋应当承担质量瑕疵担保责任，对存在质量问题的房屋应当及时予以修复。本案中，涉案房屋电路问题自交付时即存在，开发商始终未予修复。关于修复费用的标准，虽然鉴定机构在出具鉴定意见时出于经济适用的原则，出具了明敷设配管配线的方案，而张某不同意适用明敷设的修复方案，综合考虑案件

质量问题的起因、质量问题的程度、质量问题持续的时间、开发商在解决问题过程中的作为情况，法院最终判决开发商赔偿张某电源修缮费用 3 万元并承担本案鉴定费用。

【法条链接】

中华人民共和国民法典

第五百七十七条　当事人一方不履行合同义务或者履行合同义务不符合约定的，应当承担继续履行、采取补救措施或者赔偿损失等违约责任。

【法官说法】

《中华人民共和国民法典》第六百一十五条规定，出卖人应当按照约定的质量要求交付标的物。出卖人交付的标的物不符合质量要求的，买受人可以请求出卖人承担违约责任。开发商作为出卖人应按照约定交付房屋，交付的房屋不符合约定的，应当承担质量瑕疵担保责任。瑕疵担保责任包含两方面的内容，即物之瑕疵担保及权利瑕疵担保。前者是指出卖人就其所交付的标的物不符合债的本质，欠缺约定或法定品质所须负担的责任；后者是指出卖人就其所转移的标的物不受他人追夺以及不存在未告知权利负担的责任。根据是否严重影响买受人正常居住使用，房屋质量瑕疵分为表面瑕疵和功能性瑕疵。

本案中，因房屋线路短路，导致涉案房屋地下一层无法使用，该瑕疵属于严重影响买受人居住使用的情形，故应属于功能性瑕疵。对于该瑕疵，亦可以认定系在房屋交付时即存在，开发商作为出卖人，应承担质量瑕疵担保责任。开发商不承担质量瑕疵担保责任的，则应当承担因修复质量瑕疵而产生的费用。本案中，就修复费用的标准。面对经济型修复方案及恢复原状式修复方案，承办法官考虑到房屋质量问题的起因、程度、持续时间以及开发商在解决问题过程中的不作为情况，判决开发商承担恢复原状式修复产生的修复费用，最大限度地保障了房屋买受人的合法权益，有助于引导房地产企业重品质、守诚信，助力构建诚实、守信、和谐的房地产市场环境。

13. 装修时将内开门改外开门造成妨碍，邻居可申请排除妨害

【裁判要旨】

不动产的所有权人对自己所有的不动产依法享有占有、使用、收益和处分的权利，但作为不动产的相邻各方，在行使自己权利的同时不得侵犯他人的合法权益。相邻各方应正确处理公共通道通行等方面的相邻关系，给相邻方造成妨碍的，应当停止侵害，排除妨碍。

【基本案情】

袁某在某小区购置了一套新房，因房屋防盗门朝内开，占用室内空间，装修时便自行把原本的内开门改成了外开门。该小区楼道安全通道宽度为 117 厘米，袁某家门宽 90 厘米，开合角度大于 170 度。隔壁业主刘某在搬进自家房屋后发现，袁某改好后的外开门在打开时正好挡住自家的房门，导致自己和家人出行受阻且易发生碰撞。如果发生火灾、燃气泄漏、地震等灾害时这种门的设置会存在安全隐患，影响逃生。因沟通无果，刘某向小区物业求助，物业公司向袁某发出了书面整改通知书，但袁某到期依旧未整改。后刘某与袁某多次协商，均未果，刘某遂将其诉至法院，请求排除妨害。

【裁判结果】

法院认为，业主对其建筑物专有部分享有占有、使用、收益和处分的权利，但行使权利不得危及建筑物的安全，不得损害其他业主的合法权益。被告袁某将其房屋内开防盗门改装为向通道外开方式，占用了公共通道部分空间，影响了原告刘某通行，应当将其向通道外开的防盗门还原向房内开，恢复原状。后经法院组织调解，袁某与刘某最终达成调解协议，

由袁某在六个月内将防盗门开门方向由外开门改为内开门。

【法条链接】

中华人民共和国民法典

第二百八十八条 不动产的相邻权利人应当按照有利生产、方便生活、团结互助、公平合理的原则，正确处理相邻关系。

【法官说法】

业主的建筑物区分所有权不仅包括业主对建筑物专有部分行使占有、使用、收益和处分的权利，还包括行使该权利时不得侵犯其他业主对建筑物共有部分享有的权益。但日常生活中，楼道等公共通道被部分业主以私自改装防盗门、堆放杂物等方式占用的情况时有发生。根据《中华人民共和国民法典》第二百八十六条第二款的规定，业主大会或者业主委员会，对任意弃置垃圾、排放污染物或者噪声、违反规定饲养动物、违章搭建、侵占通道、拒付物业费等损害他人合法权益的行为，有权依照法律、法规以及管理规约，请求行为人停止侵害、排除妨碍、消除危险、恢复原状、赔偿损失。

本案中，袁某虽对自身房屋享有所有权，但通道属于建筑物区分所有权中的共有部分，属于原房屋设计中保障业主出行、逃生的重要构筑，其对房屋进行装修之时，不得占用、侵占通道，也不得私自改变入户门的开门方向。此外，根据建设部令《住宅室内装饰装修管理办法》《建筑设计防火规范》等相关法律法规的要求，同一楼层或单元的户门不宜直接开向前室。国家标准《住宅设计规范》（GB 50096—2011）也规定，向外开启的户门不应妨碍公共交通及相邻户门开启。

袁某违反物业管理规约，未经允许自行将房屋入户门由内开改为外开，占用了公共通道且使用过程中妨碍邻居的正常通行，其该种行为显然符合民法典所规定的“损害他人合法权益的行为”，应当承担停止侵害、排除妨碍的侵权责任。

14. 物业公司入驻方式不规范并不当然导致其与物业服务合同无效

【裁判要旨】

某物业公司入驻方式不规范的情况下，与业主之间签订的物业服务合同并不意味着当然无效，而应当全面考量物业公司提供的服务是否存在瑕疵，进而裁量物业费交纳问题，从而切实保障业主的合法权益。

【基本案情】

2017年4月6日，王某购买了某房地产开发有限公司开发的某小区房屋，双方签订的《商品房现房买卖合同》中约定，房地产公司依法选聘的物业服务企业为某某物业管理有限公司。2017年4月27日，王某又与某物业公司签订《前期物业服务协议》，交纳了2017年4月27日至2018年4月26日期间的物业费，物业管理服务费标准为5.2元/月/平方米，而收费开票的单位为某某物业管理有限公司。

2017年5月4日，某某物业管理有限公司（甲方）与某物业公司（乙方）签订《物业费债权协议书》，约定乙方自2017年5月4日起从甲方公司接管该小区的物业管理工作。5月7日，某房地产开发有限公司与某物业公司签订《前期物业服务合同》，约定以公开招投标方式选聘乙方为前述小区提供前期物业服务。因小区一直未成立业主委员会，王某认为某物业公司并不具备为别墅提供物业服务的资质和能力，其入驻违反了行政法规的强制性规定，因此一直拒绝交纳物业费。某物业公司遂诉至法院，要求王某给付2018年4月27日至今所产生的物业费用。王某则提出反诉，要求确认自己与某物业公司签订的《前期物业服务协议》无效或予以撤销。

【裁判结果】

法院经审理认为，某物业公司于2017年4月27日与王某某签订的《前期物业服务协议》，系双方真实的意思表示，并不违反国家法律的强制性规定，亦不存在其他合同无效的情形，同时，王某未提交证据证明在签订该合同时存在重大误解或法定撤销情形，该合同属合法有效，故王某反诉要求确认《前期物业服务协议》无效或予以撤销的诉讼请求，法院不予支持。案涉小区虽然并未成立业主委员会，但亦未依法选聘其他物业服务企业，某物业公司自2017年5月4日至今已经为王某提供了物业服务，双方当事人应当按照合同约定履行义务，王某应当向其支付物业管理服务费。

【法条链接】

中华人民共和国民法典

第五百零九条 当事人应当按照约定全面履行自己的义务。

当事人应当遵循诚信原则，根据合同的性质、目的和交易习惯履行通知、协助、保密等义务。

当事人在履行合同过程中，应当避免浪费资源、污染环境和破坏生态。

【法官说法】

本案的争议焦点在于，某物业公司入驻方式不规范的情况下，与业主之间签订的物业服务合同是否合法有效。实践中，物业公司入场的方式通常有两种：一是受开发商委托提供前期物业服务；二是受业主大会或业主委员会选任成为物业服务提供者。而物业公司入驻方式的不规范并不能直接影响其与业主之间物业服务合同的效力。其一，从合同效力性规范的角度来看，物业公司入驻方式不规范并不属于其与业主签订的物业服务合同当然无效的法定情形。其二，综合考虑实际情况，在小区未成立业主委员会或业主委员会不能行使职权、业主大会无法召集三分之二以上的业主，而前任物业公司（通常是前期物业服务公司）无法继续提供物业服务的情况下（暂称其为“物业脱管”现象），现物业公司通过自行接受前任物业公司的委托成为物业服务的实际提供者，接着与部分业主签订物业服务合同。虽然前后两任物业公司之间的物业服务转包协议因部分内容违反物业管理条例而归于无效，其入驻方式也不规范，但其与业主之间的事实物业服务关系不可否认。其三，从社会效果的角度来看，现实中部分老旧小区存在上述“物业脱管”的现象，认可物业公司入驻后提供的实际物业服务，有利于维护物业服务秩序和社会稳定。而针对实践中由此引发的物业服务合同纠纷，法官可以通过考量物业公司的服务是否存在瑕疵而裁量物业费的交纳问题，切实保障业主的合法权益。而业主在接受事实上的物业服务后，物业公司入驻不规范便不能构成业主拒绝交纳物业费的理由。

15. 被执行人“唯一住房”在满足条件后也可以进行拍卖

【裁判要旨】

人民法院在强制执行程序中，应保障的是被执行人的居住权，并非房屋所有权，在保障被执行人及其所抚养家属的居住条件后，可以对被执行人的唯一居住房屋采取拍卖措施，被执行人不能利用法律对其生存权的保障来逃避执行。

【基本案情】

2019 年 6 月，张某因资金周转向李某借款 120 万元，后因长期未还，李某将张某起诉至法院，要求给付本金和利息。经法院诉前调解，双方就此事达成和解并出具调解书，约定张某于 2021 年 10 月 1 日前向李某一次性偿还本息。但张某未按约定如期履行，李某遂向法院申请强制执行。

案件进入执行程序后，法院执行局工作人员通过法院网络查询系统对张某名下财产进行查询，查询到张某名下有一套房屋，且暂未发现有其他可供执行的财产。随后，法院依法查封了张某名下的房屋，并着手启动拍卖程序。张某收到法院通知后表示强烈反对，并以涉案房产系本人及其家属维持生活所必需的“唯一住房”为由，提出执行异议申请，请求停止拍卖房屋。

【裁判结果】

法院经审理认为，人民法院在强制执行程序中，在保障被执行人及其所抚养家属的居住条件后，可以对被执行人唯一居住房屋采取拍卖措施。居住条件的保障具体是指申请执行人按照当地廉租住房保障面积标准为被执行人及所扶养家属提供居住房屋，或者同意参照当地房屋租赁市场平均租金标准从该房屋的变价款中扣除五至八年租金的。而在本案中，执行申请人李某表示，同意在拍卖款中为被执行人张某及其家属预留安置费用，故异议人张某的异议请求，缺乏法律依据，理由不成立，法院驳回其异议请求。

【法条链接】

最高人民法院关于人民法院办理执行异议和复议案件若干问题的规定

第二十条第一款　金钱债权执行中，符合下列情形之一，被执行人以执行标的系本人及所扶养家属维持生活必需的居住房屋为由提出异议的，人民法院不予支持：

（一）对被执行人有扶养义务的人名下有其他能够维持生活必需的居住房屋的；

（二）执行依据生效后，被执行人为逃避债务转让其名下其他房屋的；

（三）申请执行人按照当地廉租住房保障面积标准为被执行人及所扶养家属提供居住房屋，或者同意参照当地房屋租赁市场平均租金标准从该房屋的变价款中扣除五至八年租金的。

【法官说法】

“唯一住房”难以执行是所有法院在司法实践中都会遇到的共同难题。根据《最高人民法院关于人民法院办理执行异议和复议案件若干问题的规定》（以下简称《执行异议与复议规定》）第二十九条的相关规定，金钱债权执行中，买受人对登记在被执行的房地产开发企业名下的商品房提出异议，若能证明所购商品房系用于居住，且买受人名下无其他用于居住的房屋，权利能够排除执行的，人民法院应予支持。这是法律保障被执行人生存权、居住权的重要体现。但在具体执行实践中，被执行人经常忽略上述条款的适用对象为被执行的房地产开发企业名下的商品房，坚持以被执行房产系其及家属生活所必需的“唯一住房”作为挡箭牌拒绝执行。

对于被执行人关于“唯一住房”的抗辩，《执行异议与复议规定》第二十条已明确规定，当符合一定条件时，“唯一住房”不构成豁免执行的事由，人民法院依然可以强制执行。据此可知，人民法院保障的是被执行人的居住权，并非房屋所有权，且债权人对债务人生存权的保障是应急的、有期限的，被执行人不能利用法律对其生存权的保障来逃避执行。本案中，申请执行人同意在拍卖款中为被执行人及其家属预留安置费用，保障其一定期限的居住权，故法院可以对被执行人名下“唯一住房”强制执行。

第六章　环境资源保护

1. 水源保护区非法排污，顶格重罚20万元

【裁判要旨】

水源保护区行政执法机关对水源保护区企业直接向水库支流排放未经处理的生活污水的违法行为作出的行政处罚决定，如经审查事实清楚、程序合法、适用法律正确，则具备法定执行效力，法院应依法准予强制执行。

【基本案情】

某公路养护公司位于某水库一级保护区内，将未经处理的生活污水通过厨房下水管道直接排向南墙外低洼地，流入某水库支流白马关河。根据《北京市水污染防治条例》的相关规定，生活污水应当集中处理。禁止在砂石坑、窑坑、滩地等低洼地排放污水，倾倒、存贮垃圾、粪便及其他污染物，或者以漫流方式排放、倾倒污水。该公司的污水排放行为违反了水污染防治条例相关规定。某水库综合执法大队（以下简称水库执法大队）依据《北京市水污染防治条例》第八十三条第一款第十项、第二款之规定，对该公司作出罚款20万元的行政处罚。该公司在法定期限内未申请行政复议或提起行政诉讼，亦未在规定的期限内履行处罚决定。水库执法大队向该公司作出履行行政决定催告书。催告书送达十日后，该公司仍未履行。水库执法大队向法院申请强制执行对某公路养护公司作出的处罚决定。

【裁判结果】

法院经审理认为，水库执法大队作出的处罚决定事实清楚、程序合法、适用法律正确，具备法定执行效力，其强制执行的申请符合行政强制

法的规定，依法裁定对水库执法大队向某公路养护公司作出的20万元行政处罚决定准予强制执行。

【法条链接】

北京市水污染防治条例

第八十三条 违反本条例规定，有下列行为之一的，由市或者区生态环境部门责令停止违法行为，采取限期治理措施，消除污染，处以罚款；逾期不采取治理措施的，生态环境部门可以指定有治理能力的单位代为治理，所需费用由违法者承担：

（一）向水体排放油类、酸液、碱液；

（二）向水体排放剧毒废液，或者将含有汞、镉、砷、铬、铅、氰化物、黄磷等的可溶性剧毒废渣向水体排放、倾倒或者直接埋入地下的；

（三）在水体清洗装贮过油类、有毒污染物的车辆或者容器的；

（四）向水体排放、倾倒工业废渣、城镇垃圾或者其他废弃物，或者在河流、湖泊、渠道、水库最高水位线以下的滩地和岸坡堆放、存贮固体废弃物或者其他污染物的；

（五）向水体排放、倾倒放射性固体废物或者含高放射性和中放射性物质的废水的；

（六）违反国家有关规定或者标准，向水体排放含低放射性物质的废水、热废水或者含病原体的污水的；

（七）未采取防渗漏等措施，或者未建设地下水水质监测井进行监测的；

（八）加油站等的地下油罐未使用双层罐或者采取建造防渗池等其他有效措施，或者未进行防渗漏监测的；

（九）未按照规定采取防护性措施，或者利用无防渗漏措施的沟渠、坑塘等输送或者存贮含有毒污染物的废水、含病原体的污水或者其他废弃物的；

（十）在砂石坑、窑坑、滩地等低洼地排放污水，倾倒、存贮垃圾、粪便及其他污染物，或者以漫流方式排放、倾倒污水的；

（十一）未将实验室、检验室、化验室废液按照国家和本市关于危险废物的有关规定单独收集，进行安全处置的。

有前款第（三）项、第（四）项、第（六）项、第（七）项、第（八）项、第（十）项、第（十一）项行为之一的，处二万元以上二十万元以下的罚款；有前款第（一）项、第（二）项、第（五）项、第（九）项行为之一的，处十万元以上一百万元以下的罚款；情节严重的，报经有批准权的人民政府批准，责令停业、关闭。

【法官说法】

本案系位于某水库一级保护区的企业直接向水库支流排放未经处理的生活污水而引发的行政非诉审查执行案件。根据《中华人民共和国水污染防治法》的相关规定，在饮用水源保护区禁止设置排污口，对于生活污水应当通过设置蓄水池或接入区域污水管网等方式集中处理。在本案中，某公路养护公司未经处理直接向某水库支流排放生活污水，危及水源安全。法院通过依法审查，裁定准予强制执行，坚决支持水库执法大队行使职权，不仅严厉惩处了在水库一级保护区的违法排污行为，也对水库周边群众进行了警示教育，有利于最大限度消除污染隐患，确保水源安全。

2. 经营运输“无证”动物，触犯法律严惩不贷

【裁判要旨】

经营和运输的动物产品未附有检疫证明、检疫标志的，由县级以上地方人民政府农业农村主管部门责令改正，处同类检疫合格动物、动物产品货值金额一倍以下罚款。

【基本案情】

2022 年 10 月 18 日，动物卫生监督所接到公安局电话，称查获田某贩卖疑似未经检疫的狐狸。动物卫生监督所立即立案，并派出执法人员前往调查，发现田某无法提供其所携带狐狸的《动物检疫合格证明》。经查明，田某在某养殖场购买了 1 只狐狸拟用于销售。2022 年 10 月 18 日，田某携带狐狸欲进行销售，被当地派出所查获后移交动物卫生监督所。2022 年 10 月 20 日，动物卫生监督所依据《中华人民共和国动物防疫法》和《动物检疫管理办法》相关规定对田某经营、运输的狐狸进行了补检，补检结果合格。田某存在经营、运输依法应当检疫而未经检疫的动物的违法事实，其行为违反了《中华人民共和国动物防疫法》第二十九条第一款第三项之规定。依据《中华人民共和国动物防疫法》第九十七条、第一百条第一款之规定，县级以上地方人民政府农业农村主管部门对田某作出罚款的行政处罚。田某在法定期限内未申请行政复议或提起行政诉讼，经催告后，亦未在规定期限内履行处罚决定。故动物卫生监督所向法院申请强制执行该处罚决定。

【裁判结果】

法院经审理认为，根据《中华人民共和国动物防疫法》的规定，经营和运输的动物产品未附有检疫证明、检疫标志的，由县级以上地方人民政府

府农业农村主管部门责令改正，处同类检疫合格动物、动物产品货值金额一倍以下罚款。田某的行为违反了相关规定，动物卫生监督所作出的处罚决定事实清楚、程序合法、适用法律正确，具备法定执行效力。故裁定准予强制执行动物卫生监督所向田某作出的行政处罚决定。

【法条链接】

中华人民共和国动物防疫法

第二十九条第一款第三项　禁止屠宰、经营、运输下列动物和生产、经营、加工、贮藏、运输下列动物产品：

（三）依法应当检疫而未经检疫或者检疫不合格的；

第九十七条第一款　违反本法第二十九条规定，屠宰、经营、运输动物或者生产、经营、加工、贮藏、运输动物产品的，由县级以上地方人民政府农业农村主管部门责令改正、采取补救措施，没收违法所得、动物和动物产品，并处同类检疫合格动物、动物产品货值金额十五倍以上三十倍以下罚款；同类检疫合格动物、动物产品货值金额不足一万元的，并处五万元以上十五万元以下罚款；其中依法应当检疫而未检疫的，依照本法第一百条的规定处罚。

【法官说法】

随着动物及动物产品流通的不断加强，动物检疫工作成为预防、控制、净化和消灭动物疫病，维护生态平衡和保障人体健康的重要措施。动物疫病的传播扩散不仅可能造成本土生态平衡破坏，甚至可能引发人畜共患疾病，影响公共卫生安全。通过动物检疫可有效防范、切断动物疫病传播，保障畜禽产品质量安全，维护生态平衡和人民群众身体健康。本案系因当事人经营、运输未检疫动物被行政处罚而引发的行政案件。法院充分发挥审判职能作用，依法支持行政机关履行法定职责，严厉打击经营和运输未检疫动物违法行为，以法治手段守护辖区群众生命健康。

3. 洪水泡树引发纠纷，养护公司依法担责

【裁判要旨】

汛期洪涝不仅危害道路桥梁等基础设施，还会淹没农田林木、造成巨大损失，更会引发水土流失、土地沙化等问题，给生态环境带来长期的负面影响。道路养护公司有义务及时、妥善处理汛期道路涵洞排水问题，如因其自身过错侵害他人民事权益造成损害的，应当承担侵权责任。

【基本案情】

刘某承包紧邻某省道的一片果园种植板栗，果园地势不平，整体为坡地，其中靠近道路一侧地势较低。该公路段中间设有一条排水用的涵洞，涵洞的水自北向南排出，涵洞北出口正对着刘某的果园。2021 年 7 月，受强降雨影响，道路下方涵洞被泥土、树枝等杂物堵塞，山洪无法从涵洞正常排出，倒灌入果园内。刘某向村委会反映后，要求负责省道日常养护工作的某公司处理，但某公司直到 2022 年 6 月才疏通涵洞。因为被洪涝积水长期浸泡，果园地势低洼处种植的板栗树出现大面积死亡现象。刘某遂将某公司诉至法院要求赔偿树木损失。经现场勘察和专业评估，死亡树木为 92 棵，价值 18 万余元。

【裁判结果】

法院经审理认为，行为人因过错侵害他人民事权益，应当承担侵权责任。被侵权人对同一损失的发生或者扩大有过错的，可以减轻侵权人的责任。某公司作为道路养护机构，在雨季汛期来临前，未能对道路涵洞进行检查并确保排水通畅，在涵洞被堵塞后未及时疏通，导致洪涝积水无法及时排出，倒灌入果园，浸泡了刘某所种果树。根据现场勘查情况，果园中地势较高处的果树仍能正常生长，而地势低洼处的果树则出现大面积死

亡，可见果树系因洪涝积水浸泡而死亡具有高度盖然性。而刘某发现果树被水浸泡，除了要求被告尽快疏通涵洞外，并未采取其他积极的排水措施，也一定程度造成了果树的死亡。综合双方的过错程度，法院认定由某公司对损害结果承担80%的赔偿责任，刘某自行承担20%的损失。

【法条链接】

中华人民共和国民法典

第一千一百六十五条　行为人因过错侵害他人民事权益造成损害的，应当承担侵权责任。

依照法律规定推定行为人有过错，其不能证明自己没有过错的，应当承担侵权责任。

第一千一百八十四条　侵害他人财产的，财产损失按照损失发生时的市场价格或者其他合理方式计算。

第一千二百二十九条　因污染环境、破坏生态造成他人损害的，侵权人应当承担侵权责任。

【法官说法】

夏季山区降雨多发，一旦排水不畅，极易引发洪涝等自然灾害，不仅容易引发人员伤亡和财产损失，也会对生态环境产生较大的负面影响。对农业生产而言，庄稼、果树等农作物和经济作物一旦被淹，轻则造成根系受损、诱发病害，严重者直接导致农作物死亡，致使农业减产、农民收入受损。为了保护农业生产，保障人民群众的人身安全和财产利益不受损害，社会主体在面对自然灾害时都应充分履行自身职责义务，尽量降低自然灾害影响。

该案中，某公司作为道路养护主体，未妥善处理汛期道路涵洞排水问题，引发洪涝积水导致刘某果树受损，法院据此判决某公司按照过错比例对受损结果进行赔偿，有效维护村民合法权益，助力环境资源保护与乡村振兴协同推进。

4. 农药处置应谨慎，随意施洒恐赔偿

【裁判要旨】

在农业生产生活中，因施洒农药处置不当导致他人生命或者财产权益遭受损害的，行为人应当承担侵权责任。被侵权人对损害的发生或者扩大有过错的，可以减轻侵权人的责任。

【基本案情】

2022 年 5 月 20 日，村民冯某给果树施打农药除虫（所施农药为赛瑞德、吡虫啉），施药完毕后在附近河沟中涮洗药桶，并将混杂着农药的残水倒在河沟旁的空地上。当日，同村张某放羊回家路过河沟，羊群习惯性去河沟中饮水。次日，张某发现羊群出现萎靡不振等中毒迹象，并陆续有羊流产、死亡。后张某将冯某诉至法院，要求其赔偿羊群救治费、损失费以及误工费等各项经济损失。

案件受理后，承办法官经现场勘查走访得知，涉事河沟位于某村村外，在村民进山耕作必经的山路旁。河沟内冯某承包地附近有一处山泉水自然形成的水泡，来往牲畜多习惯于在此饮水。年迈的张某以养羊为生，每日羊群进山和回家，都会在该水泡处饮水。张某羊群饮水出现中毒症状后，因为进山放羊时看到冯某在承包地内打药，且水泡旁有强烈的农药味，故怀疑羊群中毒与冯某有关。之后，羊群中毒症状加剧，张某报警。在民警询问过程中，冯某对打药及洗刷药桶一事供认不讳，但强调清洗药桶的水没有倒在水泡内，而是倒在河沟旁的水泥路上，其等水干后才离开。冯某不认可张某羊群的中毒与其洗刷药桶有关，不同意赔偿损失。羊群出现中毒症状后，张某到药店购买了乙酰胺注射液、青霉素钾、毒痢停、鱼腥草、硫酸庆大霉素等药物，并自行给羊群用药。经查询乙酰胺注射液用于氟乙酸胺、氟醋酸钠以及甘氟中毒的特效解毒，其余药物为治疗

细菌感染和清热解毒类的药物。

【裁判结果】

法院经审理认为，冯某喷洒农药后，未将含有毒性的药液进行安全处理，而是随意倾倒在水流边，造成了水源和土壤的污染，即发生污染行为；张某羊群出现中毒情况，并陆续有羊死亡或流产，出现损害后果；张某的羊群饮用了接触农药的水流后出现中毒症状，即污染行为和损害后果间存在关联性。冯某不能提供证据证明其随意倾倒农药的行为与羊群死亡之间不存在因果关系，根据举证责任倒置原则，推定两者存在因果关系。由此给张某造成的相关损失，应承担赔偿责任。而张某在怀疑羊群饮用的水源受污染并有中毒迹象后，未及时采取专业的救治，导致损失扩大，应相应减轻冯某的赔偿责任。综合羊只市场价值、张某不当救治措施致损失扩大等情况，依法酌定赔偿数额。一审判决作出后，冯某提起上诉，二审法院予以维持。

【法条链接】

中华人民共和国民法典

第一千一百六十五条 行为人因过错侵害他人民事权益造成损害的，应当承担侵权责任。

依照法律规定行为人有过错，其不能证明自己没有过错的，应当承担侵权责任。

第一千一百七十三条 被侵权人对同一损害的发生或者扩大有过错的，可以减轻侵权人的责任。

最高人民法院关于审理生态环境侵权责任纠纷案件适用法律若干问题的解释

第一条 侵权人因实施下列污染环境、破坏生态行为造成他人人身、财产损害，被侵权人请求侵权人承担生态环境侵权责任的，人民法院应予支持：

（一）排放废气、废水、废渣、医疗废物、粉尘、恶臭气体、放射性物质等污染环境的；

（二）排放噪声、振动、光辐射、电磁辐射等污染环境的；

（三）不合理开发利用自然资源的；

（四）违反国家规定，未经批准，擅自引进、释放、丢弃外来物种的；

（五）其他污染环境、破坏生态的行为。

第二十三条 因污染环境、破坏生态影响他人取水、捕捞、狩猎、采集等日常生活并造成经济损失，同时符合下列情形，请求人主张行为人承担责任的，人民法院应予支持：

（一）请求人的活动位于或者接近生态环境受损区域；

（二）请求人的活动依赖受损害生态环境；

（三）请求人的活动不具有可替代性或者替代成本过高；

（四）请求人的活动具有稳定性和公开性。

根据国家规定须经相关行政主管部门许可的活动，请求人在污染环境、破坏生态发生时未取得许可的，人民法院对其请求不予支持。

【法官说法】

环境侵权责任纠纷中因果关系的认定是侵权责任承担和损害赔偿的关键。本案系张某认为冯某随意倾倒农药致羊群死亡而引发的环境污染侵权责任纠纷，涉及环境侵权纠纷因果关系举证责任倒置，以及被侵权人承担环境污染侵权行为初步举证责任的问题。因环境污染损害具有潜伏性、可持续性、长期性等特点，致使环境侵权举证困难，故本案举证责任分配上，要求冯某提供证据证明其随意倾倒农药的行为与张某羊群中毒之间不存在因果关系。因其未能举证加以证明，故依法认定其应当承担侵权责任。同时，侵权案件中，被侵权人对损害的发生存在过错的，可以减轻侵权人的责任。张某在羊群出现中毒症状后未采取专业的救治方式导致其损失扩大，针对扩大的损失部分，应当减轻冯某的赔偿责任。据此，法院根据羊只市场价值、损失扩大情况，对损害赔偿数额予以酌定。

5. 使用有毒物质选矿，破坏环境决不轻饶

【裁判要旨】

选金作业中未采取有效处置程序直接向土壤排放有毒物质导致周围环境污染的，属于非法排放有毒物质行为，需要承担相应刑事责任。

【基本案情】

2019 年 1 月，彭某、夏某雇用高某、孟某、张某（均另案处理）等人，在某村南山上废弃的矿洞内，借助该矿洞地势特点，用加入大量火碱、金蝉选矿剂的溶液直接喷淋到矿洞岩壁和底部碎石中进行选金作业。在作业过程中，未采取任何防护措施和废水、废渣收集处置程序，致使含氰化物的洗矿废水直接排入山体裂隙及矿洞底部土壤中。

经对该地点洗矿废水和废弃矿洞周围土壤进行取样检测，洗矿废水检测结果为总氰化物为 144mg/L，该地点上游未被污染水体中总氰化物为 <0.04mg/L；废弃矿洞土壤检测结果氰化物 5.25mg/kg，周围正常土壤检测出氰化物结果为 <0.04mg/kg。根据《水污染综合排放标准（地方标准）》规定，总氰化物排放限值为 0.2mg/L，被告人彭某、夏某等人选金作业行为产生的废液严重超过该限值。被告人彭某于 2019 年 2 月 1 日在现场被民警抓获，被告人夏某于同日主动到公安机关投案。

【裁判结果】

法院经审理认为，虽然国家允许使用金蝉选矿剂，但具有低毒性，二被告人在使用过程中未采取环境保护措施和废水、废渣收集处置程序，随意排放造成环境污染，其行为均已构成污染环境罪，依法应予惩处。鉴于被告人彭某到案后能够如实供述自己的罪行，认罪认罚，依法对其从轻处罚。被告人夏某自动投案，到案后如实供述自己的罪行，依法对其从轻处

罚。据此，依法判处被告人彭某有期徒刑十个月，并处罚金人民币一万元。被告人夏某有期徒刑九个月，并处罚金人民币一万元。依法没收在案扣押的作案工具。

【法条链接】

中华人民共和国刑法

第三百三十八条 违反国家规定，排放、倾倒或者处置有放射性的废物、含传染病病原体的废物、有毒物质或者其他有害物质，严重污染环境的，处三年以下有期徒刑或者拘役，并处或者单处罚金；情节严重的，处三年以上七年以下有期徒刑，并处罚金；有下列情形之一的，处七年以上有期徒刑，并处罚金：

（一）在饮用水水源保护区、自然保护地核心保护区等依法确定的重点保护区域排放、倾倒、处置有放射性的废物、含传染病病原体的废物、有毒物质，情节特别严重的；

（二）向国家确定的重要江河、湖泊水域排放、倾倒、处置有放射性的废物、含传染病病原体的废物、有毒物质，情节特别严重的；

（三）致使大量永久基本农田基本功能丧失或者遭受永久性破坏的；

（四）致使多人重伤、严重疾病，或者致人严重残疾、死亡的。

有前款行为，同时构成其他犯罪的，依照处罚较重的规定定罪处罚。

最高人民法院、最高人民检察院
关于办理环境污染刑事案件适用法律若干问题的解释

第十七条 下列物质应当认定为刑法第三百三十八条规定的“有毒物质”：

（一）危险废物，是指列入国家危险废物名录，或者根据国家规定的危险废物鉴别标准和鉴别方法认定的，具有危险特性的固体废物；

（二）《关于持久性有机污染物的斯德哥尔摩公约》附件所列物质；

（三）重金属含量超过国家或者地方污染物排放标准的污染物；

（四）其他具有毒性，可能污染环境的物质。

【法官说法】

生态文明建设是关系中华民族永续发展的根本大计。生态环境没有替代品，用之不觉，失之难存，一旦污染，难以逆转，修复难度大、时间久。近年来，人民法院坚决扛起法治保水政治责任，充分发挥环境资源审判职能作用，严厉打击非法排放有毒物质污染土壤和水体等违法犯罪行为，推动区域生态环境保护与修复，以法治手段守护绿水青山。

本案系在选金作业中，未采取有效处置程序直接向土壤排放选矿废水而引发的刑事案件。根据《中华人民共和国土壤污染防治法》《中华人民共和国水污染防治法》等相关规定，排放有毒物质必须按照环境保护要求采取混凝沉淀、化学处理等方式进行处置。本案中，彭某、夏某在使用含氰化物的选矿剂时未采取任何废水收集措施，导致含氰化物的有毒废水直接排入山体裂隙及矿洞底部，严重危及土壤、水体安全。通过对被告人判处有期徒刑并处罚金，不仅严厉打击了非法排放有毒物质行为，还对隐形污染者起到警示震慑作用，切实筑牢水源保护区生态环境安全司法屏障。

6. 犯非法狩猎罪造成严重后果的，判处惩罚性赔偿并责令赔礼道歉

【裁判要旨】

违反狩猎法规，在禁猎区、禁猎期或者使用禁用的工具、方法进行狩猎，破坏野生动物资源，情节严重的，构成非法狩猎罪，给生态环境造成严重后果的，被侵权人有权请求相应的惩罚性赔偿。

【基本案情】

2022年4月28日，刘甲联系董戊、刘乙、李丙、刘丁相约前往某地进行非法猎捕野生动物活动，四人在刘甲家聚齐后，刘乙、李丙、董戊搭乘刘甲驾驶的汽车，携带弹弓、弹弓枪、复合弓等捕猎工具、强照明、热成像仪、鸡媒播放器等专业设备前往某镇用餐。四人在用餐期间，刘甲将用餐地点位置微信发送刘丁，后刘丁同刘甲、刘乙、李丙、董戊四人会合。4月28日23时许至4月29日2时许，刘甲、刘乙、李丙、刘丁、董戊驾驶车辆至该镇多个树林内，使用弹弓、弹弓枪、复合弓等禁用工具，使用强照明、热成像仪、鸡媒播放器等专业设备，采用夜间照明行猎等禁用方法，捕获野生动物6只。经鉴定，6只野生动物物种为雉鸡，系国家保护的重要生态、科学、社会价值的陆生野生动物，整体价值为1800元。检察院对五名被告人以非法狩猎罪提起公诉，同时提起附带民事公益诉讼，请求判令五被告对国家野生动物资源损失承担连带赔偿责任，承担惩罚性赔偿金并依法公开赔礼道歉。

【裁判结果】

法院经审理认为，案发地全域为禁猎区，全年为禁猎期。刘甲等五名被告人违反狩猎法规，在禁猎区、禁猎期使用弹弓枪、复合弓、弹弓、钢

珠子弹等禁用的工具，使用强光照明、夜间照明行猎等禁用的方法进行狩猎，属于情节严重，已构成非法狩猎罪。五被告人认识到自己的行为对生态环境造成严重损害，已触犯刑法，均表示自愿认罪认罚。故依法从轻判处被告人刘甲、刘乙、李丙、刘丁有期徒刑六到七个月不等，判处被告人董戊拘役五个月。五被告人非法狩猎且虐杀野生动物的行为造成国家野生动物资源损失，破坏了生物多样性和生态平衡，损害了社会公共利益，判决连带赔偿国家野生动物资源损失 1800 元，连带承担惩罚性赔偿金 3600 元，并责令在市级以上媒体上发表经法院认可的道歉声明。

【法条链接】

中华人民共和国刑法

第三百四十一条第二款 违反狩猎法规，在禁猎区、禁猎期或者使用禁用的工具、方法进行狩猎，破坏野生动物资源，情节严重的，处三年以下有期徒刑、拘役、管制或者罚金。

中华人民共和国民法典

第一千二百三十二条 侵权人违反法律规定故意污染环境、破坏生态造成严重后果的，被侵权人有权请求相应的惩罚性赔偿。

【法官说法】

该案系该地区首例判处惩罚性赔偿并责令公开赔礼道歉的非法狩猎罪刑事附带民事公益诉讼案件。野生动物是自然生态系统的重要组成部分，保护野生动物对于保护生物多样性，维护生态系统平衡具有重要意义。本案中，刘甲等五被告人非法狩猎国家保护的有重要生态、科学、社会价值的陆生野生动物，并致使野生动物死亡，破坏了国家野生动物资源，在判处五被告人刑事责任的同时，判令其赔偿国家野生动物资源损失、承担惩罚性赔偿金并公开赔礼道歉。本案适用惩罚性损害赔偿制度，主要依据《中华人民共和国民法典》第一千二百三十二条的规定，该条款是《中华人民共和国民法典》新增条款，是对传统民法视域下损害填平原则的创新与突破，在可能范围内最大限度地加重了恶意违法者实际承担的责任，具有惩罚、威慑及预防环境污染与生态破坏行为的多重价值功用。

7. 拒不提交噪声补偿合同，轨道公司被判败诉

【裁判要旨】

当事人对自己提出的主张，有责任提供证据。当事人及其诉讼代理人因客观原因不能自行收集的证据，或者人民法院认为审理案件需要的证据，人民法院应当调查收集。控制书证的当事人无正当理由拒不提交书证的，人民法院可以认定对方当事人所主张的书证内容为真实。

【基本案情】

2016 年至 2019 年，某轨道公司在建设高速公路期间，施工车辆不分昼夜运行，严重影响了沿途村民的正常生活。王某及沿途的部分村民向某轨道公司反映施工车辆噪声扰民问题。后某轨道公司负责人与检测人员进村调查，在村委会工作人员在场的情况下对噪声数值进行了测量，并与村委会协商补偿人员范围及补偿标准。2019 年夏，某轨道公司委托拆迁公司和测绘公司与包括王某在内的 166 户村民分别签订《噪声补偿协议》，某轨道公司委托的工作人员以协议需单位盖章和审计为由取走全部签好的协议。因包括王某在内的 166 户村民一直未收到协议约定的补偿款，王某先行提起诉讼，请求某轨道公司支付其噪声污染补偿款 1.5 万元。尚余 165 户村民等待案件处理结果。

【裁判结果】

法院经审理认为，虽然某轨道公司否认签订过《噪声补偿协议》，但经与村委会、镇政府、拆迁公司、测绘公司工作人员调查核实，可确认协议真实存在，遂要求某轨道公司提供《噪声补偿协议》，但其拒绝提供。人民法院在实地勘查施工路段、走访邻村的基础上，依据现有证据认定了《噪声补偿协议》签约事实，依法支持了王某的诉讼请求，判令某轨道公

司履行给付补偿款的义务。某轨道公司不服提起上诉，2023 年 6 月，二审法院作出维持判决。

为有效化解该批施工噪声补偿纠纷，法院与属地政府紧密对接，多次组织集体研判，建议确定一户先行起诉，打造纠纷化解样板。判决生效后，法院领导和承办法官多次前往镇政府，共同研究确定纠纷化解思路，镇政府依托示范裁判成功调解 50 户。2024 年 3 月，法院领导再次走访，了解到仍有 114 户因存在重大分歧而搁置，于是积极联系某轨道公司的关联公司，商请协调某轨道公司尽快确定经办人员，并帮助引导该公司主动参与纠纷化解。当天某轨道公司便指派专人对接，与法院、镇政府共同入户调查，核实补偿协议签订情况，最终促进该起群体性纠纷得以顺利化解。

【法条链接】

最高人民法院关于民事诉讼证据的若干规定

第四十八条第一款 控制书证的当事人无正当理由拒不提交书证的，人民法院可以认定对方当事人所主张的书证内容为真实。

【法官说法】

本案的公正裁决是坚持和发展新时代“枫桥经验”，积极化解群体性噪声污染纠纷的鲜活工作实例。在案件处理过程中，法院坚持和发展新时代“枫桥经验”，通过对诉讼案件的公正裁判，打造典型案例，树立类案裁判规则，为该村未解决的 165 户村民噪声补偿群体性纠纷化解工作提供了工作指引，并通过走访座谈、示范裁判、多方协调等方式，对该村涉及京沈高铁的施工噪声补偿群体性纠纷持续跟踪办理，彻底解决了困扰镇村 6 年之久的老大难问题，做到矛盾纠纷“不出村”“不出镇”“不上交”，同时注重发挥生效案件的教育警示作用，倒逼某轨道公司能够正视问题，积极履行好国企的社会责任，全力维护好群众的合法权益，更好将矛盾纠纷化解在诉前，推动辖区社会基层治理和地区稳定。本案成功入选最高人民法院 2023 年度环境资源审判典型案例。

8. 滥用“迷魂阵”非法捕鱼，法院支持行政处罚

【裁判要旨】

我国渔业法相关规定明确禁止使用张网、拖网、河湖延绳钓（包括空钩延绳钓）、地笼、迷魂阵、鱼晾、鱼叉以及其他破坏渔业资源的渔具实施捕捞行为，原告使用禁用渔具扎包实施了捕捞行为，被告水库大队作出被诉处罚决定的证据确凿，认定事实清楚，适用法律正确，程序合法。原告所持起诉理由缺乏事实根据和法律依据，对其诉讼请求，本院不予支持。

【基本案情】

2021 年 3 月 10 日，某区水库大队的执法人员接到举报称，某镇甲村以东水域有人正在冰面使用扎包进行捕捞。执法人员立即驱车赶往该水库某副坝，在出船点与原告胡某相遇，并查获池沼公鱼 365 千克。同日，水库大队作出行政处罚事先告知书，告知原告胡某拟对其作出没收渔获物并处 5 万元以下罚款的行政处罚。2021 年 3 月 19 日，水库大队作出听证通知书，但胡某放弃听证。2021 年 4 月 6 日，水库大队作出被诉处罚决定，并向胡某送达。胡某不服行政处罚决定，诉至法院，请求撤销被诉处罚决定。

【裁判结果】

法院经审理认为，根据相关法律法规，被告水库大队具有作出被诉处罚决定的法定职权。本案中，水库大队作出被诉处罚决定前调取的证据，足以证明胡某使用禁用渔具扎包实施了捕捞行为，水库大队作出被诉处罚决定的证据确凿。依据《中华人民共和国渔业法》第三十八条第一款之规定，水库大队作出被诉处罚决定，并无不当。此外，被告水库大队作出被

诉处罚决定前履行了立案、调查、告知、送达等行政程序，其作出被诉处罚决定的程序符合法律规定。综上，被告水库大队作出的被诉处罚决定，认定事实清楚，适用法律正确，程序合法。原告胡某所持起诉理由缺乏事实根据和法律依据，对其诉讼请求，本院不予支持。据此，判决驳回原告胡某的诉讼请求。

【法条链接】

中华人民共和国渔业法

第三十条第一款 禁止使用炸鱼、毒鱼、电鱼等破坏渔业资源的方法进行捕捞。禁止制造、销售、使用禁用的渔具。禁止在禁渔区、禁渔期进行捕捞。禁止使用小于最小网目尺寸的网具进行捕捞。捕捞的渔获物中幼鱼不得超过规定的比例。在禁渔区或者禁渔期内禁止销售非法捕捞的渔获物。

【法官说法】

保护水库流域水生生物资源，促进生态环境可持续发展，是加强生态文明建设的重要举措，也是切实落实习近平总书记殷切嘱托的生动实践。本案系因当事人使用禁用渔具捕鱼被行政处罚而引发的行政案件。水生生物生长、发展需要一定周期，一旦遭到破坏，很难在短期内恢复。为保障生物种群正常补充循环，确保水生资源可持续利用，我国渔业法相关规定对渔具作出严格限制。本案当中，胡某、毛某、齐某、周某捕鱼使用的渔具为“迷魂阵”，俗称“扎包”“绝户网”，具有捕捞强度大、捕捞对象选择差等特点，使用该渔具捕鱼，对幼鱼资源及重要物种保护具有较大威胁，被明确列入禁用渔具名单。近年来，法院坚决扛起法治保水政治责任，充分发挥环境资源审判职能作用，依法支持行政机关履行法定职责，严厉打击非法捕捞等违法行为，推动水库生态环境保护，以法治手段守护国家的绿水青山。本案中，法院通过支持执法大队依法履职，严厉惩处了非法捕捞等违法行为，为保护水库渔业资源和生态环境可持续发展提供了有力保障，切实筑牢了水源保护区生态环境安全司法屏障。

9. 业主有权利要求不动产权利人消除噪声污染

【裁判要旨】

噪声污染是一种“看不见的污染”，严重影响人民群众的生活质量和身体健康，可谓是“隐形的杀手”。根据《中华人民共和国噪声污染防治法》的相关规定，不动产权利人不得违反国家规定弃置固体废物，排放大气污染物、水污染物、土壤污染物、噪声、光辐射、电磁辐射等有害物质。

【基本案情】

刘某系某小区顶层业主，入住后发现屋内不分时段、经常性出现机器启动的“嗡嗡”声，导致其与家人无法正常休息。尤其是怀孕后，刘某对噪声更加敏感。经多方查找，最终确认声音源头系楼顶消防水箱增压泵设备不定期启动和运行产生的低频噪声。为此，刘某多次与小区物业公司和开发商沟通采取降噪措施，但未果。刘某委托第三方检测机构对其屋内噪声进行检测，结果显示 5 个倍频带声压级数值中 3 个数值均超出居民生活噪声排放标准。刘某遂将开发商和物业公司一同起诉至法院。

【裁判结果】

法院受理案件后，及时到小区进行走访，调查噪声来源并向居委会和物业公司询问前期解决情况。后召开庭前会议听取原被告双方意见，最终将各方当事人的意见统一到如何尽快采取合理降噪措施解决噪声扰民的问题上来。为找到合理的降噪方案，承办法官查阅了大量关于高层建筑消防设施设置、消防增压泵降噪措施等专业资料，反复多次与开发商和物业公司进行协调，最终开发商委托第三方降噪公司现场查看并出具了降噪方案。

为确保降噪方案符合行政监管部门的要求，承办法官又积极协调区消防局、生态环境局、住建委等相关职能部门召开联席会。会上，物业公司和施工方代表对降噪方案进行了详细解读，承办法官带领与会人员到消防水箱处实地查看并就降噪方案的可行性进行分析和评估，经充分讨论，降噪方案得以通过，开发商同意按照该方案进行降噪施工，并承担全部费用，原告刘某接受降噪方案并就赔偿问题同意与开发商和物业公司进行协商。最后，承办法官叮嘱物业公司和施工方要合理科学安排施工时间，在保证施工进度的情况下，尽量将施工噪声影响降到最低。

该案调解后，物业公司和施工方第一时间启动施工，并在承办法官的监督下及时反馈工程进度，不到10日，降噪工程便顺利完工。

【法条链接】

中华人民共和国噪声污染防治法

第二条 本法所称噪声，是指在工业生产、建筑施工、交通运输和社会生活中产生的干扰周围生活环境的声音。

本法所称噪声污染，是指超过噪声排放标准或者未依法采取防控措施产生噪声，并干扰他人正常生活、工作和学习的现象。

中华人民共和国民法典

第二百九十四条 不动产权利人不得违反国家规定弃置固体废物，排放大气污染物、水污染物、土壤污染物、噪声、光辐射、电磁辐射等有害物质。

【法官说法】

此案系《中华人民共和国噪声污染防治法》实施以来法院受理的首例噪声污染案件。噪声污染是一种“看不见的污染”，严重影响人民群众的生活质量和身体健康，噪声污染案件也逐年攀升，应该引起社会重视。在该案的审理过程中，审判团队积极发挥司法能动性，主动与相关部门协调联动，合力整治噪声污染难题，引导责任人选择第三方降噪公司制定合理的降噪方案，并主动进行施工改造。降噪效果明显。结案后又及时督促履行，回访降噪效果，保障了小区居民的合法权益。这既是司法机关高标准落实“为群众办实事”宗旨的生动实践，也是人民法院为改善辖区人居环境、创建文明城区贡献的司法力量。

10. 非法转卖砂石料，依法获刑又退赔

【裁判要旨】

砂石是河床的重要组成部分，在维持水沙平衡、保持堤防稳固等方面具有重要作用。作为国家所有的重要自然资源，砂石料的开采、利用、管理等都受到法律法规的严格保护。非法开采、窝藏、转移、收购砂石料等行为均属于破坏生态环境和自然资源的违法犯罪行为，依法应予严惩。

【基本案情】

2022 年 12 月至 2023 年 1 月，赵某在得知郑某、马某等人（均另案处理）在某村河道内非法盗采砂石料后，与郑某、马某等人商议收购砂石料。随后，赵某雇用司机用两辆大货车到郑某、马某等人的盗采地点装运砂石料，并运输到料场予以出售，从中赚取利润。后因群众举报，公安机关立即对郑某等人的非法采矿行为展开立案侦查，并确定赵某具有重大作案嫌疑，对其进行上网追逃。经查，赵某所收购的砂石料价值人民币 94200 元，其从中牟取非法利益 20000 元。2024 年 1 月 7 日，赵某在邻市主动向公安机关投案自首，到案后如实供述了其犯罪事实，并在诉讼中积极退缴了 20000 元违法所得。

【裁判结果】

法院经审理认为，被告人赵某违反国家矿产资源法的规定，在明知他人未取得采矿许可证擅自采矿的前提下，仍与之进行事前通谋，对他人非法开采的砂石料予以收购、销售，并从中牟利，情节严重，应以共同犯罪论处。被告人赵某的行为已构成非法采矿罪，依法应予惩处。鉴于被告人赵某主动投案，到案后如实供述自己的罪行，有自首情节，自愿认罪认罚并退缴违法所得，有悔罪表现，且系初犯，依法对其从轻处罚并宣告缓

刑。最终判决被告人赵某有期徒刑九个月、缓刑一年，并处罚金两万元，已追缴违法所得两万元，依法没收上缴国库。

【法条链接】

中华人民共和国刑法

第三百四十三条 违反矿产资源法的规定，未取得采矿许可证擅自采矿，擅自进入国家规划矿区、对国民经济具有重要价值的矿区和他人矿区范围采矿，或者擅自开采国家规定实行保护性开采的特定矿种，情节严重的，处三年以下有期徒刑、拘役或者管制，并处或者单处罚金；情节特别严重的，处三年以上七年以下有期徒刑，并处罚金。

违反矿产资源法的规定，采取破坏性的开采方法开采矿产资源，造成矿产资源严重破坏的，处五年以下有期徒刑或者拘役，并处罚金。

中华人民共和国城乡规划法

第四十条第一款 在城市、镇规划区内进行建筑物、构筑物、道路、管线和其他工程建设的，建设单位或者个人应当向城市、县人民政府城乡规划主管部门或者省、自治区、直辖市人民政府确定的镇人民政府申请办理建设工程规划许可证。

【法官说法】

本案系一起因实施非法盗采砂石料转卖引发的刑事案件。本案中赵某明知砂石料系他人盗采，仍与盗采者事前通谋，主动参与订购、销售等环节，获取不法利益，其行为构成非法采矿罪。人民法院秉持“用最严格制度最严密法治保护生态环境”的理念，依法对被告人赵某判处刑罚，彰显了司法机关以高压态势严厉、精准打击危害生态环境违法犯罪行为的决心和力度，同时，有效震慑了企图通过参与盗采、运输、转售等非法采矿行为牟利的潜在犯罪分子。本案中，被告人赵某存在主动投案自首、自愿认罪认罚并积极退赔违法所得的行为，法院秉持“宽严相济”的政策，依法对其从轻处理，以达到惩治与教育并重的目的，实现了案件办理中政治效果、社会效果和法律效果的统一。

11. 倾倒并非法掩埋垃圾，三人获刑

【裁判要旨】

违反国家规定，排放、倾倒或者处置有放射性的废物、含传染病病原体的废物、有毒物质或者其他有害物质，严重污染环境的，处三年以下有期徒刑或者拘役，并处或者单处罚金；情节严重的，处三年以上七年以下有期徒刑，并处罚金；有特定情形的，处七年以上有期徒刑，并处罚金。

【基本案情】

2019 年底，马某、郑某、曹某商量找个偏僻的土地充当垃圾填埋场，接收建筑和生活垃圾，可以挣“快钱”。三人看中了同村村民屠某的一块位于偏僻位置的承包地。随后由马某出面，经由他人与屠某签订了租地协议，对屠某谎称是为了种树，郑某去建材城购买铁皮围挡、联系卸垃圾车，曹某负责租赁钩机、铲车进场挖坑填埋。后屠某在某次散步时经过该承包地，发现地周围均被用铁皮围上，东侧有一个大坑，填的全是垃圾，便与马某理论，后报警案发。据曹某供述，三人共从中获利 7 万余元。

公诉机关指控显示，2019 年 12 月中旬至 2020 年 1 月，马某三人在该地内挖坑倾倒并填埋生活垃圾与建筑垃圾的混合垃圾，被查获后，经镇政府委托某市政有限公司对该承包地进行挖掘和清理，共清理出生活垃圾 1208 吨，清理费用共计人民币 687597. 94 元。三名被告人家属代为退赔了因填埋垃圾造成的实际经济损失人民币 687597. 94 元，并就受损土地恢复问题与屠某达成调解协议。

【裁判结果】

法院经审理认为，马某等三名被告人倾倒并非法掩埋大量未经处理的

生活垃圾，严重污染环境，其行为触犯了《中华人民共和国刑法》第三百三十八条之规定，应当以污染环境罪追究其刑事责任。鉴于三名被告人能够如实供述犯罪事实，认罪认罚，可以从轻处罚。最终以污染环境罪对上述三名被告人各判处有期徒刑七个月，罚金人民币七千元。三名被告人当庭表示认罪，目前该案已生效。

【法条链接】

中华人民共和国刑法

第三百三十八条 违反国家规定，排放、倾倒或者处置有放射性的废物、含传染病病原体的废物、有毒物质或者其他有害物质，严重污染环境的，处三年以下有期徒刑或者拘役，并处或者单处罚金；情节严重的，处三年以上七年以下有期徒刑，并处罚金；有下列情形之一的，处七年以上有期徒刑，并处罚金：

（一）在饮用水水源保护区、自然保护地核心保护区等依法确定的重点保护区域排放、倾倒、处置有放射性的废物、含传染病病原体的废物、有毒物质，情节特别严重的；

（二）向国家确定的重要江河、湖泊水域排放、倾倒、处置有放射性的废物、含传染病病原体的废物、有毒物质，情节特别严重的；

（三）致使大量永久基本农田基本功能丧失或者遭受永久性破坏的；

（四）致使多人重伤、严重疾病，或者致人严重残疾、死亡的。

有前款行为，同时构成其他犯罪的，依照处罚较重的规定定罪处罚。

【法官说法】

农村承包土地的使用要严格遵守国家法律规定和相关政策法规，不得违法改变土地使用性质、利用承包地排放、倾倒或处置有害物质，一旦造成严重污染环境的后果，就必然会受到法律的制裁。本案中的三名被告人被眼前利益吸引，为了挣“快钱”铤而走险实施犯罪，却对生态环境下“慢毒”，得不偿失。近年来，人民法院持续深化生态文明建设，充分发挥司法审判职能，以“零容忍”的态度，在打击破坏生态环境违法犯罪行为方面“出重拳”，对辖区内非法捕捞水产品、非法采矿、非法占用农用地、污染环境、盗伐林木等犯罪案件做到从严从快审判。同时注重延伸审判职能，通过公开庭和普法讲座等方式，发挥生态环境法律知识的正面引领作用和反面典型案例的教育警示效应，守住辖区生态环境保护的“法律红线”，提升群众自觉守护生态文明的“主人翁”意识。

12. 饭店不安装油烟净化设施，违法！

【裁判要旨】

饮食服务、服装干洗、机动车维修等项目，未安装油烟净化设施、不正常使用油烟净化设施或者未采取其他油烟净化措施，超过排放标准排放油烟的，由环境保护行政主管部门责令限期改正，处五千元以上五万元以下罚款；拒不改正的，责令停业整治。

【基本案情】

2022 年 3 月 28 日，某局执法人员对商业街某餐饮管理服务公司进行现场检查时发现，该餐饮服务公司后厨西侧有灶头 2 个，涉及的油烟排口未安装油烟净化设施，经营产生的油烟直接排放至空气中，影响周边环境。某局依据《北京市大气污染防治条例》的相关规定，向某餐饮管理服务公司发出《行政处罚事先告知书》，告知该公司违法事实、处罚依据、拟作出的处罚决定，并告知其有作出陈述申辩的权利。随后，某局依据《北京市大气污染防治条例》第一百零八条第一款的规定，对该餐饮管理服务公司作出罚款八千元的行政处罚。该餐饮管理服务公司收到处罚决定后，在法定期限内未申请行政复议或提起行政诉讼，亦未履行处罚决定。某局向法院申请强制执行该处罚决定。

【裁判结果】

法院经审理认为，《北京市大气污染防治条例》规定，饮食服务、服装干洗和机动车维修等项目，应当设置油烟、异味和废气处理装置等污染防治设施并保持正常使用，防止影响周边环境。未安装油烟净化设施、不正常使用油烟净化设施或者未采取其他油烟净化措施，超过排放标准排放油烟的，由环境保护行政主管部门责令限期改正，处五千元以上五万元以下罚款；拒不改正的，责令停业整治。

该餐饮管理服务公司的行为违反了上述规定，某局作出的处罚决定事实清楚、程序合法、适用法律正确，具备法定执行效力，故裁定准予强制执行。

【法条链接】

北京市大气污染防治条例

第五十九条第一款　饮食服务、服装干洗和机动车维修等项目，应当设置油烟、异味和废气处理装置等污染防治设施并保持正常使用，防止影响周边环境。

第一百零八条第一款　违反本条例第五十九条第一款规定，未安装油烟净化设施、不正常使用油烟净化设施或者未采取其他油烟净化措施，超过排放标准排放油烟的，由环境保护行政主管部门责令限期改正，处五千元以上五万元以下罚款；拒不改正的，责令停业整治。

【法官说法】

餐饮油烟与工业废气、机动车尾气已被视为城市大气污染的三大“杀手”。餐饮油烟不仅是大气中细颗粒物（$PM_{2.5}$）的直接排放源，而且其中的挥发性有机物可与环境中的氮氧化物发生反应，加速二次颗粒物的形成，对大气造成严重污染。油烟中含有苯并芘等致癌致突变物质，长期吸入也将直接影响人体健康。公民、企业在日常生活及经营中应当重视其行为可能造成的环境污染。餐饮服务企业在日常经营中会产生大量油烟，未经处理餐饮油烟排入大气中，不仅会对人的身体健康产生有害影响，还会间接导致产生大量臭氧造成环境污染。安装油烟净化设施能够在源头处对有害气体进行处理，防止油烟危害人居环境，保护大气环境。餐饮服务、服装干洗和机动车维修企业在日常经营中应当承担起环境保护的责任，主动安装油烟、异味和废气处理装置等污染防治设施并保持正常使用，从源头上防止油烟、异味或废气直接向大气排放，并防止对附近居民的正常生活环境造成污染。行政机关有权对未按照法律法规的规定对安装处理装置的企业进行处罚。

13. 退耕还林毁约种地，法院支持补植申请

【裁判要旨】

退耕还林者在宜林荒山荒地造林后应当履行管护义务，禁止在退耕还林项目事实范围内复耕和从事滥采、乱挖等破坏地表植被的活动。人民法院不仅依法支持行政机关要求滥伐林木的退耕还林者进行补植的行政处罚，并在执行中合理考量、科学补植，充分发挥司法裁判的社会价值，实现生态环境的有效治理。

【基本案情】

2013 年 8 月，村民齐某与所在村签订了退耕还林合同，约定造林 0.84 亩，种植板栗，并领取了 8 年退耕还林补助。2019 年 10 月，园林绿化局接到群众举报，称齐某在退耕还林补助期内，砍伐自家退耕还林地里的板栗树。执法人员调查发现，现场留有 31 个板栗树伐桩，截面平整，切口整齐，现场内南侧整齐摆放着被伐倒的板栗树干和树枝。齐某申辩称其是为了更新品种对板栗树进行换头嫁接并非滥伐林木。园林绿化局经入村调查了解，齐某砍树目的为种植粮食作物，且砍伐后所留板栗树桩高度并不符合嫁接高度要求，故对其申辩意见未予采纳。园林绿化局作出行政处罚决定书，责令齐某补种树木等。齐某收到行政处罚决定后，既未履行行政处罚决定亦未在法定期限内申请行政复议或提起行政诉讼，园林绿化局向法院申请准予强制执行。

【裁判结果】

法院审查认为，齐某在补助期届满前，未经行政主管部门批准，对退耕还林地内的林木进行采伐，违反了法律法规的相关规定。园林绿化局作出的行政处罚决定，认定事实清楚，程序合法，具备法定执行效力。故法

院依法裁定准予强制执行该行政处罚决定。考虑到树木栽种时间对成活率的影响，人民法院在执行过程中进行了多轮协调，最终确定由齐某在自有土地上异地补植板栗树。补种完成后，园林绿化局联合当地镇林业站现场验收合格。

【关联法条】

中华人民共和国森林法

第七十六条第二款　滥伐林木的，由县级以上人民政府林业主管部门责令限期在原地或者异地补种滥伐株数一倍以上三倍以下的树木，可以处滥伐林木价值三倍以上五倍以下的罚款。

【法官说法】

本案是一起人民法院依法支持行政机关要求滥伐林木的退耕还林者补种树木，并督促执行的典型案例，成功入选最高人民法院依法审理滥伐林木典型案例。退耕还林是为了修复和改善生态，退耕还林者在宜林荒山荒地造林后应当履行管护义务，不应违反法律法规规定在退耕还林项目实施范围内复耕和从事滥采、乱挖等破坏地表植被的活动。人民法院在补植行政处罚执行中，科学考量特定环境要素，根据生物特性，合理确定补植地点、补植时间和密植度等内容，确保了生态环境修复的系统性、整体性、功能性和均衡性。对法院而言，在审理此类案件时必须坚持监督与支持并重，充分发挥行政审判对于合理开发利用自然资源、预防环境污染和惩治生态违法方面的重要作用，支持、监督行政机关依法查处环境违法行为，积极协调行政相对人补植树木、恢复生态，切实筑牢生态保护司法屏障。

14. 迁坟导致林地被毁，法院督促生态修复

【裁判要旨】

受丧葬陋习影响，有些群众崇尚重敛厚葬，不惜违反法律规定，擅自占用耕地林地建坟修墓，不仅违背了社会公序良俗，也造成了生态环境的破坏和土地资源的浪费。依据《中华人民共和国森林法》《中华人民共和国行政强制法》等规定，对此必须依法予以严惩。

【基本案情】

2022 年 4 月，村民王某为了将父母墓地迁移到其他去世亲属旁边，在本村山场挖山修坟。园林绿化局接到群众举报后赶赴现场开展调查，认定王某雇佣大型钩机挖山修墓并填平坟墓周围山地的行为属于毁坏林地。经有关机构鉴定，涉案地块毁坏林地面积为 286 平方米，其中灌木林地（生态公益林）267 平方米，乔木林地（商品林）19 平方米。园林绿化局依据《中华人民共和国森林法》第七十四条第一款的规定，作出行政处罚决定，责令王某恢复案涉 286 平方米林地的植被和林业生产条件。王某不服，申请行政复议。复议机关经审查后维持行政处罚决定。后因王某未在规定时间内履行恢复植被的行政处罚决定，园林绿化局向法院申请强制执行。法院经审理认为，园林绿化局的强制执行申请符合《中华人民共和国行政强制法》第五十五条的规定，且案涉《行政处罚决定书》具备法定执行效力，故依法裁定准予强制执行。

【裁判结果】

因涉及生态环境修复，该案进入绿色执行快速通道。执行团队立即前往案涉山场开展现场勘查，到村委会实地走访并了解相关情况。王某因迁坟不顺心存怨言，对执行工作既不理解也不配合，且情绪激动。为推进案

件顺利执行，执行法官多次前往王某家中，耐心倾听意见，在王某情绪平复后向其释法明理，告知其拒不履行的法律后果。最终，王某主动承认自己为了迁坟导致286平方米林地被毁的行为确有不当之处，同意履行植被和林业生产条件恢复义务。考虑到补植复绿这一生态修复方式的特殊性，法院在综合考量涉案场地布局、坡度、破坏植被范围、面积以及生物特征和季节特点的基础上，积极引导园林绿化局与王某进行协商，最终形成生态修复方案，从有利于林业生产条件恢复的角度，明确了补种的树木品种为侧柏，补种数量为20棵，补种时间为适宜树种生长的4月。随后，法院执行团队一直持续跟进，按照生态修复方案确定的时间节点，及时督促王某主动履行补种义务，并多次回访确认补种林木是否存活。经园林绿化局现场评估，案涉山场的植被及林业生产条件均已修复。

【法条链接】

中华人民共和国森林法

第七十四条　违反本法规定，进行开垦、采石、采砂、采土或者其他活动，造成林木毁坏的，由县级以上人民政府林业主管部门责令停止违法行为，限期在原地或者异地补种毁坏株数一倍以上三倍以下的树木，可以处毁坏林木价值五倍以下的罚款；造成林地毁坏的，由县级以上人民政府林业主管部门责令停止违法行为，限期恢复植被和林业生产条件，可以处恢复植被和林业生产条件所需费用三倍以下的罚款。

违反本法规定，在幼林地砍柴、毁苗、放牧造成林木毁坏的，由县级以上人民政府林业主管部门责令停止违法行为，限期在原地或者异地补种毁坏株数一倍以上三倍以下的树木。

向林地排放重金属或者其他有毒有害物质含量超标的污水、污泥，以及可能造成林地污染的清淤底泥、尾矿、矿渣等的，依照《中华人民共和国土壤污染防治法》的有关规定处罚。

【法官说法】

良好生态环境是最普惠的民生福祉，要坚持用最严格的制度、最严密的法治保护生态环境。在本案中，人民法院依托绿色执行工作机制，通过科学确定生态修复方案、持续跟进补植进展等方式，使受损害的山场林地得到了恢复，彰显了人民法院深入贯彻习近平生态文明思想、切实践行“绿水青山就是金山银山”理念的司法担当。人民法院将继续立足审判职能，积极回应人民群众对生态环境的新期待新要求，统筹推进审判执行工作与生态文明建设，努力为建设人与自然和谐共生的现代化提供强有力的司法服务和保障。

15. 依法支持违建拆除，打造美丽宜居乡村

【裁判要旨】

违法建设严重侵占社会公共资源，破坏城乡人居环境，成为制约城乡建设和发展的“拦路虎”和“绊脚石”。本案中，人民法院在辖区“疏解整治促提升”专项行动和“基本无违法建设区”创建工作中，支持行政机关依法履行法定职责，严厉打击违法建设行为，以法治手段为改善城乡人居环境、打造美丽宜居乡村保驾护航。

【基本案情】

原告张某、吴某系夫妻，二人未经审批在某村区东侧修建两层房屋，该房屋占地面积为224.4平方米。2019年8月12日，某镇政府向吴某作出《责令改正通知书》，告知其房屋未取得建设工程规划许可证，属于违法建设，责令其立即停止施工，并于3日内自行拆除房屋、恢复原状、接受复查。当日，该镇政府向吴某夫妇进行现场送达，并将该《责令改正通知书》张贴于涉案房屋外墙。2019年10月11日，该镇政府作出《强制拆除（回填）决定书》，告知由于吴某夫妇未在限定期限内自行履行义务，镇政府依据《北京市城乡规划条例》第七十四条的规定决定，由吴某夫妇在收到决定书后立即自行拆除（回填）违法建设并清理合法财物，拒不履行则由镇政府依法予以强制拆除（回填）。同时，《强制拆除（回填）决定书》告知了吴某和张某自行回收清理建筑材料、合法财物等相关事宜，以及当事人具有陈述、申辩权利和不服决定的救济途径。因二人限期内仍未自行拆除，2019年10月14日，被告某镇政府对涉案建设实施了强制拆除。拆除之时，涉案建设主体结构已完工，尚未装修和入住。张某、吴某对镇政府的强制拆除行为不服，将其诉至法院，请求确认某镇政府强制拆除房屋行为违法。

【裁判结果】

法院经审理认为，某镇政府具有对其行政辖区内的违法建设进行查处，并予以强制拆除的法定职权。二原告所建房屋未取得建设工程规划许可，违反了《中华人民共和国城乡规划法》《北京市城乡规划条例》等相关规定，属于在施违法建设。某镇政府向二原告作出《责令改正通知书》和《强制拆除（回填）决定书》，责令其立即停止建设，自行拆除或回填。在此情况下，二原告仍未自行拆除，属于当事人拒不拆除的情形，依据上述规定某镇政府具有立即强制拆除的改正、听取陈述、告知申辩等程序，在强制拆除时亦有见证人见证，并对强制拆除过程进行拍照。故某镇政府对案涉房屋实施的强制拆除行为，未违反正当法律程序。综上，判决驳回二原告诉讼请求。

【法条链接】

中华人民共和国城乡规划法

第四十条第一款 在城市、镇规划区内进行建筑物、构筑物、道路、管线和其他工程建设的，建设单位或者个人应当向城市、县人民政府城乡规划主管部门或者省、自治区、直辖市人民政府确定的镇人民政府申请办理建设工程规划许可证。

【法官说法】

本案系因在施违法建设被强制拆除引发的行政案件。案件争议焦点是行政机关强制拆除行为是否合法。人民法院全面审查行政机关职责权限、在施违法建设的认定、强制拆除程序和法律依据，依法认定行政机关具有对案涉违法建设进行查处的职权且强制拆除行为未违反正当法律程序的相关要求，最终判决支持行政机关依法履职，以司法手段严惩私搭乱建、违法建设的行为，为辖区城乡建设和生态环境整治提供有力司法保障。

第七章　经济交往

1. 私自转让服务未获认可，应当退还服务费

【裁判要旨】

健康养护服务机构与消费者之间存在服务合同关系，服务合同无法继续履行的情况下，如果不能就转让服务与消费者达成一致，健康养护服务机构应当向消费者退还相应服务费。

【基本案情】

老年人周某因身体不适，在某养生会所购买了保健养护服务，向养生会所的经营者朱某支付了服务费，并实际享受了部分保健养护服务。后某养生会所因经营出现问题，与某瑜伽公司签订了《转顾客协议》，将消费者转让给某瑜伽公司，该协议无周某签字。后周某诉至法院，称朱某曾承诺将其身体治好，但并无效果，对《转顾客协议》亦不予认可，诉请判令某瑜伽公司和朱某承担退款责任。

【裁判结果】

法院经审理认为，周某与朱某双方存在生效服务合同关系。当事人应遵守诚实信用原则，全面履行其义务。后因朱某不再经营保健养生服务项目，双方合同无法继续履行。故周某要求朱某承担相应退款责任，法院予以支持。某养生会所与某瑜伽公司签订的《转顾客协议》并无周某参与协商，亦无周某签字。本案审理过程中，某瑜伽公司表示愿意为周某做剩余的保健养护服务项目。经法院释明后，周某已明确表示拒绝去某瑜伽公司继续做剩余服务项目。周某对《转顾客协议》不予认可，其亦明确表示拒绝去某瑜伽公司继续接受剩余保健养护服务。故周某要求某瑜伽公司承担退款责任，法院无法支持。

周某虽然支付了保健养护的相关费用，但同时也实际享受了部分相应

的保健养生服务。故此，对于周某要求退款的数额，法院结合付款记录及顾客档案等证据材料，综合予以核算，最终判决某养生会所的经营者朱某向周某退还部分服务费。

【法条链接】

中华人民共和国民法典

第五百零九条　当事人应当按照约定全面履行自己的义务。

当事人应当遵循诚信原则，根据合同的性质、目的和交易习惯履行通知、协助、保密等义务。

当事人在履行合同过程中，应当避免浪费资源、污染环境和破坏生态。

【法官说法】

消费者在某服务机构购买相应服务后，消费者与某服务机构之间成立服务合同关系。如该合同系双方当事人的真实意思表示，且不违反法律、行政法规的强制性规定，则应当认定为合法有效。合同双方均应遵守诚实信用原则，全面履行其合同义务。若服务提供者未能按照合同约定提供服务，消费者有权要求退款或履行原服务合同。并且消费者有自主选择权，若原服务提供机构欲将顾客转让给其他公司，但消费者不同意服务转让，原服务提供者不能单方面改变服务提供方。现在很多店铺都有会员充值服务，因会员充值可以享受更多优惠，很多消费者会选择充值预付费购买服务。《中华人民共和国消费者权益保护法》第五十三条规定："经营者以预收款方式提供商品或者服务的，应当按照约定提供。未按照约定提供的，应当按照消费者的要求履行约定或者退回预付款；并应当承担预付款的利息、消费者必须支付的合理费用。"如果原服务提供机构不能提供相应服务又拒绝退还预先支付的服务费，消费者可向消费者协会寻求帮助，也可向有管辖权的人民法院提起诉讼以维护自身的合法权益。

2. 二手车交易要谨慎，欲撤销合同须举证

【裁判要旨】

当事人可申请法院撤销民事法律行为，但需要提供证据证明该行为属于法定可撤销的情形，若未能提供证据，则法院不予支持。

【基本案情】

2020 年 7 月 12 日，李某与王某签订《车辆转让协议书》，李某以 1.4 万元的价格从王某处购买白色桑塔纳牌机动车一辆，王某口头保证该车辆无任何事故及重大维修。同日，李某与家人试车后支付购车款 1.4 万元，王某将车辆及相关手续交付给李某。2020 年 7 月 18 日，李某发现车辆故障灯总亮，经维修发现该车前后氧传感器、安全气囊有问题，三元催化有焊痕，支付维修费用 830 元。李某认为王某隐瞒涉案车辆属于重大事故车并经过重大维修的事实，以欺诈的方式将涉案车辆出卖给李某，要求王某作为过错方返还购车款、支付修车款、退一赔三并支付其他费用。李某自行在网上委托某检测公司出具的《车辆报告》载明，涉案车辆车体是拼接车、事故车、调表车，有三元调换、水箱漏液等问题，但未能提供检测公司相应资质证明。经法院释明，李某亦表示不申请鉴定。

【裁判结果】

法院经审理认为，李某与王某签订的《车辆转让协议书》合法有效，双方均应履行各自义务。李某虽向法院提交《车辆报告》，但未加盖公章，亦没有鉴定评估师执业资格及签名，经法院释明后李某表示不申请鉴定，故法院对李某提交的《车辆报告》及车辆属于重大事故车的主张不予采信。涉案车辆在买卖过程中，李某作为完全民事行为能力人，在购车时通过观察车辆外观、试车等行为选择涉案车辆并支付价款，未提供证据证明

涉案车辆买卖属于可撤销合同的情形，故法院对李某要求撤销机动车买卖合同、返还购车款并要求王某按退一赔三规定赔付李某的诉讼请求不予支持。对于李某要求王某支付修车款及误工费、检测费等费用，因李某未提交相关证据证明实际产生了误工费，也未提供证据证明其支付的修车款、检测费等费用与王某有直接因果关系，故对该项诉讼请求，法院亦不予支持。

【法条链接】

中华人民共和国民法典

第一百四十七条　基于重大误解实施的民事法律行为，行为人有权请求人民法院或者仲裁机构予以撤销。

第一百四十八条　一方以欺诈手段，使对方在违背真实意思的情况下实施的民事法律行为，受欺诈方有权请求人民法院或者仲裁机构予以撤销。

【法官说法】

现实生活中各类买卖合同屡见不鲜，若双方已经签订合同，则依法成立的合同受法律保护，对当事人具有约束力，当事人应当全面履行己方义务。当事人在订立合同后若欲行使合同撤销权，则需要在法定时间内向法院或仲裁机构提出申请，并对自己的撤销主张提供证据证明。根据举证规则，当事人对自己提出的诉讼请求或反驳对方的诉讼请求所依据的事实，有责任提供证据加以证实，没有证据或所提供的证据不足以证明其事实主张的，由负有举证责任的当事人承担举证不能的法律后果。在上述案例中，欲撤销合同需要提供证据证明合同的订立属于基于重大误解实施的、以欺诈手段实施的、受第三人欺诈的、以胁迫手段实施的、乘人之危、显失公平等法定可撤销的情形，若未能提供相应证据，则法院不予支持。为了在交易过程中更好地保护消费者权益，法官提醒消费者要不断增强维权意识和诉讼能力，在消费过程中树立依法维权的证据意识，在购买、使用相关产品时及时留存重要证据，对于销售者作出的承诺要在书面合同中予以明确，否则就可能因举证不能而承担败诉的风险。如果确实存在因重大误解、受欺诈、胁迫等具备撤销合同的情形，要及时采取措施维权，避免撤销权因期间经过而消灭。

3. 欲换借据对抗诉讼时效，新借据约定不明反致损失扩大

【裁判要旨】

民间借贷关系中，为对抗诉讼时效风险，以新借据换取旧借据，债权人起诉时只向法院提交新的借据，法院将以新的借据为准判决履行约定内容。若新的借据中未能全面体现权利义务，且未能提供其他证据证明债权人主张，则此部分损失将由债权人自行承担。

【基本案情】

2015 年 12 月 8 日，师某与单某签订了借款协议。协议约定，师某向单某借款 200 万元，2017 年 8 月 7 日前偿还，月利率 2%，师某偿还部分利息后，再无还款行为。2020 年 10 月 20 日，单某之妻曹某找到师某要求其还款，为对抗诉讼时效风险，曹某要求师某重新出具借款凭证，师某将之前的借款凭证原件收回后，出具了新的借款凭证。新的借款凭证中对 200 万元欠款事实予以确认，将债权人变更为单某、曹某二人，并约定还款期限为三个月，但无利息相关约定。之后，因师某仍未按约定期限还款，单某、曹某将其诉至法院，要求其偿还借款 200 万元，并按照月利率 2% 的标准支付利息。庭审中，双方对欠本金 200 万元的事实无争议，但对利息的支付标准及起算点发生争议。

【裁判结果】

法院经审理认为，单某、曹某将 200 万元借款凭证原件交还给师某的行为表明，双方就该 200 万元欠款一事重新达成了合意，即 2020 年 10 月 20 日签订的新借款凭证。双方应按照新的约定内容履行，单某、曹某要求按照原协议约定的月利率 2% 的标准支付利息无法律及合同依据，不应支

持。最终，法院判决师某于判决生效之日起10日内偿还单某、曹某借款本金200万元及利息，利息按照全国银行间同业拆借中心公布的一年期贷款市场报价利率，自2021年1月21日起计算至实际付清之日止。

【法条链接】

中华人民共和国民法典

第一百八十八条 向人民法院请求保护民事权利的诉讼时效期间为三年。法律另有规定的，依照其规定。

诉讼时效期间自权利人知道或者应当知道权利受到损害以及义务人之日起计算。法律另有规定的，依照其规定。但是，自权利受到损害之日起超过二十年的，人民法院不予保护，有特殊情况的，人民法院可以根据权利人的申请决定延长。

【法官说法】

诉讼时效的概念深入人心，但由于对诉讼时效制度的理解不够准确全面，导致自身损失扩大的现象屡见不鲜。实际上，诉讼时效还存在中止、中断的法定情形，甚至有些案件不适用诉讼时效的规定，比如，按照《中华人民共和国民法典》第一百九十五条规定，有下列情形之一的，诉讼时效中断，从中断、有关程序终结时起，诉讼时效期间重新计算：（1）权利人向义务人提出履行请求；（2）义务人同意履行义务；（3）权利人提起诉讼或者申请仲裁；（4）与提起诉讼或者申请仲裁具有同等效力的其他情形。现实生活中，多数债权人选择了让债务人重新出具借款借据的方式来对抗诉讼时效风险，这种做法为法院查清案件事实制造了障碍，如果“新条儿”（新借据）中未能充分体现双方权利义务，甚至可能造成债权人损失的扩大。正确的做法是如果出现了诉讼时效中断的情形，要保留证据，并及时行使诉权，维护自身合法权益。以本案为例，虽新借款借据的形成达到了对抗诉讼时效风险的目的，但由于旧的借款借据原件被收回，而新的借款借据中未对利息部分作约定，因未能全面体现借款关系的权利义务，导致债权人自身损失扩大。对此，法院建议，为对抗诉讼时效风险，可在催收时，要求债务人出具催收证明，没有“换条儿”（换借据）的必要。

4. 刚买的新车发生事故，可要求赔偿贬值损失

【裁判要旨】

在少数特殊、极端情形下事故车辆贬值损失可以考虑予以适当赔偿。根据公平原则，受损车辆事发前的使用年限、事发后的修理费用、修理后的组成部件更新和车辆性能恢复等情况，均是判断车辆贬值损失应否赔偿的重要参考因素。

【基本案情】

2020 年 11 月 6 日，在某小区地下车库内，李某驾驶小型越野客车由南向北行驶，赵某名下小型普通客车静止，案外人李甲的小型轿车静止，案外人杨某的小型轿车静止，李某车辆前部与李甲车辆后部接触后，又与赵某车辆左侧接触，赵某车辆后部又与杨某车辆左侧接触发生交通事故，造成赵某车辆接触部位损坏，无人受伤。经公安局交通管理部门认定：李某负事故全部责任，赵某及案外人李甲、杨某无责。事故发生后，赵某对车辆进行了维修，花费 24000 元。诉讼过程中，赵某对车辆贬值损失提出司法鉴定申请，经法院委托，评估公司评估车辆贬值价值为 13300 元。赵某为此支付鉴定费 4000 元。赵某的车辆于 2020 年 9 月 24 日购买，购买价值为 139900 元。事故车辆需更换左后叶子板，因左后叶子板与车身为一体需进行切割处理。

【裁判结果】

法院经审理认为，车辆贬值损失一般指机动车发生交通事故造成损毁，虽经修理恢复了原有的使用功能，但车辆仍存在因隐蔽技术瑕疵或交换价值降低而造成的损失。最高人民法院“关于‘关于交通事故车辆贬值损失赔偿问题的建议’的答复”指出，对事故车辆贬值损失考虑社

会经济发展情况，目前尚不具备完全支持贬值损失的客观条件。对事故车辆贬值损失的赔偿应持谨慎态度，在少数特殊、极端情形下，可以考虑予以适当赔偿。法律所支持的财产损失的赔偿范围应当主要限于必要的、典型的损失类型。实践中，受损车辆事发前的使用年限、事发后的修理费用、修理后的组成部件更新和车辆性能恢复等情况，均是判断车辆贬值损失应否赔偿的重要参考因素。本案中，赵某涉案车辆购买不足2月，行驶里程仅为3887公里，可视为新车，事故造成车辆大量配件更换或维修，客观上足以使车辆贬值，相比相同使用年限的正常车辆，事故车辆根本无法达到原车的性能，缩短了车辆的正常使用寿命或经济使用年限，此种损失由车主本人承担显然有失公平。且经评估鉴定，车辆因事故遭受的贬值损失金额为13300元，应当按照鉴定的金额酌情予以支持。

【法条链接】

中华人民共和国民法典

第一千一百八十四条　侵害他人财产的，财产损失按照损失发生时的市场价格或者其他合理方式计算。

【法官说法】

近年来，司法实践中的车辆贬值损失纠纷持续攀升。车辆贬值损失属于客观存在的财产损失，事故车辆即使通过维修，整体性能仍可能达不到事故前的状态，其使用价值、市场价格较事故前为低，这是客观存在的事实。尤其是，经过修理的车辆往往在后续使用中功能减损，存在安全隐患，且因修理工艺或者更换零部件不可避免地造成修复损耗。同时，受损车辆在交易市场上面临着不被信赖而发生的交易预期下降，被毁损车辆的交换价值往往低于未被毁损过者，而该种基于交易心理而产生的价值下降不仅是经济社会发展的客观后果，且可以通过市场评估和专业鉴定进行客观化。在某些情况下，赔偿贬值损失，不仅符合损失填平原则，而且有利于惩治交通违法行为，推动形成自觉遵守交通法律法规的意识。对于购买年限或行驶里程相对较短的“新车”造成严重损害，显然会使车辆严重贬值，给车辆所有人造成损失，可酌情赔偿其贬值损失。实践中，在对是否应赔偿贬值损失以及损失数额的具体认定方面，将根据事故车辆的购买价格、行驶里程、使用时间、主要零部件的技术情况、维修费高低、损害严重程度和该车型现行市场价等因素综合评判。

5. 大货车冒用小客车 ETC 收费标签偷逃通行费，涉嫌诈骗罪

【裁判要旨】

为躲避称重检测，大型车驾驶员冒用小客车 ETC 收费标签、通行小客车 ETC 通道系以非法占有为目的，诈骗公私财物的行为，数额较大的，构成诈骗罪。

【基本案情】

学某为逃避高速入口对大型货车的称重检查，少交高速通行费，从他人手中购买多张小客车 ETC 收费标签卡，用于大型货车从小客车 ETC 通道进入高速公路行驶，使高速收费站按照小客车收费标准计费收费。经查，学某的大型货车收费标准应为 1.9 元每公里，小客车收费标准为 0.5 元每公里。2020 年 12 月至 2021 年 3 月，学某五辆大型货车共偷逃高速通行费 9 万余元。

【裁判结果】

法院经审理认为，被告人学某为躲避称重检测、少交高速通行费，在大型货车上使用小客车 ETC 收费标签卡，并从小客车 ETC 通道进入高速公路，系隐瞒其驾驶的车型系大货车的真相，通过使用小客车 ETC 标签致使 ETC 系统误认为其驾驶车型为小客车，而非大型货车，以此欺骗高速收费站，使得其在驾驶车辆通过小客车 ETC 通道时，仅扣取小客车标准的高速通行费，以此形式偷逃高速通行费，骗取高速通行费差额。综上，被告人学某无视国家法律，以非法占有为目的，诈骗公私财物，数额较大，其行为已构成诈骗罪，依法应予惩处。鉴于被告人学某如实供述自己的罪行，自愿认罪认罚，家属已将偷逃的高速通行费退还给被害单位，依法对其从

轻处罚，判处学某有期徒刑一年六个月，罚金人民币 15000 元。

【法条链接】

中华人民共和国刑法

第二百六十六条　诈骗公私财物，数额较大的，处三年以下有期徒刑、拘役或者管制，并处或者单处罚金；数额巨大或者有其他严重情节的，处三年以上十年以下有期徒刑，并处罚金；数额特别巨大或者有其他特别严重情节的，处十年以上有期徒刑或者无期徒刑，并处罚金或者没收财产。本法另有规定的，依照规定。

【法官说法】

通行高速公路，应当按规定交纳相应的通行费，交费标准主要根据车辆的型号、重量以及行驶里程等决定。ETC 不停车电子收费系统是为了方便广大驾驶员、加快通行效率而使用在高速收费站的一项技术。为保障高速公路行车安全及通行效率，杜绝违法超限超载货车驶入高速公路，全国统一实施封闭高速公路收费站入口不停车称重检测。对于未经称重检测的货车、经称重检测为违法超限超载的货车，一律禁止驶入高速公路。现实中，为躲避称重检测，部分大型车驾驶员冒用小客车 ETC 收费标签、通行小客车 ETC 通道，顺利驶入高速公路，同时利用大型车与小型车的收费标准差来偷逃通行费差额。本案中的学某正是通过这种手段规避称重、谋取不法利益，此种行为在本质上是以非法占有为目的的诈骗行为，虽然这类行为具有一定隐蔽性，但在大数据时代必然会被查获，此类行为轻则受到行政处罚，重则构成诈骗罪，受到刑事处罚。在此提醒广大驾驶员和车主，要遵守国家法律法规，依法通行高速公路，根据相关规定交纳通行费，任何企图通过各种方式偷逃通行费用的行为，都是违法行为，切莫贪图小利以身试法，诚信社会、法治社会需要我们共同构建。

6. 超市自助结账故意漏扫商品，涉嫌盗窃罪

【裁判要旨】

在超市自助结账时故意采取不扫码、漏扫码、扫码后不支付的方式取得商品，是盗窃行为，若2年内采取此类行为3次以上，或盗窃金额数额较大，因触犯盗窃罪将面临刑事惩罚。

【基本案情】

2021年3月至5月，张某伙同妻子刘某在某超市自助购物处，先后10余次以故意漏扫的方式窃取店内商品。2021年5月24日，张某接到超市工作人员电话后，主动到超市现场，在超市工作人员已报警的情况下选择在现场等待；刘某接到张某电话通知后也主动到超市停车场接受处理。随后民警依法从超市及停车场将二人传唤到案。现二被告人已退赔了超市的经济损失并取得谅解。后二人被公诉机关以盗窃罪向法院提起公诉。被告人张某、刘某对公诉机关指控的事实、罪名及量刑建议均无异议，认罪认罚并签字具结，在开庭审理过程中亦无异议。

【裁判结果】

法院经审理认为，被告人张某、刘某以非法占有为目的，多次共同盗窃公私财物，其行为已构成盗窃罪，依法应予惩处。鉴于二被告人有自首情节，已赔偿被害单位经济损失并取得谅解，自愿认罪认罚，对二被告人从轻处罚，并宣告缓刑。最终，依照《中华人民共和国刑法》第二百六十四条、第二十五条第一款、第六十七条第一款、第四十二条、第五十二条、第七十二条、第七十三条、第六十一条和《中华人民共和国刑事诉讼法》第十五条的规定，以盗窃罪分别判处二被告人拘役六个月，缓刑六个月，罚金人民币五千元。

【法条链接】

中华人民共和国刑法

第二百六十四条 盗窃公私财物，数额较大的，或者多次盗窃、入户盗窃、携带凶器盗窃、扒窃的，处三年以下有期徒刑、拘役或者管制，并处或者单处罚金；数额巨大或者有其他严重情节的，处三年以上十年以下有期徒刑，并处罚金；数额特别巨大或者有其他特别严重情节的，处十年以上有期徒刑或者无期徒刑，并处罚金或者没收财产。

【法官说法】

自助结账平台给了消费者一定自由的空间，也存在一定漏洞和隐患。一些人基于贪图便宜、侥幸心理或法律意识淡薄等因素，故意不扫码、漏扫码，或者采取扫码后不支付的方式取得商品，情节严重或将构成犯罪。这类犯罪人群多为超市普通消费者，犯罪行为也呈现出小额、多次、长期的特点，一旦逾越法律底线，不仅“伤钱”“失面”，而且会留下犯罪记录，影响自己今后的生活，甚至影响子女，此类被告人事后无不追悔莫及。《最高人民法院、最高人民检察院关于办理盗窃刑事案件适用法律若干问题的解释》第三条司法解释规定，2 年内盗窃 3 次以上的，应当认定为“多次盗窃”。多次盗窃的，无论盗窃财物数额多少，都将构成盗窃罪。

法官在此提醒大家，“贪小便宜吃大亏”，超市经营者一般有一套完备的监控设备和专门的监控人员，消费者从进入超市、挑选商品到自助结账全程的一举一动都在视频设备监控之下，而且自助结账平台也有预警系统，一旦发现结账出现异常就会有灯光闪烁，提示后台监控人员加强监控。消费者务必注重个人信用和素质的提升，切莫心存侥幸心理，超市经营者也应在醒目位置进一步加强宣传。

7. 号称短期投资项目高额回报，涉嫌非法吸收公共存款罪

【裁判要旨】

未经有关部门依法许可，通过网络、传单等途径向社会公开宣传，以投资“养老项目”的方式，向投资人承诺在一定期限内以货币方式还本付息，非法向社会不特定对象吸收存款数额100万元以上，成立非法吸收公众存款罪。

【基本案情】

被告人王某于2015至2018年在某股权投资基金管理有限公司的某区分公司担任业务员时，以某股权投资基金管理有限公司的名义，以投资“养老项目”的方式，向投资人承诺在一定期限内以货币方式还本付息，非法向社会不特定的4人（均为老年人）吸收公众存款119万元（含复投），款项到公司账户后，公司按照客户投资总额的3.68%支付王某违法所得人民币10672元。王某经民警电话通知到案后如实供述了上述事实。被告人王某现已退缴全部违法所得。

【裁判结果】

被告人王某违反国家金融管理秩序，未经有关部门批准，向社会公开宣传，承诺在一定期限内还本付息，向社会不特定对象变相吸收资金，数额较大，其行为已构成非法吸收公众存款罪，应予惩处。被告人王某不是某股权投资基金管理有限公司的实际控制人，在非法集资共同犯罪中起次要作用，系从犯。被告人王某经电话通知到案后，如实供述自己的罪行，系自首。鉴于被告人王某系从犯，有自首情节，积极退赃，认罪认罚，依法对其从轻处罚。法院以被告人王某犯非法吸收公众存款罪，判处罚金人

民币5万元。已追缴被告人王某违法所得人民币10672元，按比例发还集资参与人。

【法条链接】

最高人民法院
关于审理非法集资刑事案件具体应用法律若干问题的解释

第一条 违反国家金融管理法律规定，向社会公众（包括单位和个人）吸收资金的行为，同时具备下列四个条件的，除刑法另有规定的以外，应当认定为刑法第一百七十六条规定的“非法吸收公众存款或者变相吸收公众存款”：

（一）未经有关部门依法许可或者借用合法经营的形式吸收资金；

（二）通过网络、媒体、推介会、传单、手机信息等途径向社会公开宣传；

（三）承诺在一定期限内以货币、实物、股权等方式还本付息或者给付回报；

（四）向社会公众即社会不特定对象吸收资金。

未向社会公开宣传，在亲友或者单位内部针对特定对象吸收资金的，不属于非法吸收或者变相吸收公众存款。

第二条第十项 实施下列行为之一，符合本解释第一条第一款规定的条件的，应当依照刑法第一百七十六条的规定，以非法吸收公众存款罪定罪处罚：

（十）以提供“养老服务”、投资“养老项目”、销售“老年产品”等方式非法吸收资金的；

【法官说法】

现实中，不法分子大多通过注册合法的公司或企业，打着响应国家产业政策、开展创业创新等幌子，编造各种虚假项目，有的甚至组织免费旅游、考察等，骗取社会公众信任，进而达到吸收资金目的。有些不法分子为了完成或增加自己的业绩，不惜利用亲情、地缘关系，编造自己获得高额回报的谎言，拉拢亲朋、同学或邻居加入，使参与人员迅速蔓延，规模不断扩大，在初期往往按时足额兑现承诺本息，达到一定规模后，便秘密转移资金或携款潜逃，使投资参与人遭受经济损失。本案中，王某作为该公司业务员，明知公司经营范围没有养老投资项目，不仅自己参与投资，还向他人宣传、劝说他人投资，吸收社会公众100万元以上，已构成非法吸收公众存款罪。王某的行为不仅造成自己财产亏损，还给4名投资参与人造成重大财产损失，扰乱了国家金融管理秩序。

法官提示，天上不会掉“馅饼”，承诺短期投资、高额回报的项目可能涉嫌非法吸收公众存款等违法行为，盲目投资会存在巨大财产损失的风险。广大居民在投资时一定要擦亮双眼、保持理性、提高警惕，谨慎甄别投资项目，切勿轻信他人，提高识别防骗的能力，保护自身财产安全。

8. 冒充医学专家问诊圈钱，涉嫌诈骗罪

【裁判要旨】

冒充医学专家、老师、学生、助理等身份，电话向老年人问诊后推销药品，同时以能够办理医保报销手续骗取老年人的“税金”“保证金”的行为，构成诈骗罪。

【基本案情】

2019 年 4 月至 9 月，陈某组织杨某、孔某 1、牛某、孔某 2、孔某 3、朱某六人，并提供“客户信息”及“药品”、电话，由孔某 1、牛某、孔某 2、孔某 3、朱某冒充医学专家、老师、学生、助理等身份，电话联系患有不同病症的老年人，并进行电话“问诊”，获取老年人病症等信息，杨某负责日常管理。骗取老年人信任后，以谎称古方调理、特配中药能够治疗老年人相关的疾病而向老年人推销“膏药”“中药包”等。后以能够为老年人办理药费报销手续为由，诱骗老年人继续交纳“税金”“保证金”，再以快递货到付款投递老年人购买的“药品”。通过以上方式，陈某某七人骗取北京市、河北省、河南省、山西省、安徽省、四川省等地区十八名老年人共计 12 万余元后进行分赃。部分老年人发现上当受骗后，立即报警。公安机关在山东省某市陆续将陈某等七人抓获。

【裁判结果】

法院经审理认为，陈某等七被告人冒充医学专家、老师等身份骗取被害人信任后，以向被害人销售“对症药品”及以能够为被害人报销药费需缴纳“税金”“保证金”为手段，导致被害人产生错误认识，向陈某等人支付买药款并交纳所谓的“税金”“保证金”，其行为符合诈骗罪的构成要件。因七被告人获取公民信息，通过拨打电话的手段实施诈骗，属于利用

电信网络技术实施诈骗。综上，法院认定陈某等七被告人无视国家法律，以非法占有为目的，虚构事实，骗取他人财物，数额巨大，七被告人均已构成诈骗罪。同时根据七被告人在共同犯罪中所起的作用大小不同，认定被告人陈某与杨某系主犯，被告人孔某1、牛某、孔某2、孔某3、朱某系从犯。最终依法判处被告人陈某等七人有期徒刑三年一个月至四年四个月、罚金三万元至四万元不等的刑罚，同时追缴的违法所得退赔被害人。

【法条链接】

中华人民共和国刑法

第二百六十六条　诈骗公私财物，数额较大的，处三年以下有期徒刑、拘役或者管制，并处或者单处罚金；数额巨大或者有其他严重情节的，处三年以上十年以下有期徒刑，并处罚金；数额特别巨大或者有其他特别严重情节的，处十年以上有期徒刑或者无期徒刑，并处罚金或者没收财产。本法另有规定的，依照规定。

最高人民法院、最高人民检察院
关于办理诈骗刑事案件具体应用法律若干问题的解释

第一条第一款　诈骗公私财物价值三千元至一万元以上、三万元至十万元以上、五十万元以上的，应当分别认定为刑法第二百六十六条规定的“数额较大”、“数额巨大”、“数额特别巨大”。

【法官说法】

大多数老年人对信息的掌握不免落后于电信、网络技术的更新迭代，易成为诈骗案件中的犯罪目标，一旦财物落入违法犯罪分子手中，给老年被害人及其家庭带来极大的痛苦和损失。针对老年人实施的诈骗手段尽管五花八门，但都符合诈骗罪的基本特征，即行为人以非法占有为目的，采用虚构事实或者隐瞒真相的方法，致使被害人上当而交出财物，从而骗取数额较大的公私财物。本案中犯罪分子即虚构了“特配中药”“药费报销”等事实，骗取老年人“自愿”交出钱财，最终十八人上当受骗，犯罪分子也因构成诈骗罪被绳之以法。犯罪分子抓住老年人多发疾病、独自居住等堵点痛点步步设套，通过团伙分工，角色扮演迷惑老年人或者以丰厚回报诱惑老年人，最终使老年人相信违法犯罪分子，交出钱财。识别违法犯罪分子的诈骗套路是预防养老诈骗的关键。养老诈骗套路层出不穷，但主要以“甜头”吸引老年人、以“紧急危难情况”激起老年人的同情心、以“严重后果”吓唬威逼老年人。广大老年朋友勿轻信他人，千万守好自己的“养老钱”。

9. 故意购买过期食品敲诈商家，涉嫌敲诈勒索罪

【裁判要旨】

售卖过期食品涉及行政违法，进行正常举报是公民的权利，但以此为要挟，虚构自身受损事实进而索要财物，达到“多次”或者“数额较大”标准，构成刑法上的敲诈勒索罪。

【基本案情】

2020 年 6 月至 11 月，男子李某与朋友王某、张某、郭某经预谋后，在某区多家乡镇超市内故意购买过期饼干、果粒橙等食品，后返回店内称所购买的食品、饮料过期，孩子食用后不适需要去某市区医院就医，要求商家承担上万元的路费及就医费用，否则就向食药部门进行举报或者在商家门口闹事。通过此种手段，4 人先后敲诈 8 家超市经营者现金及香烟，作案次数及金额不等。2020 年 7 月至 2020 年 9 月，李某、郭某分别在某市某区果园小区、新农村附近，以驾车故意碰撞其他车辆制造对方违章为手段，向司机孙某索要现金 7000 元，向司机方某索要现金 1500 元。相关行政部门在执法过程中发现该 4 人经常以此种手段向不同商家索要财物，遂将线索移送公安机关。

【裁判结果】

法院经审理认为，被告人李某、王某、张某、郭某以非法占有为目的，采用要挟手段敲诈公民财物，数额较大，其行为均已构成敲诈勒索罪，应予惩处。被告人王某曾因故意犯罪被判处有期徒刑，在刑罚执行完毕五年内再犯应当判处有期徒刑以上刑罚之罪，系累犯，依法对其从重处罚。鉴于被告人李某当庭自愿认罪，被告人王某、张某、郭某到案后如实供述自己的罪行，认罪认罚，且被告人张某家属已代为赔偿被害人全部经

济损失，被害人对张某表示谅解，被告人张某及郭某均有悔罪表现，因此对四被告人均依法从轻处罚，并对被告人张某、郭某宣告缓刑。据此，根据被告人李某、王某、张某、郭某犯罪的事实、犯罪的性质、情节和对社会的危害程度及在共同犯罪中所起的作用，以敲诈勒索罪判处被告人李某等四人有期徒刑二年十个月至有期徒刑八个月、缓刑一年不等的刑罚，并处罚金。继续追缴相关被告人违法所得，发还被害人。现上述判决已生效。

【法条链接】

中华人民共和国刑法

第二百七十四条 敲诈勒索公私财物，数额较大或者多次敲诈勒索的，处三年以下有期徒刑、拘役或者管制，并处或者单处罚金；数额巨大或者有其他严重情节的，处三年以上十年以下有期徒刑，并处罚金；数额特别巨大或者有其他特别严重情节的，处十年以上有期徒刑，并处罚金。

【法官说法】

敲诈勒索罪，是指以非法占有为目的，对被害人实施威胁或者要挟的方法，强行索取数额较大的公私财物的行为。“数额较大”以3000元为起点，后刑法修正案又增加了“多次敲诈勒索”这一构成要件，即勒索财物数额虽未达到较大，但次数达到三次以上的行为，应当认定为构成敲诈勒索罪。本案中李某等人的行为无论是从犯罪数额还是犯罪次数上，均达到入罪标准。售卖过期食品涉及行政违法，进行正常的举报是公民的权利，但以此为要挟，虚构自身受损事实进而索要财物，达到“多次”或者“数额较大”标准，就构成了刑事犯罪。值得说明的是，在对合法债务的追讨过程中，使用了带有某种威胁性的言辞、举动的行为，不以敲诈勒索罪论处。2024年8月，最高人民法院发布《最高人民法院关于审理食品药品惩罚性赔偿纠纷案件适用法律若干问题的解释》，该解释以保护食品药品安全和消费者权益作为首要取向，对所有购买者均在生活消费范围内支持惩罚性赔偿请求，但本案中四人在“知假买假”的基础上，借维权之名行敲诈勒索之实，已经触犯了刑法。

10. 捡到银行卡并取现，涉嫌信用卡诈骗罪

【裁判要旨】

捡到他人银行卡后盗刷取现，涉嫌信用卡诈骗罪，数额较大的，以信用卡诈骗罪处五年以下有期徒刑或者拘役，并处二万元以上二十万元以下罚金。

【基本案情】

2021 年 11 月 28 日至 29 日，张某在某小区捡拾到被害人孙某的某商业银行的储蓄卡后，发现卡背面写着六位数字，于是他前往 ATM 机输入该六位数，发现确实是该卡密码。在陆续取了一万元现金后，张某带着现金和卡回家，次日早晨又在另外一台 ATM 机上用该卡取现，两日内，先后分七次使用该银行卡取现人民币共计一万两千五百元，被卡主发现后报警案发。被告人张某系电话通知后主动到案，现赃款已收缴并发还。

【裁判结果】

根据《全国人民代表大会常务委员会关于〈中华人民共和国刑法〉有关信用卡规定的解释》，刑法规定的“信用卡”，是指由商业银行或者其他金融机构发行的具有消费支付、信用卡贷款、转账结算、存取现金等全部功能或者部分功能的电子支付卡。本案中被告人张某拾得的某商业银行储蓄卡属于刑法规定的“信用卡”。我国刑法第一百九十六条规定了信用卡诈骗罪的犯罪情形，其中包括冒用他人信用卡进行信用卡诈骗活动，数额较大的，处五年以下有期徒刑或者拘役，并处二万元以上二十万元以下罚金。此处的“数额较大”标准为人民币五千元至五万元。司法解释中又进一步明确，“冒用他人信用卡”包括：拾得他人信用卡并使用的，骗取他人信用卡并使用的，窃取、收买、骗取或者以其他非法方式获取他人信用

卡信息资料，并通过互联网、通信终端等使用的，以及其他冒用他人信用卡的情形。本案中被告人张某的行为属于非常典型的信用卡诈骗罪。

法院经审理认为，被告人张某冒用他人的信用卡，进行信用卡诈骗活动，数额较大，行为已构成信用卡诈骗罪。鉴于其接电话通知后主动到案并如实供述了自己的罪行，系自首，且积极退缴全部赃款，认罪认罚，依法对其从轻处罚。最终以信用卡诈骗罪判处被告人张某有期徒刑一年，缓刑一年，罚金人民币二万元。张某表示认罪服法，并缴纳了全部罚金。

【法条链接】

中华人民共和国刑法

第一百九十六条　有下列情形之一，进行信用卡诈骗活动，数额较大的，处五年以下有期徒刑或者拘役，并处二万元以上二十万元以下罚金；数额巨大或者有其他严重情节的，处五年以上十年以下有期徒刑，并处五万元以上五十万元以下罚金；数额特别巨大或者有其他特别严重情节的，处十年以上有期徒刑或者无期徒刑，并处五万元以上五十万元以下罚金或者没收财产：

（一）使用伪造的信用卡，或者使用以虚假的身份证明骗领的信用卡的；

（二）使用作废的信用卡的；

（三）冒用他人信用卡的；

（四）恶意透支的。

前款所称恶意透支，是指持卡人以非法占有为目的，超过规定限额或者规定期限透支，并且经发卡银行催收后仍不归还的行为。

盗窃信用卡并使用的，依照本法第二百六十四条的规定定罪处罚。

【法官说法】

随着现代生活的发展进步，信用卡已成为人们日常生活中不可缺少的一部分，信用卡诈骗犯罪不仅危害了银行的金融安全和秩序，有时还伴随着侵害到他人的财产安全，广大群众要增强法律意识，保管好个人信用卡，并自觉知法守法，不得触犯法律红线。信用卡诈骗罪侵犯的客体是国家对信用卡的管理制度和公私财产的所有权，客观方面表现为用虚构事实或者隐瞒真相的方法，利用信用卡进行诈骗，骗取数额较大的财物行为。该案中张某拾得他人写有密码的银行卡并取现的行为，表面上看符合盗窃的特征，但盗窃罪的行为对象是具有经济价值的财物，信用卡本身并不属于财物，占有信用卡并不等于实际占有了卡中的存款。张某在拾得他人信用卡后，通过获知的信用卡密码，冒用以卡主的信息资料办理的信用卡去ATM机上取现，从而获取的他人财物，该手段并非盗窃罪中的“秘密窃取”，其犯罪手段就是冒用他人信用卡进行信用卡诈骗。张某法律意识淡薄，贪小便宜吃大亏，拾得他人储蓄卡取现一万多元，最终因此获刑且被处罚金二万元，得不偿失。

11. 销售烟酒粮油等假冒注册商标商品，涉嫌销售假冒注册商标的商品罪

【裁判要旨】

假冒注册商标的商品侵害了注册商标的专用权，明知是假冒注册商标的商品仍予以销售，销售金额数额较大，其行为构成销售假冒注册商标的商品罪。

【基本案情】

被告人葛某伙同吕某于2021年8月在经营某商贸有限公司期间，采用低价收购假冒的名牌白酒为手段，非法收购假冒的牛栏山、剑南春、茅台、五粮液、汾酒等白酒699瓶欲出售，后被查获。经鉴定，所查获的白酒均为假冒注册商标的商品，价值共计人民币354210元。公诉机关向法院提起公诉，认为被告人葛某、吕某系犯罪未遂，若到案后能够如实供述所犯罪行，自愿认罪认罚，建议分别判处被告人葛秋莹、吕广超一年以下有期徒刑，并处罚金。

【裁判结果】

法院经审理认为，被告人葛某、吕某明知是假冒注册商标的商品仍予以销售，侵害了涉案注册商标的专用权，销售金额数额较大，其行为已构成销售假冒注册商标的商品罪，依法应予惩处。最终二人被法院以销售假冒注册商标的商品罪判处三年以下有期徒刑刑罚、并处罚金，其中，葛某被判处有期徒刑十个月、罚金人民币十万元，吕某被判处有期徒刑八个月、罚金人民币十万元。在案扣押的假冒商品及侵权产品也均被依法没收。

【法条链接】

中华人民共和国刑法

第二百一十四条 销售明知是假冒注册商标的商品，违法所得数额较大或者有其他严重情节的，处三年以下有期徒刑，并处或者单处罚金；违法所得数额巨大或者有其他特别严重情节的，处三年以上十年以下有期徒刑，并处罚金。

【法官说法】

民以食为天，食以安为先，注册商标，是企业无形财产的一部分，制假、售假的行为不仅严重侵害了注册商标所有人的权益，破坏了市场公平竞争秩序，更给消费者身体健康带来极大威胁，情节严重者需要承担刑事责任。在上述案件中，被告人违反国家规定，售卖假冒、侵权商品，扰乱市场秩序，情节严重，均被依法惩处。不但未获利，还需要缴纳相关罚金，所售商品也被扣押没收，以身试法身陷囹圄，得不偿失。

在此，提醒广大商户要诚信经营，采购正品，在节日期间抓住售卖机遇、满足人民群众走亲访友送礼、购置年货的消费需求情况下，也更要注重规范经营，严格把控商品质量，坚持从正规渠道进货，留存相关进货单据，注重查验生产厂家的生产资质和销售商的销售资质，查看商品检验报告，维护自身合法权益，确保人民群众消费安全。另外，也要提醒广大人民群众，尽量从正规商场购物，购物时注意查看商标标识是否清晰以及商品有效期，主动向商家索要并注意留存消费凭据，发现问题主动寻求有关部门的帮助，学会维权索赔损失，切勿上当受骗，用“真”价买了“假”酒。

12. 身份信息被冒用登记公司的，可以主张撤销

【裁判要旨】

申请设立公司，应对申请材料的真实性负责。冒用他人签名申请办理公司登记，属于虚假的登记材料，公民发现身份信息被冒用注册后向法院提出行政诉讼申请撤销公司登记的，法院将予以支持。

【基本案情】

2015 年 5 月 19 日，市场监督管理局作出准予某公司设立登记的决定，股东李某和杨某被分别登记为监事和法定代表人。2020 年 5 月 13 日，李某、杨某以其身份证丢失且被冒用注册某公司为由，向法院提起行政诉讼。案件审理过程中，经鉴定，公司登记材料中“李某”“杨某”的签名均非本人书写。市场监督局辩称，应优化营商环境要求，对于此类登记仅进行形式审查，即申请人对申请材料的真实性负责，登记机关仅审查申请材料的形式是否符合要求。对于材料齐全、符合办理条件的，必须当天办理完毕。所以很难发现冒用他人身份信息注册登记的情况。

【裁判结果】

法院经审理认为，《中华人民共和国市场主体登记管理条例》第十七条规定，申请人应当对提交材料的真实性、合法性和有效性负责。某公司设立登记申请材料中“李某”“杨某”的签名经鉴定并非本人签写，足以认定该公司设立登记材料存在虚假。虽然市场监督管理局对某公司的设立登记申请履行了审查义务，但其依据虚假申请材料作出准予某公司设立登记的主要证据不足，依法应予撤销。据此，法院判决撤销市场监管局准予某公司设立登记的行政许可行为。宣判后，双方当事人均未提起上诉，判决现已生效。

【法条链接】

中华人民共和国市场主体登记管理条例实施细则

第十七条 办理市场主体登记、备案事项，申请人可以到登记机关现场提交申请，也可以通过市场主体登记注册系统提出申请。

申请人对申请材料的真实性、合法性、有效性负责。

办理市场主体登记、备案事项，应当遵守法律法规，诚实守信，不得利用市场主体登记，牟取非法利益，扰乱市场秩序，危害国家安全、社会公共利益。

【法官说法】

现如今，个人信息的保护面临着越来越严峻的挑战。如果身份信息被冒用注册了皮包公司，有卷入法律风险的可能，成为无辜的“背锅侠”。公民个人应当加强对身份信息的保护意识，管理好身份证件。由于工商机关在审查材料时主要采取形式审查的方式，对冒用他人身份信息注册登记的情况难以发现。若公民个人发现在其不知情的情况下，被他人冒用身份证件或身份信息，将其登记为法定代表人、股东、董事、监事等“被法人”“被股东”问题的，可以向涉事公司登记所在地的市场监管局反映情况并申请撤销冒名登记，产生的损失可以向侵权人主张赔偿，也可以向法院提起行政诉讼申请撤销工商登记。在主张权益过程中，当事人可以通过国家企业信用信息公示系统或各地正规企业信用信息网查询涉事公司的登记注册信息，确定被冒名登记的事项、该次登记的时间及公司的登记机关。同时，为更好规范市场主体登记管理行为，推进法治化市场建设，维护良好市场秩序和市场主体合法权益，优化营商环境，市场监督管理部门应加大对行政许可和涉及重大变更事项的审查力度，确保信息准确。登记代理中介机构应加强自身诚信建设，确保提交的登记材料真实合法。申请市场主体登记的法人或个人均应自觉遵守《中华人民共和国市场主体登记管理条例》的规定，主动防范和抵制违法犯罪行为。

第八章　安全健康

1. 路人被未牵绳犬只惊吓摔倒，饲养人须担责

【裁判要旨】

饲养动物应当遵守法律法规，尊重社会公德，不得妨碍他人生活。违反管理规定，未对动物采取安全措施，动物突然出现并向路人扑近引起摔倒受伤骨折，动物饲养人或者管理人应当承担侵权责任。

【基本案情】

2021 年 3 月，在某养殖小区王某租赁院落门口，孙某经过门前时，恰逢王某开门，其所饲养的马犬从院内跑出扑向孙某，孙某受到惊吓摔倒在地，后王某将马犬拴好。当日王某开车将摔倒在地的孙某送至区医院，孙某伤情诊断为：头外伤，胸背外伤，韩某 1 椎体骨折。为治伤，孙某自行支付医药费 2212.46 元，王某为孙某支付医药费 1637.86 元。因双方无法就赔偿问题协商一致，孙某将王某诉至法院要求赔偿医疗费、护理费、伤残赔偿金等共计 17 万余元。

经鉴定：（1）孙某腰 1 椎体压缩骨折，压缩程度已达一椎体 1/3，孙某所受损伤伤残等级为“构成十级伤残，赔偿指数为 10%”。（2）被鉴定人孙某的护理期为 45～60 日，营养期为 45～60 日。

【裁判结果】

法院经审理认为，王某所养马犬虽未对孙某撕咬，但因一般人在陌生犬只在进入自身安全范围内本能会产生恐惧心理，孙某用手轰狗的行为也印证了这一点，故孙某在看到未被采取任何措施的涉案犬只突然出现并向其扑近时，因恐惧避让而摔倒进而受伤，该马犬虽然未与孙某接触，但伤害与马犬之间具备了引起与被引起的关系，二者具备因果关系，

动物饲养人或者管理人对此应当承担赔偿责任。根据《北京市养犬管理规定》第十七条第一款第四项的规定，携犬出户时，应当对犬束犬链，由成年人牵领，携犬人应当携带养犬登记证，并应当避让老年人、残疾人、孕妇和儿童。王某在明知马犬未拴绳的情况下，选择开门后，马犬对行人造成惊吓或伤害，因其未对所饲养的动物采取安全措施造成他人损害的，动物饲养人或者管理人应当承担侵权责任。王某并未提供相应证据证明孙某倒地行为由其他原因引起，亦未有证据证明孙某在受伤害的过程中存在主动挑逗、殴打、追赶等故意或重大过失等情形。据此可认定，孙某所受伤害系王某未规范饲养动物导致，亦无证据证明王某存在能减轻其责任的情形，故王某对孙某的涉案损失承担全部责任。经核算，法院判决王某赔偿孙某医疗费、护理费、伤残赔偿金等共计 9 万余元。

【法条链接】

中华人民共和国民法典

第一千二百四十五条　饲养的动物造成他人损害的，动物饲养人或者管理人应当承担侵权责任；但是，能够证明损害是因被侵权人故意或者重大过失造成的，可以不承担或者减轻责任。

第一千二百四十六条　违反管理规定，未对动物采取安全措施造成他人损害的，动物饲养人或者管理人应当承担侵权责任；但是，能够证明损害是因被侵权人故意造成的，可以减轻责任。

【法官说法】

饲养动物责任重大，饲养人或管理人应遵守法律法规和社会公德，在饲养、管理动物过程中，加强对饲养动物的管理，做合格的动物饲养人和管理人，避免动物伤人情况的发生。本案中王某养犬未遵守《北京市养犬管理规定》中关于牵绳相关规定，致人损害需承担责任。饲养动物致人损害的行为，不仅包括动物直接伤人如撕咬、抓挠、扑倒等身体上的直接接触行为，还包括吠叫、追逐、突然蹿出等令被侵权人受到惊吓或恐惧避让跌倒损伤的行为。饲养的动物在面对陌生人时可能会因害怕而作出攻击性动作，使人受到惊吓甚至受伤，此时若认定存在动物加害行为、损害结果以及两者之间的因果关系，则动物饲养人应当承担相应的民事赔偿责任，除非能够提供证据证明被侵权人存在故意或重大过失的情形，如碰瓷、故意挑逗等行为，才可能全部或部分免除赔偿责任。

2. 月嫂护理不当致产妇受伤，实际家政服务提供方须担责

【裁判要旨】

通过某公司运营的微信小程序选定月嫂，若公司对月嫂进行了实质性的管理，则公司与月嫂属于雇佣关系，而并非中介关系，公司属于实际的家政服务提供方。在发生月嫂护理不当致产妇受伤的损害后果时，公司应承担相应赔偿责任。

【基本案情】

2021 年 10 月，李某通过某公司运营的微信小程序选定“金牌月嫂”王某，小程序中显示王某具有高级催乳师等多种资质。随后，李某、某公司、王某三方签订《母婴护理家政服务合同》，约定服务周期 30 日，总价款 19000 元，服务费由某公司收取并向月嫂支付，月嫂因时间冲突无法如期提供服务时，某公司另有更换月嫂的相应权责等。合同签订当日，李某向某公司支付了定金 5000 元。2022 年 2 月，李某顺利产子，王某随即上户提供“月嫂”服务。但护理不足 10 日，王某就因不当的“热敷”护理方式，导致李某患上乳腺炎，无法哺乳婴儿，不仅给李某带来病痛折磨，更有心理上的痛苦。故李某在治疗完毕后，诉至法院要求某公司及王某赔偿其医疗费、奶粉费及精神损失费等各项损失 4 万余元。某公司认为小程序仅系对客户和月嫂提供供求信息的平台，王某并非其公司员工，而系自主注册入驻平台人员，该公司履行了对申请入驻月嫂的监管职责，严格审核了王某的身份、资质证书和从业资料，故不应对王某的损失承担赔偿责任。王某表示李某患“乳腺炎”后终止了月嫂服务，某公司并未支付其提供服务期间的工资。

【裁判结果】

法院经审理认为，依据三方签订的《母婴护理家政服务合同》，某公司作为提供月嫂服务的家政平台，与雇用月嫂的李某签订合同，并直接收取雇佣方的服务费，某公司并非处于中介地位，其对月嫂、催乳师等职业人员的选任、考核、工资发放等具有决定权，实际上为家政服务的提供方。王某在李某家提供月嫂服务的行为系履行职务行为，某公司对月嫂提供的服务行为负有管理责任，对月嫂不当的护理行为造成的损害后果应承担赔偿责任。经法院调解，最终由某公司赔偿李某因患乳腺炎所产生的各项损失共计 10000 元。

【法条链接】

中华人民共和国民法典

第一百七十条第一款　执行法人或者非法人组织工作任务的人员，就其职权范围内的事项，以法人或者非法人组织的名义实施的民事法律行为，对法人或者非法人组织发生效力。

第一百八十六条　因当事人一方的违约行为，损害对方人身权益、财产权益的，受损害方有权选择请求其承担违约责任或者侵权责任。

【法官说法】

随着“三孩”政策的实行，越来越多的家庭开始选择聘请月嫂等家政服务人员为新生儿及产妇提供专业护理服务。雇用月嫂的途径一般通过熟人推荐或家政公司介绍。如果是熟人推荐的月嫂，没有通过家政公司的，如因月嫂过错造成损害应由月嫂本人承担侵权责任。如果通过家政公司，当月嫂在提供服务过程中发生侵权行为时，家政公司与月嫂之间是何种法律关系，成为认定各方责任的前提。司法实践中，既有月嫂与家政服务人员之间属于劳动关系，也有属于居间关系，还有既非劳动关系，也不是简单居间关系的中间地带。当月嫂与家政公司属于劳动关系时，月嫂受雇于家政公司，顾客可以向家政公司主张权利。当月嫂与家政公司属于居间关系时，家政公司仅提供中介服务，当发生侵权情况时由月嫂本人承担法律责任。当月嫂与家政公司的关系属于中间地带时，将以供求双方所确定的家政服务合同关系为基础，结合家政公司的管理责任、月嫂和家政公司的过错大小等因素综合判断。

本案中李某通过网络平台的微信小程序选月嫂，因该微信小程序的运营公司作为月嫂的推荐公司，与李某签订了合同，李某将服务费支付给公司，在发生问题后应与公司交涉，公司不仅仅是媒介地位，实际上为家政服务的提供方，应承担用人单位的侵权责任。法官提醒，在选聘月嫂时尽量不要与月嫂个人签约或者仅仅达成口头协议，应注意选择规范的家政服务公司并签订正式合同，同时在选家政公司时注意分辨中介公司与提供专业服务的家政公司，避免因责任主体不明为后期维权埋下隐患。

3. 人格权被侵害，可向法院申请人格权侵害禁令

【裁判要旨】

权利人向法院就侵害其名誉申请人格权侵害禁令，有证据证明行为人侵害名誉权的行为已经发生并将持续发生，且具有急迫性，人民法院经审查认定，行为人仍存在实施侵害名誉权行为的现实可能，应予准许。

【基本案情】

申请人刘某与被申请人朱某系同村村民。二人共同工作期间发生矛盾，又因琐事发生过肢体冲突。朱某多次在村委会、村口、村内街道等人员密集场所张贴、散发损害刘某名誉的材料，还借市区领导到村内视察之机，向领导散发上述材料。后刘某报警，公安机关对其作出罚款五百元的行政处罚。刘某为维护自身权益，向法院申请人格权侵害禁令：（1）禁止被申请人朱某散布损害刘某名誉权的内容；（2）禁止被申请人朱某实施其他损害刘某名誉权的行为。朱某对刘某所述情况均予认可，并称自己家中安装了打印机，因对刘某不满，自行编辑打印了纸质材料，并进行张贴、散发。

【裁判结果】

法院经审理认为：民事主体的人格权受法律保护，任何组织或者个人不得侵害。民事主体有证据证明行为人正在实施或者即将实施侵害其人格权的违法行为，不及时制止将使其合法权益受到难以弥补的损害的，有权依法向人民法院申请采取责令行为人停止有关行为的措施。朱某因琐事与刘某产生矛盾，为表达不满，自行打印纸质材料，多次在人流量较大区域进行张贴、散布，以降低刘某的社会评价。朱某还利用外来人员视察的机会，向外来人员散发，进一步扩大了影响，公安机关亦对其作出了行政处

罚。综合现有证据、双方陈述及本案查明的情况，朱某仍存在实施侵害刘某名誉权行为的现实可能。故刘某的申请符合适用人格权侵害禁令的情形，本院依法准许，裁定：一、禁止被申请人朱某散布损害申请人刘某名誉权的内容。二、禁止被申请人朱某实施其他损害申请人刘某名誉权的行为。

【法条链接】

中华人民共和国民法典

第九百九十一条　民事主体的人格权受法律保护，任何组织或者个人不得侵害。

第九百九十七条　民事主体有证据证明行为人正在实施或者即将实施侵害其人格权的违法行为，不及时制止将使其合法权益受到难以弥补的损害的，有权依法向人民法院申请采取责令行为人停止有关行为的措施。

【法官说法】

本案中，法院应当事人申请发出该市首份人格权侵害禁令。《中华人民共和国民法典》第九百九十七条首次确立了人格权侵害禁令制度，对保护民事主体的合法权益具有重大意义。互联网时代，网络传播速度快、受众广、影响范围大，网络不实言论或信息容易对民事主体名誉、荣誉、信用等带来严重不利影响，导致公众的社会评价的降低或者带来此种风险，从而侵害或即将侵害自然人或法人的人格权。在自媒体井喷式发展的今天，侵犯人格权的形式、内容更加多元化，权利一旦遭受侵害，损害将很难通过金钱赔偿的方式进行完全弥补。人格权侵害禁令由人民法院作出，属于一种临时性的保护措施，将救济与预防相结合，一方面，在损害已经发生的情况下，有效阻却了侵权行为继续发生，保护受害人免遭更大的损害。另一方面，在损害有发生之虞的情形下，对潜在的侵权行为形成震慑，有效阻断可能发生的侵害人格权行为。《中华人民共和国民法典》的人格权编有预防、惩戒功能，司法会对公民人格权益加以保障，惩处打击侵犯人格权的违法行为。公民在人格权正受到侵害或有侵害之虞，时间上具有紧迫性，合法权益受到难以弥补的损害的情况下，可以参照本案向人民法院申请人格权侵害禁令来保护自身合法权益。

4. 放风筝致人受伤，应依法承担过错责任

【裁判要旨】

从事放风筝等文体活动时因安全意识淡薄、场所选择错误，自身行为侵害他人造成人身损害的，将面临医疗费、护理费、交通费、营养费、住院伙食补助费等赔偿。

【基本案情】

2020 年 8 月，王某在人流量较大的马路一侧人行道上放风筝，风筝高飞后越过马路，飘至马路对侧上空，恰有过路车辆将风筝线刮断，飘落的风筝及风筝线缠到了正骑自行车路过的李某头部，造成李某面部、颈部受伤，后李某被及时送医治疗，但面部、颈部伤愈后却留下瘢痕。现李某诉至法院，要求王某赔偿其医疗费及面部、颈部伤痕修复费等相关损失。

【裁判结果】

法院经审理认为，道路是车辆、行人通行的基础设施并非休闲娱乐的场所。王某作为具有完全民事行为能力的成年人，应当知晓在道路上放风筝，存在剐蹭行人、车辆的风险，但其未选择更加空旷的场地，也未提前观察路边环境，而选择在人流密集的交通道路上放风筝并最终造成李某的面部、颈部受伤，故李某被风筝线刮伤并造成财产损失，王某对此存有过错，应承担赔偿责任。且审理过程中经李某申请，法院委托鉴定机构对李某面部、颈部瘢痕修复必要性进行鉴定，鉴定机构出具鉴定意见为李某所受伤情遗留瘢痕具有修复必要性，故法院最终判处王某赔偿李某医疗费以及瘢痕修复费等费用共计 5 万余元。

【法条链接】

中华人民共和国民法典

第一千一百六十五条第一款 行为人因过错侵害他人民事权益造成损害的，应当承担侵权责任。

第一千一百七十九条 侵害他人造成人身损害的，应当赔偿医疗费、护理费、交通费、营养费、住院伙食补助费等为治疗和康复支出的合理费用，以及因误工减少的收入。造成残疾的，还应当赔偿辅助器具费和残疾赔偿金；造成死亡的，还应当赔偿丧葬费和死亡赔偿金。

【法官说法】

从事文体活动时既要尽兴又需尽心，要时刻提高安全意识，注意选择合理场所，避免造成安全隐患。在诸如公园、广场、开阔地等公共场所进行体育锻炼时，一些看似危险性不高的体育活动也有可能带来严重损害结果。放风筝作为一项传统民俗活动广受青睐，但看似“柔弱”的风筝线一旦高飞就存在一定危险性。如果疏忽大意造成损害后果，则可能因过错承担侵权责任。本案中，王某选择在人行横道放风筝，对事故的发生存在主观过错，对给李某造成的合理损失应当承担赔偿责任。此外，风筝线一般韧性极强，一旦飞上天空，可以造成极大的拉力，危险性极高，且风筝线隐入天空，又难以被过往行人、车辆察觉。因此，在放风筝时应注意以下几点：首先，应选择空旷人少的场地，尽量避开大风天等易引发风筝断线的天气情况；其次，新手或者儿童应在经验丰富的成年人陪同下放风筝，避免风筝失控伤人；再次，在放风筝过程中，有人路过时应主动收线避让，风筝断线后，要及时将风筝断线收回；最后，要注意某些禁放风筝的区域，如在《电力设施保护条例》中明确规定禁止在架空电力线路导线两侧各300米的区域内放风筝，《铁路安全管理条例》中也明确禁止在铁路电力线路导线两侧各500米的范围内升放风筝、气球等低空飘浮物体，如因放风筝扰乱相关单位的正常生产秩序，将要承担相应的法律后果。

5. 祭祀燃烧纸钱引发火灾，应当承担赔偿责任

【裁判要旨】

清明节期间，在野外祭祀燃烧纸钱，引发火灾烧毁他人树木，对该部分财产损失，应当承担侵权赔偿责任。

【基本案情】

刘某 1 在某村有承包地，在地上栽种了树木，其承包地两侧是平原造林地块。刘某 2 在刘某 1 承包地北端土路西侧路边上坟烧纸，因大风引发起火，火势通过平原造林地块向东南方向蔓延至刘某 1 的承包地南半部分，刘某 1 承包地内的部分树木被烧。经现场勘查，过火范围在原告承包地南半部分，承包地内长满杂草，可见零星树木残骸。原告、被告认可起火点往南过火长度为 136 米。原告承包地的东西两侧平原造林树木之间宽度为 27. 5 米，东西两侧还各预留 4 米宽（属平原造林使用范围）用于防止树木遮阴，扣除预留的 8 米剩余宽度为 19. 5 米，现原告实际使用宽度为 25. 7 米，远远超出其承包合同中确定的 8. 17 米。刘某 1 诉至法院，要求判处刘某 2 承担赔偿责任。

【裁判结果】

法院经审理认为，行为人因过错侵害他人民事权益，应当承担侵权责任。被侵权人有权请求侵权人承担侵权责任。侵害他人财产的，财产损失按照损失发生时的市场价格或者其他方式计算。

本案中，刘某 2 因祭扫烧纸引发火灾，烧毁了刘某 1 的承包地上的树木，刘某 2 是直接侵权责任人，应当承担侵权责任，对刘某 1 的合理损失，刘某 2 应予赔偿。关于原告损失数额认定问题，因标的物大部分灭失，中林公司现场勘查后回复无法作出评估鉴定；刘某 1 申请对损失进行评估鉴

定，但因其逾期未交纳评估鉴定费，被委托的某房地产土地资产评估有限公司退回鉴定申请，原告损失数额无法通过评估确定。故本院将根据刘某1种植面积、树龄及管理等情况予以酌定。最终判处刘某2赔偿刘某1树木损失25000元。

【法条链接】

中华人民共和国民法典

第一千一百六十五条 行为人因过错侵害他人民事权益造成损害的，应当承担侵权责任。

依照法律规定推定行为人有过错，其不能证明自己没有过错的，应当承担侵权责任。

第一千一百八十四条 侵害他人财产的，财产损失按照损失发生时的市场价格或者其他合理方式计算。

【法官说法】

清明节是我国缅怀英烈、祭奠逝者、感恩先人的传统节日。然而这个季节气候偏干燥，大风天较多，在拜山祭祖时特别需要注意消防安全，预防火灾的发生。尤其在林覆盖率较高，草木丰盛的地区，林间的朽木、落叶、枯枝都是可燃物、易燃物，为火灾的扩散蔓延提供了有利条件，稍不留神就会酿成大祸。若因祭扫燃火失控毁坏山林和农作物，若与本案情节类似，对他人财产造成了损害，则可能引发财产损害赔偿纠纷，需要承担侵权责任，赔偿被侵权人财产损失。引发火灾情节严重者甚至可能触犯刑法，根据我国刑法规定，过失引起火灾，造成严重后果，危害公共安全的，可以失火罪论处，最高可判处7年有期徒刑。几乎每年清明都有因失火导致火灾的案例，必须引以为戒。时代在发展，过时的封建陋习应该被摒弃，生者的平安健康，才是告慰先人的最大孝行。缅怀先人，重于心胜于形，倡导将祭扫活动重点放在缅怀逝者、寄托哀思、追忆美德上。法官提示大家，要抵制封建迷信活动和低俗祭祀用品，自觉传承家风、崇尚科学，绿色祭扫，理性寄托哀思，严禁在山林、草地燃放烟花爆竹、使用明火，共同防范森林火灾事故发生。

6. 劝酒、陪酒要谨慎，未尽注意义务造成不利后果须担责

【裁判要旨】

在共同饮酒的场合，同饮人之间对人身安全负有注意义务，尤其应当避免强迫饮酒、斗酒等行为。当饮酒者自身负有主要过错时，应承担主要责任，共同饮酒人违反或没有尽到注意义务，应当承担相应责任。

【基本案情】

2021 年 11 月 19 日晚，李某组织生日聚会，邀请十余人聚餐。聚餐开始时，王某因开车没有喝酒，大家共同喝了一口后，分别向李某敬酒。敬酒结束后，酒桌上有六人分成两组比赛喝酒，赵某、钱某、孙某三人一组，李某、周某、吴某三人一组。吴某不胜酒力，不能再喝后被人言语挤对。王某看不下去，遂站出替吴某与赵某、钱某、孙某喝酒，其间冯某曾替吴某喝了两杯啤酒。王某首先连干三杯白酒，赵某、钱某、孙某每人也各喝了一杯白酒，后王某又陆续喝了两三杯白酒，又与赵某、钱某、孙某发生言语冲突，被拉开，未发生肢体冲突。另有张某、韩某、郑某三人在王某喝酒前已提前离开。陈某始终劝阻王某喝酒，在王某喝完三杯白酒后，周某曾将王某酒杯拿过去，不让王某再喝，王某又将酒杯拿回来继续喝酒。王某到家后，发生呕吐，后倒在卫生间内，王某之母拨打“120”送王某去区医院救治，王某经抢救无效后死亡。

王某父母诉于本院，要求组织聚会的李某，参与聚会的赵某、钱某、孙某、吴某、周某、冯某七被告赔偿医疗费、误工费、交通费、死亡赔偿金、丧葬费、精神损害赔偿金。

【裁判结果】

本院经审理认为，王某作为具有完全民事行为能力的成年人，应当了

解自身身体状况及酒精耐受程度，知晓过度饮酒会对其健康乃至生命产生不利后果，其却主动与他人喝酒，且过量饮酒，对损害结果的发生，王某应承担主要责任。七被告与王某同桌饮酒，缺乏危险防范意识及安全注意义务，放任损害结果的发生，应承担次要责任。本院综合双方过错程度及损害后果，确定王某承担70%的责任，七被告承担30%的责任。郑某、张某、韩某在王某喝酒前已提前离开，陈某未参与分组饮酒且全程劝阻王某饮酒，四人不承担责任。在七被告内部，李某作为聚餐组织者，应当对所邀请人员负有主要安全注意义务，在王某饮酒后，有鼓励王某喝酒的意思表示，又与王某发生言语冲突，对损害结果的发生，李某所承担的责任应高于其他被告；赵某、钱某、孙某虽然被动与王某喝酒，但后期与王某对饮形成拼酒，且与王某发生言语冲突，造成王某饮酒过量致损害结果发生，此三人应承担次于李某的赔偿责任；周某、吴某、冯某作为同桌饮酒人员，对其他人员亦负有安全注意义务，其未能有效劝阻王某喝酒，对损害结果的发生，此三人应承担相应责任；七被告内部责任比例，本院综合七被告过错程度予以酌定。最终本院判决：李某赔偿二原告156746.34元，赵某、钱某、孙某各赔偿二原告87081.3元，周某、吴某、冯某各赔偿二原告34832.52元。

【法条链接】

中华人民共和国民法典

第一千一百六十五条 行为人因过错侵害他人民事权益造成损害的，应当承担侵权责任。

依照法律规定推定行为人有过错，其不能证明自己没有过错的，应当承担侵权责任。

第一千一百七十三条 被侵权人对同一损害的发生或者扩大有过错的，可以减轻侵权人的责任。

【法官说法】

在聚会中饮酒，本是一种正常的人际交往行为。但是，大量饮酒会降低人的控制力和判断力，增加产生危险行为或者诱发身体疾病等后果的概率。在共同饮酒的特定场合，同饮人彼此之间对人身安全负有注意义务，尤其应当避免强迫饮酒、斗酒等行为。当饮酒者自身负有主要过错时，应承担主要责任，共同饮酒人彼此之间负有注意义务，违反或没有尽到注意义务，便应当承担相应责任。因饮酒产生人身损害后果，权利人起诉要求共同饮酒人赔偿的民事案件时有发生。本案中，聚餐组织者与同饮人须承担赔偿责任，王某失去了年轻的生命，其家庭也遭受了令人悲痛的损失。如今随着生活条件的改善，聚餐饮酒已近乎常事。法官提示大家，小酌虽可怡情，大饮难免伤身。聚餐中饮酒一定增强风险意识，避免过量饮酒，同饮人之间不要斗酒、强迫喝酒，对席间过量饮酒者应及时关注并尽到必要的帮扶，一起塑造健康、文明的饮酒风气。

7. 幼童被电梯缝隙夹手受伤，未尽安全保障义务经营者要担责

【裁判要旨】

经营场所的经营者，除负有为消费者提供符合安全标准的设施、设置必要安全标志的义务外，还应勤勉地尽到对不法侵害的防范和制止义务；未完全尽到安全保障职责，应对损害承担一定的责任。

【基本案情】

2021 年 5 月，2 岁的季小某在父亲季某和母亲胡某陪伴下到某购物中心购物。在乘自动扶梯下行时，季某站在胡某和季小某前面，胡某边看手机边牵着坐在扶梯台阶上的季小某。过程中，季小某用左手触摸扶梯缝隙后受伤，仍在看手机的胡某感受到季小某的异常后将其拽起抱离扶梯。伤情经诊断为“掌背静脉断裂（左）、伸指肌腱部分断裂（左示中环指）、皮肤裂伤（左手）”。因双方协商未果，季小某以购物中心电梯存在安全隐患，提示标语被垃圾桶挡住，购物中心未尽到安全保障义务为由，将该购物中心诉至法院要求赔偿医疗费、护理费等共计 3.5 万余元。

事发后，经执法人员和特检所技术人员现场对该购物中心自动扶梯进行查看，扶手带开口处与扶手支架之间的距离未超过 8 毫米，电梯护壁板相互间距离均小于 4 毫米，符合检规要求。

【裁判结果】

法院经审理后认为，根据购物中心提交的现场照片、自动扶梯与自动人行道定期检验报告等证据，可以认定购物中心在硬件设备的保障和维护、对安全的提示方面尽到了一定的安全保障义务。但购物中心对季小某

坐在自动扶梯上的行为未及时进行制止，在其受伤后未及时进行救助，故应认定购物中心并未完全尽到安全保障职责，应对季小某受伤造成的损害承担一定责任。由于季小某作为年仅2岁的幼儿，对自身行为的后果缺乏认知和预见能力，作为监护人的季某和胡某理应对其进行安全教导及必要看护。而季小某坐在扶梯台阶上的行为监护人未制止，其母在乘扶梯时虽对其进行牵引，但注意力在事发前却一直集中在手机上，对季小某多次触摸扶梯缝隙的危险行为未及时尽到教导和保护职责，故其监护人对其所受损害亦存在过错。综合考虑双方的过错程度并结合案件具体情况，最终酌定由季小某及其父母承担70%责任，由购物中心承担30%责任。依法判决购物中心赔偿季小某医疗费、护理费等共计7700余元。

【法条链接】

中华人民共和国民法典

第一千一百九十八条第一款　宾馆、商场、银行、车站、机场、体育场馆、娱乐场所等经营场所、公共场所的经营者、管理者或者群众性活动的组织者，未尽到安全保障义务，造成他人损害的，应当承担侵权责任。

【法官说法】

安全保障义务是指经营者在经营场所对消费者、潜在消费者或者其他进入服务场所者人身、财产安全依法承担的安全保障义务，即在特定的服务场所，权利人的人身和财产安全应当得到保障，义务人应对这种安全保障采取必要的、具有期待可能性的防范措施，保护权利人免于危险的义务。购物中心除负有为消费者提供符合安全标准的设施、设置必要安全标志的义务外，还应勤勉地尽到对不法侵害的防范和制止义务。

具体到本案中，其负有对消费者违反乘梯规则的行为及时进行制止、对事故受害者及时进行救助的义务。根据现场监控视频，季小某在乘扶梯时坐在台阶处，购物中心未及时予以制止，且在季小某受伤后未及时采取救助措施，故购物中心并未完全尽到安全保障职责，应对季小某受伤造成的损害承担一定责任。法官提示，家长们一定要注意看护好孩子，尤其在扶梯、直梯等较危险的场所，采取必要措施，防止将未成年人处于危险之中，同时应承担起对未成年人实施家庭教育的主体责任，结合未成年人的生理、心理、智力发展等状况进行安全知识教育，增强其自我保护的意识和能力。商场等公共场所的管理人，也必须采取有效的防范措施，主动做好提醒、告知工作，提供安全的活动场所。

8. 医院诊疗过程出过错，延误疾病确诊要担责

【裁判要旨】

患者若在诊疗活动中受到损害，在诉讼中通过委托专业的鉴定机构鉴定后证明医疗机构或者其医务人员在诊疗过程中存在过错，法院将参考鉴定意见，结合过错情节、因果关系、损害后果等多个因素确定医疗机构的民事赔偿责任。

【基本案情】

许某因感觉浑身无力、嗓子疼痛前往某医院就诊，经检查后诊断为急性会厌炎、口腔溃疡，某医院对其进行输液治疗。3 日后许某的症状并未得到改善，于是某医院又对其进行血常规检查。经检查，许某白细胞异常，某医院建议其到上级医院进一步治疗。次日，许某在上级医院检查，因怀疑急性白血病被收院诊治。4 日后，许某经抢救无效死亡，死亡诊断为急性髓系白血病等。为此，许某的亲属自行支付医疗费 35515. 41 元。许某之女是许某的唯一继承人，许某之女认为某医院存在医疗过错，导致许某未得到及时有效治疗而去世，故诉至法院要求某医院赔偿其各项经济损失合计 16 万余元。

【裁判结果】

经许某之女申请，法院对某医院的医疗行为启动司法鉴定。司法鉴定机构出具的鉴定意见认为，某医院对被鉴定人许某诊疗过程中存在问诊不详、查体不细、对病情评估不全面、抗炎药使用不严谨的过错，但上述过错的纠正并不足以改变被鉴定人许某严重病情的进展；该过错对被鉴定人许某疾病的确诊产生一定程度的延误，但被鉴定人许某死亡属于自身疾病转归所致，与医方的过错不存在直接因果关系；建议医方责任程度为轻微

作用、原因力为5%－15%（建议10%）为宜。结合案件相关事实，法院对该鉴定意见予以确认。某医院虽对鉴定意见不认可，但未提供相反证据证明其主张，故对其异议不予采纳。根据案件事实并参考鉴定意见，酌定某医院应承担10%的赔偿责任。法院最终判决某医院赔偿许某之女医疗费、护理费、交通费、住宿费、住院伙食补助费、营养费、死亡赔偿金、丧葬费、复印费、辅助器具费、精神损害抚慰金共计165689.16元。

【法条链接】

中华人民共和国民法典

第一千二百一十八条 患者在诊疗活动中受到损害，医疗机构或者其医务人员有过错的，由医疗机构承担赔偿责任。

【法官说法】

医疗纠纷是基于医疗行为，在医患双方之间产生的对诊疗过程或者医疗结果及其原因有不同认知而导致的纠纷。若确因医疗机构或医务人员过错导致患者损害发生的，需要承担赔偿责任。但由于医学发展的局限性、疾病的复杂性等原因，在临床医学实践中，未能正确诊断病情的情形并不鲜见，这些诊疗行为并非均系过失行为，而诊疗行为是否违反医疗卫生法律法规、违反诊疗规范以及医疗过失行为与损害结果之间是否存在因果关系等问题，均系涉及医疗领域的专门性问题，属于事实判断的范畴，根据我国民事诉讼法的相关规定，在诉讼中对以上问题的判断一般通过委托鉴定，由专业的鉴定机构进行判断，从而得出关于事实判断的鉴定意见。鉴定意见是法院审理案件的重要参考依据，而民事责任的确定，不仅仅依据鉴定意见，还需要考虑过错情节、因果关系、损害后果等多个因素。审判人员依照法定程序，全面客观地审核证据，从形式和实质上对鉴定意见进行审查。经审查，本案的鉴定意见符合证据标准。

本案鉴定意见显示医务人员在诊疗活动中存在问诊不详、查体不细、对病情评估不全面、抗炎药使用不严谨的问题，即未尽到与当时的医疗水平相应的诊疗义务，造成延误患者疾病确诊的后果，对患者造成了一定的损害，医疗机构应当对此承担赔偿责任；但许某的死亡系因急性髓系白血病等，与医方的过错不存在直接因果关系，故而某医院只承担与原因力大小相当的赔偿责任。

医者仁心，医生是一份职业，也是一份责任，患者将自己的生命交到医生手中，医生的责任重大，这也提醒医务人员，在诊疗过程中必须严格执行诊疗规范等，尽职尽责，保障患者安全。

9. 私存罂粟籽，涉嫌非法持有毒品原植物种子罪

【裁判要旨】

非法持有未经灭活的毒品原植物种子，数量较大，其行为侵犯了国家对毒品的管理制度，构成非法持有毒品原植物种子罪，依法应予惩处。

【基本案情】

2019 年，被告人郭某某将从集市上买来的菜籽种在自家院里，后来发现长出两三棵罂粟。被告人郭某某觉得罂粟花十分美丽，便留下罂粟籽，连续两年种植在自家院中观赏，直到案发。后民警查获净重 53.84 克的罂粟科罂粟属罂粟种子，未灭活。公诉机关认为，被告人郭某某明知是毒品原植物种子而非法持有，妨害社会管理秩序，其行为触犯了《中华人民共和国刑法》第三百五十二条的规定，应当以非法持有毒品原植物种子罪追究其刑事责任。

【裁判结果】

法院经审理认为，毒品是全人类的公害。我国严厉打击一切涉毒违法犯罪活动。本案中，被告人郭某某非法持有未经灭活的毒品原植物种子，数量较大，其行为侵犯了国家对毒品的管理制度，已构成非法持有毒品原植物种子罪，依法应予惩处。公诉机关指控罪名成立，本院予以支持，量刑建议适当，本院应予采纳。被告人郭某某经民警电话通知到案后如实供述自己的罪行，系自首，且认罪认罚，可依法从轻处罚并适用缓刑。辩护人的辩护意见，本院予以采纳。据此，根据被告人郭某某犯罪的事实、犯罪的性质、情节和对社会的危害程度，法院判决被告人郭某某犯非法持有毒品原植物种子罪，判处拘役四个月，缓刑六个月，并处罚金人民币一千元。

【法条链接】

中华人民共和国刑法

第三百五十二条　非法买卖、运输、携带、持有未经灭活的罂粟等毒品原植物种子或幼苗，数量较大的，处三年以下有期徒刑、拘役或者管制，并处或者单处罚金。

【法官说法】

罂粟是一种最广为人知的毒品原植物，是制取鸦片的主要原料，鸦片的多种提取物便是毒品。世界各国普遍严格约束罂粟的种植和持有。我国对一切涉毒品类的违法犯罪行为是绝对“零容忍”的态度，明令禁止一切未经许可擅自种植罂粟或买卖、运输、携带、持有罂粟种子或者幼苗的行为。《中华人民共和国治安管理处罚法》第七十一条第一款规定，非法种植罂粟不满五百株或者其他少量毒品原植物种子的；非法买卖、运输、携带、持有少量未经灭活的罂粟等毒品原植物种子或者幼苗的；非法运输、买卖、存储、使用少量罂粟壳的；处十日以上十五日以下拘留，可以并处三千元以下罚款；情节较轻的，处五日以下拘留或者五百元以下罚款。一旦种植罂粟五百株以上或其他毒品原植物数量较大的，便触犯了《中华人民共和国刑法》，构成非法种植毒品原植物罪，非法买卖、运输、携带、持有罂粟种子或者幼苗数量较大的，构成非法买卖、运输、携带、持有毒品原植物种子、幼苗罪。法官提示，广大人民群众要加强对毒品本身的认识，辨别毒品原植物，筑起对毒品原植物“零触碰”的高压线，自觉抵制毒品，不种或自觉铲除毒品原植物，有效遏制毒品原植物的蔓延。

10. 未成年人公园内骑自行车致人损伤，监护人应当承担相应责任

【裁判要旨】

行为人违反公园管理规定，在公园内骑自行车玩耍，造成他人摔倒受伤，系因过错侵害他人民事权益，应承担民事赔偿责任。若行为人是限制民事行为能力人，其监护人未尽到监护义务的，与行为人一同对损害的发生承担相应责任。

【基本案情】

9岁的曹某在家人带领下来到公园骑儿童自行车玩耍，适有赵某和朋友在公园内打羽毛球锻炼，曹某与赵某发生碰撞，赵某倒地受伤。事发后，赵某随即被送往医院治疗，经诊断为腕骨骨折、手外伤。赵某遂起诉到法院，要求曹某及其监护人承担侵权责任，赔偿其各项损失。

【裁判结果】

法院经审理认为，我国法律规定，行为人因过错侵害他人民事权益的，应当承担民事责任。在事发公园入口处有“禁止非机动车及犬进入(童车残疾车除外)”的告示牌。曹某在公园内骑儿童自行车玩耍，但儿童自行车并非童车范畴，曹某违反了公园管理规定，违背了公共秩序，曹某存在过错，由此造成赵某摔倒受伤，应承担赔偿责任。但曹某是限制民事行为能力人，因其监护人未尽到监护义务，对损害的发生也应当承担相应责任，所以本案赔偿责任应当由曹某与其监护人共同承担。最终，法院依法判决曹某及其监护人赔偿赵某医疗费、护理费、营养费、交通费及鉴定费共计1.3万余元。

【法条链接】

中华人民共和国民法典

第一千一百八十八条　无民事行为能力人、限制民事行为能力人造成他人损害的，由监护人承担侵权责任。监护人尽到监护职责的，可以减轻其侵权责任。

有财产的无民事行为能力人、限制民事行为能力人造成他人损害的，从本人财产中支付赔偿费用；不足部分，由监护人赔偿。

【法官说法】

公共秩序是为维护社会公共生活所必需的秩序，它包括了公共场所秩序。公园作为人们休闲娱乐的公共场所，其管理规定即公共秩序，需要社会公众的普遍遵守，以便维护公园的正常活动，维护公众的合法利益。违反公共秩序的人，侵害他人民事权益，应当对自己的行为承担相应的责任。无民事行为能力人、限制民事行为能力人造成他人损害的，由监护人承担侵权责任。

本案中，事发公园入口处有“禁止非机动车及犬进入（童车残疾车除外）”的告示牌，从一般理性人角度分析，儿童所骑的自行车与成人所骑自行车除外形差异外，其他并没有较大不同，儿童自行车不应属于童车范畴，而应属于禁止入园的非机动车范畴。在禁止非机动车进入的公园内骑自行车，明显违反公园管理规定，违背公共秩序，存在侵害他人合法权益的危险。曹某正因为存在违反了公园管理规定、将自行车骑入公园内的危险行为，并因此与赵某发生碰撞，造成赵某受伤的损害后果，侵犯了赵某的合法权益，故而需要承担相应的民事赔偿责任。本案危害行为的实行者曹某是限制民事行为能力人，曹某父母作为曹某的监护人，应当尽到监护职责，在看到公园管理规定时提醒并制止曹某的危险行为，但却未能做到，即未尽到监护职责，故而曹某的父母应当对曹某的行为承担相应侵权责任。

法官提示，由于未成年人缺乏公共秩序意识与规则意识，缺乏对日常生活中侵权行为造成他人损害的认知能力，对侵权行为造成的损害后果也缺乏清晰的认识，故家长要注意培养未成年人遵守公共秩序的规则意识，尽到监护义务，加强对未成年人的约束和管教。如果发生了未成年人致他人财产损害的情形，侵权方的家长作为监护人应当依法承担相应的赔偿责任，用实际行为教会孩子负责任、有担当。

第九章　道路交通

1. 村道塌陷致使村民摔伤，未尽到安全保障义务的村委会应予赔偿

【裁判要旨】

村委会作为村内道路的管理者和维护者，对属于其管理范围内的路面负有安全保障义务，因未尽到管理维护职责，导致出行人员摔倒受伤的，应当在侵权责任范围内承担赔偿责任。

【基本案情】

2021 年 9 月，村民许某骑三轮电动车由东向西在村内道路行驶，途经一井盖处，因路面塌陷，路面与井盖外沿之间形成大坑，导致许某的车辆侧翻，许某摔倒受伤。许某当日被送往区医院救治，其伤情经诊断为“肱骨近端骨折、头皮血肿、脑外伤后神经官能症性反应”等，许某为治伤花费医疗费 4235.01 元。2022 年许某将村委会起诉至法院。许某认为，村委会作为村内道路的管理者，对村内道路负有管理、维护的义务，因其未尽到安全管理义务导致自己受伤，理应赔偿由此造成的各项经济损失。村委会辩称，一方面，许某作为本村常住居民，对村内道路路况较为熟悉，摔伤系其自身不慎所致。另一方面，村委会未及时维护村道，系因无财政专项拨款，据此，村委会不应承担赔偿责任。

【裁判结果】

法院经审理认为：村委会作为村内道路的管理者和维护者，对路面符合安全行驶条件负有保障责任，因村委会未尽到管理维护职责，导致许某受伤，应当承担许某的全部合理损失。关于应予赔偿的具体数额，法院综合考虑许某伤情、就医次数、误工情况等因素，判决由村委会赔偿许某医疗费、护理费、营养费、交通费、误工费等各项损失共计 28269.8 元。

【法条链接】

中华人民共和国民法典

第一千一百九十八条第一款 宾馆、商场、银行、车站、机场、体育场馆、娱乐场所等经营场所、公共场所的经营者、管理者或者群众性活动的组织者，未尽到安全保障义务，造成他人损害的，应当承担侵权责任。

【法官说法】

近年来，由于农村道路管理缺位，道路存在安全隐患，引发的交通事故时有发生，影响了人民群众的交通安全。根据《中华人民共和国民法典》的相关规定，公共场所的管理者等安全保障义务主体，应在合理限度范围内使他人免受人身及财产损害。《最高人民法院关于审理道路交通事故损害赔偿案件适用法律若干问题的解释》第七条第一款规定，因道路管理维护缺陷导致机动车发生交通事故造成损害，当事人请求道路管理者承担相应赔偿责任的，人民法院应予支持。但道路管理者能够证明已经依照法律、法规、规章的规定，或者按照国家标准、行业标准、地方标准的要求尽到安全防护、警示等管理维护义务的除外。上述规定，明确了道路管理者对道路的管理职责，因道路管理维护缺陷导致机动车发生交通事故造成损害，管理人须承担相应的赔偿责任。实践中，农村道路根据道路建设主体和公路等级，分别由村民委员会、乡镇人民政府、县（区）级交通运输管理部门维护和管理，管理者对辖区内公路负有法定的安全巡查、危险警示、道路养护、路面清障等职责，针对问题路段，应及时维修或设置必要的警示标牌，保障驾驶人员的行车安全。

村委会作为村内公共场所的管理者，不仅应当对场所内的建筑物、设备、安全设施等的安全性负责，确保其符合要求、运行良好，还应当安排适当的人员、制定合理的规章制度保障进入场所或参加活动者的安全，包括警告、指示说明、通知等。具体到本案，涉案村内道路路面塌陷，路面与井盖外沿之间形成大坑，不具备安全行驶条件，但村委会对坍塌路面段未及时进行修缮，亦未提前预警或在周围设置警示标志及防护措施，造成许某车辆侧翻摔伤。对此，村委会应当承担侵权责任。

该案件也启示我们，公共场所的相关管理主体应当增强安全保障意识，定期排查场所内可能存在的安全隐患，对于已发现隐患的区域，要设置警示标识并及时修缮，以保障群众的人身财产安全。广大市民外出时，也要做好安全防范，出行切忌冒进、急躁，做好自身安全的第一责任人！

2. 妨害公共交通工具安全驾驶，依法获刑

【裁判要旨】

妨害公共交通工具安全驾驶的行为具有高度危险性。对于在公共交通工具行驶过程中因司乘纠纷而引发的抢夺方向盘、互殴、厮打等妨害安全驾驶行为，需要结合在案的证据综合判定，以妨害安全驾驶罪定罪处罚。

【基本案情】

2021 年 3 月，刘某在乘坐公交车时，因刷卡问题与驾驶员发生争执，后刘某用手掌拍打正在驾车的驾驶员头部，致公交车急刹停在道路上。跟车人员立即报警，后驾驶员被送往医院检查。公诉机关认为，被告人刘某对行驶中的公共交通工具的驾驶人员使用暴力，干扰公共交通工具正常行驶，危及公共安全，其行为触犯了《中华人民共和国刑法》第一百三十三条之二，应当以妨害安全驾驶罪追究其刑事责任。

【裁判结果】

法院经审查认为，为依法惩治妨害安全驾驶违法犯罪行为，保护人民群众的生命财产安全，《中华人民共和国刑法修正案（十一）》将对行驶中的公共交通工具的驾驶人员使用暴力或者抢控驾驶操纵装置，干扰公共交通工具正常行驶并危及公共安全的行为纳入了《中华人民共和国刑法》的规制范围。公民无视法律规定，实施妨害安全驾驶等严重破坏社会秩序和危害公共安全的行为，将依法受到刑法制裁。

本案中，被告人刘某无视国家法律，对行驶中的公共交通工具的驾驶人员使用暴力，干扰公共交通工具正常行驶，危及公共安全，其行为已构成妨害安全驾驶罪，依法应予惩处。被告人刘某到案后如实供述自己的罪行，并认罪认罚，可以从宽处理。据此，人民法院依法判决被告人刘某犯

妨害安全驾驶罪，判处有期徒刑六个月，罚金人民币二千元。

【法条链接】

中华人民共和国刑法

第一百三十三条之二 对行驶中的公共交通工具的驾驶人员使用暴力或者抢控驾驶操纵装置，干扰公共交通工具正常行驶，危及公共安全的，处一年以下有期徒刑、拘役或者管制，并处或者单处罚金。

前款规定的驾驶人员在行驶的公共交通工具上擅离职守，与他人互殴或者殴打他人，危及公共安全的，依照前款的规定处罚。

有前两款行为，同时构成其他犯罪的，依照处罚较重的规定定罪处罚。

【法官说法】

安全驾驶无小事。近年来，抢夺公共交通工具方向盘，侮辱、殴打公交驾驶员等干扰驾驶的“车闹”行为时有发生，不仅威胁驾乘人员安全，还威胁到公共安全。自 2018 年“10 · 28”重庆万州公交坠江事故的悲剧发生后，公共交通工具的安全问题引发社会广泛关注。司法实践中，在《中华人民共和国刑法修正案（十一）》实施前，多适用以危险方法危害公共安全罪对抢夺方向盘、殴打驾驶员等妨害安全驾驶的行为定罪处罚。《中华人民共和国刑法修正案（十一）》增加第一百三十三条之二新增“妨害安全驾驶罪”，明确规定对行驶中的公共交通工具的驾驶人员使用暴力或者抢控驾驶操纵装置，干扰公共交通工具正常行驶，危及公共安全的，处一年以下有期徒刑、拘役或者管制，并处或者单处罚金。该条同时规定有前款行为，同时构成其他犯罪的，依照处罚较重的规定定罪处罚。即，人民法院对行为人实施上述行为的，将综合考虑公共交通工具的行驶速度、通行路段情况、载客情况、妨害安全驾驶行为的危害大小等因素，一旦构成其他犯罪的，将按照处罚较重的予以定罪处罚。

道路千万条，安全第一条。妨害公共交通工具安全驾驶的行为具有高度危险性，极易引发重大交通事故，造成人身伤亡和财产损失，严重威胁公共安全，对行驶中的公共交通工具的驾驶人实施侵害行为，危害公共安全的，将受到法律严惩。建议广大司乘人员切实提高规则意识、法治意识和安全意识，依法做文明乘客，遇到矛盾纠纷时，务必控制好情绪，少一些冲动，多一些冷静，少一些抱怨，多一些理解，切不可为逞一时之快，任性妄为，触碰法律底线，危及公共安全，最终追悔莫及。

3. 出租车司机恶意“碰瓷”违章司机，被判敲诈勒索罪

【裁判要旨】

“碰瓷”司机故意制造交通事故，假装人身财产受损，借机向被害车主索赔，被害车主因自己也存在交通违法行为，自愿交付财产给行为人。如行为人以虚构事实、隐瞒真相的方法，使被害人对事故发生的真正原因产生错误认识并根据该错误认识实施赔偿进行，达到取得财物的目的，符合诈骗罪的构成要件。如被害车主没有基于行为人的欺骗自愿交付财物，行为人为实现非法占有的目的相威胁，致使基于内心恐惧而交付财物的，行为人构成敲诈勒索罪。

【基本案情】

赵某系某出租车公司专职司机，驾龄较长，且拥有丰富的机动车驾驶经验。2018 年 3 月 21 日至 2020 年 9 月 27 日，赵某利用熟知交通规则及驾驶出租车的身份便利，多次故意与违章驾车的司机发生交通事故，又以自行走保险修车，但需要对方车主单独赔偿出租车“份钱”为由进行要挟，索要赔偿款。

赵某利用此方式，前后与 13 名司机发生交通事故，索要赔偿款达 14760 元。后在公安机关开展的执法行动中，赵某违法行为被查获，并被检察机关依法提起公诉。

【裁判结果】

法院经审理认为，被告人赵某以非法占有为目的，借“碰瓷”多次敲诈勒索他人财物，数额较大，侵犯他人财产权利，其行为构成敲诈勒索罪。法院综合考虑赵某之犯罪手段、退赔情节及认罪态度等，判处赵某有

期徒刑十个月，并处罚金人民币一万元。

【法条链接】

中华人民共和国刑法

第二百七十四条 敲诈勒索公私财物，数额较大或者多次敲诈勒索的，处三年以下有期徒刑、拘役或者管制，并处或者单处罚金；数额巨大或者有其他严重情节的，处三年以上十年以下有期徒刑，并处罚金；数额特别巨大或者有其他特别严重情节的，处十年以上有期徒刑，并处罚金。

中华人民共和国道路交通安全法

第七十六条第二款 交通事故的损失是由非机动车驾驶人、行人故意碰撞机动车造成的，机动车一方不承担赔偿责任。

【法官说法】

近年来，“碰瓷”现象时有发生。2020 年 9 月 22 日，“两高一部”印发《关于依法办理“碰瓷”违法犯罪案件的指导意见》指出，所谓“碰瓷”，是指行为人通过故意制造或者编造其被害假象，采取诈骗、敲诈勒索等方式非法索取财物的行为。实践中，一些不法分子有的通过“设局”制造或者捏造他人对其人身、财产造成损害来实施；有的通过自伤、造成同伙受伤或者利用自身原有损伤，诬告系被害人所致来实施；有的故意制造交通事故，利用被害人违反道路通行规定或者酒后驾驶、无证驾驶、机动车手续不全等违法违规行为，通过被害人害怕被查处的心理来实施；有的在“碰瓷”行为被识破后，直接对被害人实施抢劫、抢夺、故意伤害等违法犯罪活动等。

本案中，被告人赵某系专职出租车司机，具有丰富的驾驶经验，其明知在驾驶过程中，遇到后方超车、前车并道、对向车辆转弯时，应当文明礼让，以避免两车碰撞发生交通事故。但在行车过程中，赵某却利用“变道让直行”“转弯让直行”等交通规则频繁制造交通事故，获取不义之财，是典型的“碰瓷”行为。根据刑法相关规定，故意制造交通事故，进而利用被害人违反道路通行规定或者其他违法违规行为相要挟的，以敲诈勒索罪定罪处罚。

众所周知，“碰瓷”行为具有高度危险性，不仅严重危害人民群众的人身财产安全，还严重扰乱了社会秩序，败坏了社会风气，应当严厉打击和抵制。法网恢恢，疏而不漏。建议广大司机要洁身自好，遵守交通法规，切勿怀有侥幸心理以身试法，获取不义之财。增强防范意识，严格遵守交通法规，注意观察周边情况，保持安全车距，不给“碰瓷者”可乘之机。一旦被“碰瓷”时，要敢于报警处理，不要私了。而后可以利用车辆的行车记录仪和周边的视频监控作为证据，证明碰瓷者为过错方，不予赔偿。行为人对此会放弃索赔，否则等待他们的将是法律的制裁！

4. “好意同乘”搭车人明知司机醉酒而乘车，可以减轻司机的损害赔偿责任

【裁判要旨】

“好意同乘者”因交通事故导致人身损害，侵权责任人有过错的，应当承担相应的损害赔偿责任。“好意同乘者”也有过错的，可减轻侵权责任人的责任，如明知驾驶员无证或者酒驾或者其不戴头盔等情形。

【基本案情】

赵某与李某系同村村民，2019 年某中午二人在李某家饮酒后，李某搭乘赵某驾驶的三轮车前往某处种树，途中发生单方交通事故，赵某驾驶动力装置驱动的三轮车（无号牌），李某乘坐其中，在由北向南行驶时，三轮车失控与山体接触后侧翻，造成车辆损坏，赵某与李某受伤。事故发生后，李某被送至医院抢救，被诊断为脑出血、颅骨骨折，后经抢救无效死亡。交通管理部门对事故原因进行了分析，并对当事人导致交通事故的过错及责任进行了认定。赵某未取得机动车驾驶证，酒后驾驶未经公安机关交通管理部门登记的三轮车上道路行驶，未确保安全，与本起道路交通事故的发生有因果关系，是事故发生的全部原因。赵某为全部责任，李某无责任。赵某因犯交通肇事罪，被判处有期徒刑一年零二个月。李某的法定继承人将赵某诉至法院要求赔偿各项损失共计 48 万元。

【裁判结果】

法院经审理认为，根据民法典的规定，非营运机动车发生交通事故造成无偿搭乘人损害，属于该机动车一方责任的，应当减轻其赔偿责任，但是机动车使用人有故意或者重大过失的除外。综合本案的事实情节，李某搭乘赵某车辆的情形可以被认定为“好意同乘”。本案争议点在于责任认

定。一方面，赵某作为完全民事行为能力人，对自身行为有认知和控制能力，其明知自己没有驾驶资格，车辆没有牌照，仍然酒后驾驶，该行为违反了《中华人民共和国道路交通安全法》的相关规定，且经交通管理部门认定对交通事故承担全部责任，据此应当认定赵某之行为构成侵权，应当对李某承担赔偿责任。另一方面，交通管理部门对行政违章责任的划分，是根据违章行为与交通事故之间的因果关系来确定当事人是否负有交通事故责任，不应作为确认当事人过错程度、承担民事责任的唯一依据。虽然李某作为乘车人不负交通事故责任，但其明知赵某饮酒，驾驶机动车具有危险性，其非但没有及时劝阻，反而纵容赵某驾驶车辆上路行驶，并主动搭乘该车辆，应当属于对法律明令禁止性行为采取放任态度。综上，应当认定李某自身存有一定的过错，应当对死亡后果承担一定的责任。综上，法院综合当事人过错程度与损害后果之间的因果关系确定由赵某承担60%的赔偿责任，剩余40%的责任由李某之法定继承人自行承担。最终依法判决赵某赔偿各项损失共计15万余元。

【法条链接】

中华人民共和国民法典

第一千一百七十三条　被侵权人对同一损害的发生或者扩大有过错的，可以减轻侵权人的责任。

第一千二百一十七条　非营运机动车发生交通事故造成无偿搭乘人损害，属于该机动车一方责任的，应当减轻其赔偿责任，但是机动车使用人有故意或者重大过失的除外。

【法官说法】

“好意同乘”是指驾驶人出于善意无偿的邀请或者允许他人搭乘自己车辆的非营运行为。本案中李某明知驾驶人醉酒仍乘坐，最终发生重大交通事故。“好意同乘”时无偿搭乘人明知车辆使用人醉酒，仍然搭乘其驾驶的车辆，发生交通事故时，虽然机动车使用人可能存在重大过失，但因无偿搭乘人存在明显的过错，故应减轻机动车使用人的赔偿责任。

“好意同乘”属于好意施惠的情谊行为，与我国社会主义核心价值观相契合，当“好意同乘”构成减责事由时，应减轻机动车一方的赔偿责任。本案在鼓励人际友善、利他行为与法律责任承担方面寻求平衡，有助于进一步规范好意施惠人安全驾驶行为，强化“好意同乘”中搭乘人安全意识、风险意识，引导人们采取合法适当的方式实施善行，具有正面的社会示范效应。

在此温馨提示，朋友聚餐宴请的本意是增进彼此友情，但相互之间也应尽到合理安全注意义务。饮酒期间，要相互提醒适量饮酒。酒后应相互劝阻驾驶车辆，履行安全护送义务。

5. 机动车未依法投保交强险发生事故的，投保义务人应在交强险责任限额内进行赔偿

【裁判要旨】

交强险是由我国法律规定的强制性保险，旨在确保第三人及受害人因交通事故受到损害时能够从保险人处获得及时、便捷的赔偿。如果机动车投保义务人未购置保险发生交通事故，受害人可以请求投保义务人在交强险责任限额范围内进行赔偿。

【基本案情】

2021 年 9 月，李某骑电动自行车由西向东行驶，王某由南向北步行，某客运公司的客车违章停放在路边，导致李某、王某相遇时避让不及时发生交通事故。李某电动车与王某身体接触，导致电动车接触部位损坏，二人均受伤。事发时，客车司机赵某不在车内。经交通管理部门认定，李某、赵某负事故同等责任，王某无责。当日王某到区医院就诊，被诊断为“头外伤神经反应、肋骨骨折”。后王某身体受伤情况经鉴定构成十级伤残。现王某将李某、赵某、某客运公司及保险公司均起诉至法院，要求赔偿医疗费、营养费、护理费、误工费、残疾赔偿金、精神损害抚慰金、鉴定费、交通费等各项损失共计 247784.15 元。

经查，涉案客车投保义务人为某客运公司，其并未对客车投保机动车第三者强制保险，但投保了商业三者险，事故发生在保险期间内。

【裁判结果】

法院经审理认为，行为人因过错侵害他人民事权益，应当承担侵权责任。经交通管理部门认定，李某、赵某对事故发生负同等责任，王某无责任。事发时赵某作为某客运公司员工参与事故处理，系职务行为，其本人

不因此承担责任。故本案中，应由李某、某客运公司分别承担50%的赔偿责任。根据相关法律规定，某客运公司作为肇事车辆的所有人及投保义务人，应首先在交强险责任限额范围内承担赔偿责任；超出交强险范围的部分，由保险公司在商业三者险责任限额范围内承担50%赔偿责任，由李某承担50%赔偿责任；不属于保险范围的，由某客运公司、李某各自承担50%赔偿责任。后依法判决某客运公司赔偿王某医疗费、营养费、护理费、误工费、精神损害抚慰金、交通费、残疾赔偿金189089.95元，某保险公司在商业三者险责任限额内赔偿王某误工费6127元，李某赔偿王某误工费6127元。

【法条链接】

最高人民法院
关于审理道路交通事故损害赔偿案件适用法律若干问题的解释

第十六条 未依法投保交强险的机动车发生交通事故造成损害，当事人请求投保义务人在交强险责任限额范围内予以赔偿的，人民法院应予支持。

投保义务人和侵权人不是同一人，当事人请求投保义务人和侵权人在交强险责任限额范围内承担相应责任的，人民法院应予支持。

【法官说法】

根据《机动车交通事故责任强制保险条例》的规定，在中华人民共和国境内道路上行驶的机动车的所有人或者管理人，应当依照道路交通安全法的规定投保机动车交通事故责任强制保险。机动车交通事故责任强制保险（简称交强险），是指由保险公司对被保险机动车发生道路交通事故造成本车人员、被保险人以外的受害人的人身伤亡、财产损失，在责任限额内予以赔偿的强制性责任保险。该险种其实是一种强制保护，为的是保障机动车交通事故受害第三人获得及时有效救济，同时降低机动车驾驶人的赔偿风险，弥补其偿付能力的不足。发生交通事故后，无论肇事者或受害者是否有责任，均应先由承保交强险的保险公司赔偿。

本案中，某客运公司作为客车车主，是该机动车交强险投保义务人，其未履行投保交强险的义务，应当在交强险责任限额范围内承担无过错责任。因某客运公司未投保交强险，受害人王某的损失在交强险范围内就得不到保险公司的赔偿。因此，应当由某客运公司承担相应的责任。

在此提醒广大车主，投保交强险是法定义务，机动车未投保交强险而上路行驶属于违法行为。交强险不仅保障受害人的权益，也能分担投保责任人的风险。如未投保交强险，即便在事故中无责或次要责任，均需承担交强险责任限额内的“无过错赔偿责任”，切勿因疏忽大意或心存侥幸而“脱保”。否则一旦造成更大损失，将追悔莫及。

6. 行为人醉酒驾车发生事故的，保险人赔偿后有权向实际侵权人追偿

【裁判要旨】

机动车驾驶人醉酒或无证驾驶机动车发生交通事故的，受害人请求保险公司在交强险责任限额范围内承担赔偿责任的，保险公司应予赔偿。保险公司在理赔后，有权在赔偿限额内向实际侵权人进行追偿。应予支持。

【基本案情】

2018 年 7 月深夜，张某醉酒驾驶机动车与丁某驾驶的机动车相撞，造成二人受伤、两车损坏。经交通管理部门认定，张某醉酒驾驶机动车行驶，丁某违反交通信号灯行驶，二人对事故发生负同等责任。张某所驾驶车辆投保了机动车交强险，事故发生在保险期间内。2019 年，丁某将张某及保险公司起诉至法院，法院判决保险公司在交强险限额范围内赔偿丁某医疗费、护理费等各项损失 120000 元。保险公司在给付丁某赔偿款后，认为张某存在醉酒驾驶情节，应当承担最终赔偿责任，遂诉请法院判令张某支付代偿款 120000 元。

审理中，张某辩称其对事故发生负同等责任，不应全额返还保险公司垫付的赔偿款。

【裁判结果】

法院经审理认为，醉酒、服用国家管制的精神药品或者麻醉药品后驾驶机动车发生交通事故导致第三人人身损害，当事人请求保险公司在交强险责任限额范围内予以赔偿，人民法院应予支持，保险公司在赔偿范围内向侵权人主张追偿权的，人民法院应予支持。本案中，保险公司在交强险

责任限额内承担赔偿责任后，即享有对醉酒驾驶的侵权人张某的追偿权，而追偿的范围为保险公司“赔偿范围内”。

因案涉车辆在保险公司处投保了交强险，受害人丁某有权请求保险公司在交强险的限额范围内先行赔偿，判决生效后，保险公司已经履行了上述赔偿义务。因张某系醉酒驾驶，保险公司依法享有向其追偿的权利。故，依法判决张某给付该保险公司垫付的赔偿款共计120000元。

【法条链接】

最高人民法院
关于审理道路交通事故损害赔偿案件适用法律若干问题的解释

第十五条　有下列情形之一导致第三人人身损害，当事人请求保险公司在交强险责任限额范围内予以赔偿，人民法院应予支持：

（一）驾驶人未取得驾驶资格或者未取得相应驾驶资格的；

（二）醉酒、服用国家管制的精神药品或者麻醉药品后驾驶机动车发生交通事故的；

（三）驾驶人故意制造交通事故的。

保险公司在赔偿范围内向侵权人主张追偿权的，人民法院应予支持。追偿权的诉讼时效期间自保险公司实际赔偿之日起计算。

【法官说法】

交强险是国家为了保障机动车交通事故中受害方利益采取的强制性措施，以便受害方能够及时得到救助。而交强险的赔付适用无过错责任，也就是说醉酒、无证驾驶等过错行为不能减轻或免除保险公司的责任。该案中，张某醉酒驾驶发生交通事故造成丁某人身财产损害，因涉案车辆投保了交强险，保险公司理应在交强险限额范围内承担赔偿责任。但交强险的设立并非纵容无证驾驶人逃避法律责任，法律规定保险公司在理赔后，可以向无证驾驶人进行追偿。该案中，保险公司依法履行了对丁某的赔偿义务，因此法院对保险公司向张某提出的追偿诉求予以支持。

在此进行温馨提示，道路千万条，遵纪守法第一条。无证驾驶（准驾不符)、酒驾、毒驾、故意制造交通事故造成损害的，保险公司仅在交强险限额范围内承担先行赔付责任，其依法享有追偿权。违法驾驶人仍是事故责任的最终承担者，切勿因车辆买了保险就麻痹大意、违规驾驶。

7. 遛狗未拴绳犬只被撞死，犬主按过错程度担责

【裁判要旨】

养宠物已经成为社会潮流，很多人都会选择饲养宠物陪伴自己，但遛宠物不拴绳等不文明现象时有发生，极易引发纠纷。司法实践中，如宠物犬未拴绳而被行驶中的车辆撞上，则将根据双方过错程度确定赔偿责任。一般情况下，虽然人与宠物间会建立一定的情感联系和精神依赖，但宠物并不能作为具有人格象征意义的特定物品，宠物饲养人通常无权主张精神损害抚慰金。

【基本案情】

王某饲养了一只法国斗牛犬。某日，王某父亲在小区出口处紧邻行车道的人行通道上遛狗，行至出口处的闸杆时，宠物犬进入行车道，恰逢张某驾驶小轿车驶出，将斗牛犬轧伤致死。后王某将张某及保险公司起诉至法院，要求赔偿购犬款 20000 元、饲养支出 5000 元、精神损害抚慰金 5000 元。

审理中，王某提交购犬合同、犬只身份登记卡等证据，证明购买金额、犬只等级、性别、出生日期等事项。

张某辩称，其驾车驶出小区时，车速并不快，事故发生系因宠物犬未拴绳所致，故不同意赔偿。保险公司辩称，案涉宠物犬并未办理登记，且未拴狗绳，突然出现在行车路线，王某应对此承担全部责任。

【裁判结果】

法院经审理认为，事发地点为小区出口，车流量较大，王某父亲在携犬出户时未对犬束链牵领，对事故的发生应承担主要责任。司机张某在小区出入口等道路情况复杂的路段应对正常行驶负有更高的注意义务，合理

避让出现的车辆、行人以及宠物等。张某未安全、审慎驾驶，对此次事故应承担次要责任。王某主张20000元购犬款，并提供了购犬合同，数额合理，保险公司应在交强险范围内先行赔付，不足部分在商业三者险范围内按责予以赔偿；王某主张的饲养支出损失数额过高，法院根据犬只大小、养犬时间等因素予以酌定；关于王某主张的精神损害抚慰金，法律规定因故意或者重大过失侵害自然人具有人身意义的特定物造成严重精神损害的，被侵权人有权请求精神损害赔偿。本案中，根据已有证据难以认定该宠物犬系具有人格利益，故对王某主张的精神损失赔偿不予支持。法院最终判决保险公司在保险限额内赔付王某财产损失共计8000元。

【法条链接】

中华人民共和国民法典

第一千一百八十三条 侵害自然人人身权益造成严重精神损害的，被侵权人有权请求精神损害赔偿。

因故意或者重大过失侵害自然人具有人身意义的特定物造成严重精神损害的，被侵权人有权请求精神损害赔偿。

【法官说法】

一段时间以来，犬只伤人的事件频频发生，给无数家庭和个人造成了身心上无可弥补的痛苦。因之，中央和地方都陆续出台了有关犬只饲养、管理等方面的规定，提倡依法、文明养犬，养犬应登记、遛狗要拴绳、犬只不扰民、狗便要清理、禁养烈性犬等行为规范。

本案中，虽然王某承受了丧失爱犬的物质损失和精神痛苦，但造成事故的主要原因是王某之父在遛狗时未按照国家规定和文明公约的要求，系好犬绳，应对自身的过错承担相应的法律后果；而车辆驾驶人张某在小区出入口等人流聚集区域，未尽到相应安全保障义务，法院判决其承担部分赔偿责任并无不当。

本案值得关注的是王某主张的精神损害抚慰金一项，目前，我国法律对于动物饲养人的精神损害赔偿问题并无明确规定。法律规定因故意或者重大过失侵害自然人具有人身意义的特定物造成严重精神损害的，被侵权人有权请求精神损害赔偿。现实生活中，虽然人与宠物之间会建立一定的情感联系和精神依赖，但一般情况下，宠物并不能作为具有人格象征意义的特定物品，饲养人无权主张精神损害抚慰金。但存在一些特定情形，比如盲人的导盲犬、经饲养参加重大比赛并获奖、有特殊贡献的功勋犬、孤寡老人或其他特殊人群的陪伴犬等，因这些宠物与主人的生命健康或者名誉等人格利益息息相关，法院可以根据实际情况对其精神损害赔偿的主张酌情予以支持。

在此温馨提示，在现代社会中，自由和责任是对等的。犬只饲养人在饲养犬只时，要以高度的责任心约束好犬只，使之处于自己的有效监管之下，避免犬只伤人、亦避免犬只受到伤害；对于机动车驾驶人来说，面对机动车数量日益增加，而一些老旧小区道路狭窄、路口较多、人车未分流的现状，在小区内行车时，一定要降低车速，多注意观察道路周边情况，避免事故发生。只有大家共同遵守法律法规和社会文明规范，才能更好地避免类似事故的再次发生，共同创造一个更加繁荣、友爱、公平、有活力的社会。

8. 保险人未对免责条款进行提示或说明的，不能免赔停运损失

【裁判要旨】

依法从事货物运输、旅客运输等经营性活动的车辆，因交通事故受损无法从事经营活动产生的停运损失，应由侵权人承担赔偿责任。如侵权人投保了商业三者险，但保险人未就格式条款尽到充分的提示或者说明义务，该免责条款对投保人不生效，保险人不能免除赔偿义务。

【基本案情】

2022 年 6 月 6 日，贾某驾驶轻型厢式货车与马某驾驶的轻型平板货车相撞，造成两车损坏。经交通管理部门认定，马某为全责。后贾某驾驶的轻型厢式货车被送往汽修厂维修，直至 9 月 13 日维修完毕出厂。维修费已由保险公司定损后向汽修厂结算。贾某认为，其驾驶厢式货车主要用于为某大型物流公司运送大件快递，因车辆损坏导致无法正常工作，故将马某及保险公司起诉至法院，要求赔偿停运损失 40000 元。马某辩称，原告主张停运损失过高，合理损失应当由保险公司进行理赔。保险公司辩称，贾某的车辆并非运营车辆，其主张停运损失并无法律依据，且停运损失属于间接损失，不在保险理赔范围内。

【裁判结果】

法院经审理认为，根据《中华人民共和国道路运输条例》第二十四条第三款规定，使用总质量 4500 千克及以下普通货运车辆从事普通货运经营的，无须按照本条规定申请取得道路运输经营许可证及车辆营运证。本案中，贾某的轻型厢式货车虽然登记为非营运车辆，但检测报告显示货车最大设计总质量 4495/kg，基准质量 3300/kg，审理中贾某提交了某大型物流

公司出具的营运收入明细，能够证明该车辆用于货运运输。故对贾某提出的停运损失主张，本院予以支持。关于营运损失的具体数额，由法院综合事故发生前贾某月平均营运收入，在扣除燃油费等成本后，酌定停运损失为每月 6900 元。关于停运时间，因贾某个人原因导致车辆备案耗时较长，受损车辆定损、维修周期延长，故根据实际维修情况酌定停运时间为 2.5 个月。对保险公司提出停运损失系间接损失不予赔偿的辩解意见，因其未提交充分证据证明已对免责条款尽到了提示和告知义务，故不能免除赔偿责任，应在保险限额内予以赔偿。据此，法院判决保险公司赔偿贾某营运损失共计 17250 元。

【法条链接】

最高人民法院
关于审理道路交通事故损害赔偿案件适用法律若干问题的解释

第十二条第三项　因道路交通事故造成下列财产损失，当事人请求侵权人赔偿的，人民法院应予支持：

（三）依法从事货物运输、旅客运输等经营性活动的车辆，因无法从事相应经营活动所产生的合理停运损失；

中华人民共和国保险法

第十七条　订立保险合同，采用保险人提供的格式条款的，保险人向投保人提供的投保单应当附格式条款，保险人应当向投保人说明合同的内容。

对保险合同中免除保险人责任的条款，保险人在订立合同时应当在投保单、保险单或者其他保险凭证上作出足以引起投保人注意的提示，并对该条款的内容以书面或者口头形式向投保人作出明确说明；未作提示或者明确说明的，该条款不产生效力。

【法官说法】

停运损失是指在道路交通事故中发生损害的车辆，如果受损车辆用于货物运输或旅客运输经营活动，在受损车辆修复期间，受害人因不能进行正常的货物运输或旅客运输经营而造成的经济收入的减少。

关于停运损失究竟应该由谁来赔偿，绝大部分人都会有“我有保险，天下不愁”的想法，认为只要购买了保险，发生了交通事故就不用自己赔偿。但是停运损失属于法律规定的间接损失，如只购买了交强险，保险公司并不予理赔；对于停运损失类的间接损失，保险公司一般将其作为商业三者险另行标注。在此情形下，停运损失应当由谁来负担呢？当事人请求保险人在商业三者险范围予以赔偿的，则要看商业三者险合同是否约定相关免责条款，如果没有约定不予赔偿，则保险人应当赔偿。如果约定了对停运损失不予赔偿的免责条款，则还要看保险人是否对该条款尽到了提示与明确说明义务，若保险人未尽到充分的提示与明确说明义务的，那么该免责条款则不产生效力，保险人仍应承担停运损失赔偿责任。

关于停运损失的具体计算，应该按照营运车辆停运时间、日均停运损失来综合计算，而日均停运损失的计算方式主要有以下两种方法：（1）通过鉴定，停运损失的标准参照有效鉴定的鉴定意见确认；（2）未鉴定的，一般按照停运车辆的实际使用人的日均收入结合本地平均营运收入确定。

在此提示，如当事人请求停运损失的，应当明确具体且合理的停运期间及标准，提供详细的证据以主张权利。如夸大停运时间，扩大损失，法院也会依照证据及诚实信用原则核实实际损失作出判决，对于扩大损失的部分产生的诉讼费用，将会由原告承担，因此原告在请求停运损失应当实事求是合理确定。

9. 外卖骑手在登录接单平台期间发生事故的，被侵权人有权向用人单位追偿

【裁判要旨】

在查明外卖骑手不存在请假或无故旷工的情况下，其一经登录软件平台后，即处于随时等待分配订单派送任务的状态，在此期间发生交通事故，无论是否正处于接单配送过程中，均应属于执行工作任务所致，系职务行为。因职务行为造成的损失，被侵权人要求骑手所在单位赔偿的，人民法院应予支持。

【基本案情】

2022 年 1 月 17 日，在北京市某区某镇某路，王某骑电动自行车由南向北行驶，史某骑电动自行车由南向北行驶，王某车左侧与史某车右侧接触，发生交通事故，造成接触部位损坏，王某、史某受伤。事故经交通支队认定，王某负事故全部责任、史某无责。事发后，史某被送往某医院进行救治。经鉴定，史某的伤残等级为十级伤残。双方因赔偿事宜未达成一致，史某诉至法院，要求王某赔偿其医疗费等各项损失 33 万余元。

此外，2021 年 5 月 11 日，王某与北京某贸易有限公司签订劳动合同，王某主要从事外卖配送服务。双方对于劳动合同履行期间王某是否离职存有争议，但双方均认可事发前王某已经重新上班，当日王某没有接到外卖单。事发当日，某贸易有限公司与保险人人保某分公司签订保险协议，其中雇主责任保险雇员清单中有被保险人王某。

【裁判结果】

法院经审理认为，用人单位的工作人员因执行工作任务造成他人损害的，由用人单位承担侵权责任；用人单位承担责任后，可以向有故意或者

重大过失的工作人员追偿。本案中，王某作为某贸易公司的员工，双方已经认可，本院不持异议；尽管双方在合同中约定了工作时间，但根据双方认可的实际情况来看，王某作为骑手的工作时间和工作地点具有较大的灵活性；根据美团接单系统仅能够认定骑手的接单数量，并不能涵盖骑手接单前的工作过程，王某为接单而前往某小区的过程系工作的必要环节，仅以骑手系统中有无接单来判断骑手是否履行职务显然存在不足。王某被要求接单，尽管双方对于要求接单的时间是否为事故当日有争议，但王某自某贸易公司要求其返回岗位之日起具备了开始接单的可能性，且事发当日时间为晚上八点左右，王某头戴某贸易公司头盔，鉴于骑手工作时间和地点灵活特性及某贸易公司系统记录骑手工作的特点，法院认为，王某系前往接单途中发生事故，系履行职务行为。王某因职务行为造成史某之损失，由某贸易公司承担，本案中人保某分公司同意一并解决，故某贸易公司之责任首先由人保某分公司承担，不足部分由某贸易公司承担。

【法条链接】

中华人民共和国民法典

第一千一百九十一条 用人单位的工作人员因执行工作任务造成他人损害的，由用人单位承担侵权责任。用人单位承担侵权责任后，可以向有故意或者重大过失的工作人员追偿。

劳务派遣期间，被派遣的工作人员因执行工作任务造成他人损害的，由接受劳务派遣的用工单位承担侵权责任；劳务派遣单位有过错的，承担相应的责任。

【法官说法】

骑手群体的工作特点是随机性、自主性强，工作时间、地点灵活多变，其日常工作通常是运用手机登录软件平台，等待系统派发任务，骑手根据订单距离、预计配送时间等情况自主选择配送任务接单，以此开展配送活动。

因此，判断骑手在发生事故时是否构成职务行为，不宜将其严格限定为正在完成某笔具体订单配送任务的当下，而是应当结合职务行为的职权性、时空性与身份性，综合考虑骑手当天是否处于履职状态、是否正常开展配送工作等各方面因素进行判定。在查明骑手不存在请假或无故旷工情况下，其一经登录软件平台后，即处于随时等待分配订单派送任务的状态，在此期间发生交通事故，无论是否正处于接单配送过程中，均应属于执行工作任务所致。

本案中，王某与某贸易公司签订劳动合同，王某系某贸易公司的员工，王某系前往接单途中发生交通事故，系履行职务行为。王某因职务行为造成史某之损失，由某贸易公司承担。人保某分公司理赔后，不足部分由某贸易公司承担。

10. 交通事故未造成车辆严重贬值的，不予支持车辆贬值损失

【裁判要旨】

车辆贬值损失未纳入最高人民法院道路交通损害赔偿司法解释规定的财产损失范围内，原则上不予支持。

【基本案情】

2022 年 10 月 10 日，在北京市某区某小区停车场，郑某驾驶的小型普通客车由东向西溜车，刘某驾驶的小型轿车静止，耿某驾驶的小型轿车静止，发生交通事故，造成车辆接触部位损坏，无人受伤。事后某交通大队认定郑某为全部责任，刘某、耿某无责。原告刘某的车是奔驰新车，发生此事故，伤心欲绝，因此事故给原告造成了车辆贬值损失，故起诉至法院，要求郑某赔偿其车辆贬值损失。

【裁判结果】

法院经审理认为，行为人因过错侵害他人民事权益，应当承担侵权责任。本案中，交管部门认定郑某负事故全部责任，当事人对此均无异议，本院予以确认。郑某所驾车辆在人保公司投保了交强险和商业三者险，机动车发生交通事故造成损害，属于该机动车一方责任的，先由承保机动车强制保险的保险人在强制保险责任限额范围内予以赔偿；不足部分，由承保机动车商业保险的保险人按照保险合同的约定予以赔偿；仍然不足或者没有投保机动车商业保险的，由侵权人赔偿。当事人主张车辆贬值损失的，对于造成车辆可修复性外观损坏、可替换性部件损坏等情况，原则上不支持贬值损失。对于购买年限或行驶里程相对较短的车辆造成严重损害，足以使车辆严重贬值，给车辆所有人造成重大损失的，可酌情赔偿贬

值损失。车辆严重损害是指交通事故致使车辆安全性、操作性、稳定性通过维修无法恢复原有性能，使得车辆的使用价值明显降低的情形。

本案中，事故发生时，案涉车辆已购买和使用近 18 个月，行驶里程达到 19596 千米。根据车辆维修项目及其他现有证据，无法认定本次事故给该车造成严重损害，且车辆损坏之处也已通过更换原厂原件的方式进行了修复，故刘某主张案涉车辆贬值损失，缺乏事实和法律依据，本院不予支持。

【法条链接】

中华人民共和国民法典

第一千二百一十三条　机动车发生交通事故造成损害，属于该机动车一方责任的，先由承保机动车强制保险的保险人在强制保险责任限额范围内予以赔偿；不足部分，由承保机动车商业保险的保险人按照保险合同的约定予以赔偿；仍然不足或者没有投保机动车商业保险的，由侵权人赔偿。

【法官说法】

最高人民法院在《最高人民法院关于道路交通损害赔偿司法解释理解与适用》中明确指出：目前我国尚不具备完全支持贬值损失的客观条件，对该项损失持保守态度，倾向于原则上不予支持。2016 年 3 月 4 日，最高人民法院在《关于“关于交通事故车辆贬值损失赔偿问题的建议”的答复》中再次明确：目前，对该项损失的赔偿持谨慎态度，倾向于原则上不予支持。当然，在少数特殊、极端情形下，也可以考虑予以适当赔偿，但必须慎重考量，严格把握。

由此可见，车辆贬值损失未纳入最高人民法院道路交通损害赔偿司法解释规定的财产损失范围内，原则上不予支持。在少数特殊、极端情形下，也可以考虑予以适当赔偿，但必须慎重考量，严格把握。所谓特殊、极端情况，主要考虑车辆是否存在即使通过修理，也很难恢复到事故发生之前的状态，尤其是在车辆的使用寿命、安全性能、驾驶操控性等方面很难恢复，导致车辆交易价值比无事故的车辆低很多的情形。当事人主张车辆贬值损失的，对于造成车辆可修复性外观损坏、可替换性部件损坏等情况，原则上不支持贬值损失。对于购买年限或行驶里程相对较短的车辆造成严重损害，足以使车辆严重贬值，给车辆所有人造成重大损失的，可酌情赔偿贬值损失。车辆严重损害是指交通事故致使车辆安全性、操作性、稳定性通过维修无法恢复原有性能，使得车辆的使用价值明显降低的情形。

11. 网约车发生交通事故，保险公司可在一定范围内拒赔

【裁判要旨】

被保险人在改变车辆使用性质后没有履行《中华人民共和国保险法》第五十二条所规定的通知义务，发生交通事故后，保险公司在交强险范围内应予赔偿，在商业三者险内不负赔偿责任。

【基本案情】

在北京市某区某环岛处，张某驾小型普通客车（该车系网约车）由南向北行驶，王某骑电动自行车由西向东行驶，两车接触，车辆接触部位损坏，王某受伤，手机摔丢、衣物损坏。事故经交通队处理认定张某负事故全部责任，王某无责任。事故发生后，王某先后多次到医院治疗及复查。张某所驾驶的车辆在保险公司投保了交强险和300万元商业三者险，事故发生在保险期间内。王某将张某和保险公司诉至法院要求二被告赔偿各项赔偿损失费用。保险公司辩称张某所驾驶车辆在投保后改变了车辆使用用途，具有网约滴滴运营行为，且未通知保险公司，故保险公司在商业三者险范围内拒绝理赔。

【裁判结果】

法院经审理认为，因本案肇事车辆在保险公司投保有交强险和商业险，事故发生在保险期内，因此此次事故对王某造成的损失，应由保险公司在交强险限额内承担；关于商业三者险，在合同有效期内，保险标的的危险程度显著增加的，被保险人应当按照合同约定及时通知保险人，保险人可以按照合同约定增加保险费或者解除合同。被保险人未履行前款规定的通知义务的，因保险标的的危险程度显著增加而发生的保险事故，保险

人不承担赔偿保险金的责任。本案中张某所驾车辆，因从事网约运营服务，改变了使用性质，危险程度显著增加，且未履行告知义务，故对保险公司主张商业三者险范围内免责的辩解意见予以采信，交强险不足部分，由张某按照责任比例承担。

【法条链接】

中华人民共和国保险法

第五十二条 在合同有效期内，保险标的的危险程度显著增加的，被保险人应当按照合同约定及时通知保险人，保险人可以按照合同约定增加保险费或者解除合同。保险人解除合同的，应当将已收取的保险费，按照合同约定扣除自保险责任开始之日起至合同解除之日止应收的部分后，退还投保人。

被保险人未履行前款规定的通知义务的，因保险标的的危险程度显著增加而发生的保险事故，保险人不承担赔偿保险金的责任。

【法官说法】

根据《机动车交通事故责任强制保险条例》第二十一条、二十二条的规定，非运营车辆投保后进行网约车行为并不属于保险人可以主张拒绝理赔的法定事由。从立法本意看，交强险的赔偿是无过错责任原则，只有事故是在受害人故意造成的情形下交强险才可不赔偿。交强险是法律规定的强制保险，不以营利为目的，旨在最大限度地保护受害人利益，保险公司以车辆系网约车为由拒绝在交强险范围内理赔，缺乏依据，有悖交强险设立初衷，故法院不予支持。

小客车如果从非营运车辆改为营运车辆，使用频率会超过一般自用频率，那么搭载乘客所产生的安全风险亦会升高，已构成保险法第五十二条所陈述的危险程度显著增加。这种情况下被保险人应当按照合同约定及时通知保险公司，如果被保险人在改变车辆使用性质后没有履行上述通知义务，发生交通事故后，保险公司在商业三者险内不负赔偿责任。

综上，被保险人改变车辆使用性质后未通知保险人，发生交通事故，保险公司在交强险内应予理赔。另外，保险公司在商业三者险范围内拒绝赔付的主张，法院予以支持。

第十章　劳动者权益保护

1. 单位以上班玩手机为由辞退员工的，法院不予支持

【裁判要旨】

用人单位应以正当的程序制定合法合理的规章制度对员工行为进行规制和约束，以玩手机为由解除劳动关系的，处罚明显失当，法院不予支持。

【基本案情】

2021 年 7 月 5 日，张某入职一家科技公司，从事会计岗位工作，双方签订了劳动合同。入职后不久，领导发现，张某在工作时间玩手机，并对张某进行了批评。张某认为自己是在完成工作后才看手机，且玩手机没影响本职工作，遂与领导发生争执。2021 年 8 月 10 日，公司以张某的行为严重违反规章制度和公司价值观，且给公司带来恶劣影响为由，与张某解除劳动合同。张某认为单位以玩手机为由将自己辞退涉嫌违法解除，故申请仲裁，要求公司支付其违法解除劳动合同赔偿金。仲裁委经审理后，裁决公司支付张某违法解除劳动合同赔偿金。科技公司不服仲裁裁决，诉至法院，请求判令不支付上述款项。

【裁判结果】

法院经审理认为，科技公司需要就张某存在严重违反用人单位规章制度的行为、其解除所依据规章制度经过民主制定程序且解除依据具有合理性等承担举证责任。首先，科技公司提交证据证明张某存在工作期间玩手机的行为并由人事部门进行相应提醒，但该公司未提交证据证明经人事提醒后张某仍存在玩手机的行为。其次，科技公司仅提交关于员工手册调整及修改说明，未提交进行调整及修改时召开职工代表大会或全体职工会议

记录等证据加以证明，且该组证据在仲裁阶段未提交，故无法认定该公司就员工手册的制定履行了民主程序。最后，用人单位制定的规章制度应具有合理性，该规章制度直接规定员工在工作时间大声喧哗、闲聊、睡觉、打游戏或做与工作无关的事情视为严重违反规定，公司有权予以辞退，而未就存在上述行为的次数、严重程度及用人单位的警告程序进行明确规定。

综上，张某作为劳动者，确存在违反工作纪律的行为，但其行为尚未达到严重违反规章制度需解除劳动合同程度，科技公司以此为由与其解除劳动合同不妥，对该公司要求不支付张某违法解除劳动合同赔偿金的诉讼请求，本院不予支持。

【法条链接】

最高人民法院关于审理劳动争议案件适用法律问题的解释（一）

第四十四条 因用人单位作出的开除、除名、辞退、解除劳动合同、减少劳动报酬、计算劳动者工作年限等决定而发生的劳动争议，由用人单位负举证责任。

【法官说法】

手机是现代社会必不可少的通信工具，在工作时间使用手机也不可避免。用人单位能否以员工上班玩手机为由随意将其开除，需要从以下两个方面综合考虑：

1. 用人单位有合法合理的规章制度对“上班玩手机”行为进行规制和约束。合法是指这一规章制度经过民主程序制定，规章制度对此有明确规定，且事先公开告知或组织员工学习，员工对于这一制度明确知晓。合理是指结合用人单位性质、员工的具体岗位职责，依一般社会观念难以容忍在该岗位工作玩手机这一行为。例如，如果员工从事的是需要极为专注的流水线作业或者在易燃易爆环境下从事工作，一般来说，员工是不能玩手机的。

2. 员工需严重违反规章制度，处罚要“过罚相当”。部分单位为了便于管理，直接将“大声喧哗、玩手机”等行为规定为可以解除劳动合同的严重违纪情形，这很难被接受。建议用人单位在规章制度中设置梯度性处罚，即处罚行为分为警告、严重警告、解除劳动合同等梯度。明确以违规次数作为“严重”程度的考量标准，偶尔出现的行为可以通过警告等方式进行处理。单位应结合员工使用手机的频率、时间长短、是否影响工作等情节和造成的后果进行处罚，处罚要与规章制度规定处置结果相对应、相匹配，做到“过罚相当”。

2. 用人单位未履行相关程序以员工不能胜任工作为由辞退的，属于违法解除

【裁判要旨】

用人单位以员工不能胜任工作为由解除劳动合同需对员工进行培训或者调岗，员工仍无法胜任工作方可解除，且需提前三十日书面通知劳动者本人或者额外支付劳动者一个月工资，否则属于违法解除。

【基本案情】

韩某于2019年3月7日入职某公司，任商务经理，负责维护客户等商务工作，月工资为17000元。2020年4月28日，该公司向韩某发送解除劳动合同通知书，以韩某业绩未达到考核指标，导致多个重要客户流失，难以胜任当前工作为由与其解除劳动合同。韩某认为某公司解除行为违法，故申请仲裁，要求某公司支付其违法解除劳动合同赔偿金，因对仲裁结果不服，韩某诉至法院。

【裁判结果】

法院经审理认为，劳动者不能胜任工作，经过培训或者调整工作岗位，仍不能胜任工作的，用人单位提前三十日以书面形式通知劳动者本人或者额外支付劳动者一个月工资后，可以解除劳动合同。本案中，某公司称韩某业绩未能达到考核指标，导致多个重要客户流失而以其难以胜任当前工作为由与其解除劳动合同，该公司应对其进行培训或者调整工作岗位，但该公司均未履行相关程序直接与韩某解除劳动合同，其解除行为不符合法律规定。综上，法院判决某公司支付韩某违法解除劳动合同赔偿金。

【法条链接】

中华人民共和国劳动合同法

第四十条　有下列情形之一的，用人单位提前三十日以书面形式通知劳动者本人或者额外支付劳动者一个月工资后，可以解除劳动合同：

（一）劳动者患病或者非因工负伤，在规定的医疗期满后不能从事原工作，也不能从事由用人单位另行安排的工作的；

（二）劳动者不能胜任工作，经过培训或者调整工作岗位，仍不能胜任工作的；

（三）劳动合同订立时所依据的客观情况发生重大变化，致使劳动合同无法履行，经用人单位与劳动者协商，未能就变更劳动合同内容达成协议的。

【法官说法】

劳动者不能胜任工作是指劳动者不能按要求完成劳动合同约定的工作任务或者同工种、同岗位人员的工作量。实践中，用人单位在发现劳动者无法满足其工作需要，欲与劳动者解除劳动合同时，需要满足下列条件：

1. 用人单位应明确员工工作职责并进行有效告知。在公平、合理的前提下，单位可以通过制度规定或者劳动合同约定的方式明确不能胜任工作的情形，如劳动者的绩效考核结果在某分数或某等级之下、经劳动者确认的量化工作指标在规定的期限内未能完成等情形。需要注意的是，员工考核处于末位并不等于不能胜任工作，用人单位在劳动合同期限内通过“末位淘汰”或“竞争上岗”等形式单方解除劳动合同，劳动者可以用人单位违法解除劳动合同为由，请求用人单位继续履行劳动合同或者支付赔偿金。

2. 当用人单位发现劳动者存在不能胜任工作的情形后应书面告知劳动者，并通知劳动者对其进行调岗或者培训。调岗时，需结合劳动者的技能、身体健康状况等因素，新调整岗位在知识、技能要求上应等于或低于原岗位标准；如果培训，用人单位应确定合理的培训形式，并留存劳动者签字确认的培训通知书及培训过程的相关材料，并在调岗或培训后的合理期限内再次评估劳动者能否胜任工作。

3. 如果劳动者经调岗或培训后仍不能胜任工作的，用人单位在通知工会后，可以发出解除劳动合同通知并支付经济补偿。需要强调的是，因系单位单方解除劳动合同，应履行事先通知工会程序，否则会面临被认定为违法解除的风险。同时，应当提前三十日以书面形式通知劳动者本人将以其不能胜任工作为由解除劳动合同，或者在未提前三十日的情况下额外支付其一个月工资作为补偿。另外，不得适用该条解除劳动合同的特定群体，如女职工在孕、产、哺乳期的，患病或者非因工负伤职工在规定的医疗期内的等特殊情形。

3. 兼职行为并不影响劳动关系的认定

【裁判要旨】

兼职行为并不影响劳动关系的认定，只要劳动者与兼职单位建立的用工关系符合劳动法的规定，实际履行行为具备劳动关系构成要件，符合劳动关系基本特征，仍应当认定双方存在劳动关系。

【基本案情】

2020 年 8 月 6 日，赵某入职甲公司，双方签订了兼职协议，岗位为渠道内勤，主要负责渠道分析工作，工资标准为 5000 元/月。至 2021 年 7 月 15 日期间，甲公司安排加班，但未支付加班工资，且甲公司没有相应的员工手册、培训目标及相关协议书规定加班需要审批。2021 年 7 月 16 日，赵某与乙公司签订劳动合同，工资标准为 4150 元/月加绩效奖金，但工作地点、工作内容并未发生变更。工作至 2021 年 9 月 30 日，因个人原因离职，上述期间双方存在劳动关系。2021 年 9 月满勤出勤，而乙公司支付的工资未达到 4150 元的月工资标准，故要求支付差额。

【裁判结果】

法院经审理认为，劳动者与用人单位形成劳动关系需要符合三个条件：（1）用人单位和劳动者符合法律、法规规定的主体资格；（2）用人单位依法制定的各项劳动规章制度适用于劳动者，劳动者受用人单位的劳动管理，从事用人单位安排的有报酬的劳动；（3）劳动者提供的劳动是用人单位业务的组成部分。

首先，从劳动关系主体资格来看，赵某和甲公司、乙公司均具有符合法律、法规规定的主体资格。其次，从劳动关系的内容来看，赵某在工作中先后顺序接受甲公司、乙公司的考勤、工作安排等事项的管理，提供拓客服务，甲公司、乙公司先后顺序与赵某签订兼职协议、劳动合同，并在其与赵某签订合同期间向其支付劳动报酬。最后，从劳动的内容来看，赵某从事的拓客是甲公司、乙公司业务的组成部分。故甲公司与赵某签订的虽名为兼职协议书，但该协议书的内容实为双方就赵某提供劳动、甲公司使用该劳动并支付工资达成的合意，从其工作时长等情况看，其并非兼职从事工作。因此，双方签订的协议书虽名为兼职协议书实为双方之间的劳动合同。法院依法确认赵某 2021 年 7 月 16 日至 2021 年 9 月 30 日与乙公司存在劳动关系。

【法条链接】

中华人民共和国劳动法

第四十四条 有下列情形之一的，用人单位应当按照下列标准支付高于劳动者正常工作时间工资的工资报酬：

（一）安排劳动者延长工作时间的，支付不低于工资的百分之一百五十的工资报酬；

（二）休息日安排劳动者工作又不能安排补休的，支付不低于工资的百分之二百的工资报酬；

（三）法定休假日安排劳动者工作的，支付不低于工资的百分之三百的工资报酬。

【法官说法】

由于劳动关系与劳务关系存在诸多差异，实践中大量存在用人单位以签订兼职劳务合同以逃避劳动法管辖的现象。兼职行为并不影响劳动关系的认定，只要劳动者与兼职单位建立的用工关系符合劳动法的规定，实际履行行为具备劳动关系构成要件，符合劳动关系基本特征，仍应当认定双方存在劳动关系。理由如下：

1. 用人单位和劳动者符合法律、法规规定的主体资格。从劳动关系主体资格来看，赵某和甲公司均具有符合法律、法规规定的主体资格。

2. 用人单位依法制定的各项劳动规章制度适用于劳动者，劳动者受用人单位的劳动管理，从事用人单位安排的有报酬的劳动。从劳动关系的内容来看，赵某在工作中接受甲公司的考勤、工作安排等事项的管理，提供拓客服务，甲公司向其支付劳动报酬。

3. 劳动者提供的劳动是用人单位业务的组成部分。从劳动的内容来看，赵某从事的拓客是甲公司的业务的组成部分。故甲公司与赵某签订的虽名为兼职协议书，但该协议书的内容实为双方就赵某提供劳动、甲公司使用该劳动并支付工资达成的合意，且在赵某2020年8月9日至2021年3月19日工作期间，其工作时间均超过了法定的工作时间，并非兼职从事工作。

因此，双方签订的协议书虽名为兼职协议书实为双方之间的劳动合同，据此认定双方存在劳动关系。

4. 迟发工资引辞职，主张补偿获支持

【裁判要旨】

用人单位迟延发放工资的方式与法律规定相违背，且仅因此前存在迟延发放工资的先例而认定此种工资发放方式合法合理于法无据，劳动者以用人单位拖欠工资为由解除劳动关系，并主张支付解除劳动关系经济补偿金的，应予支持。

【基本案情】

郭某于2018年5月入职某工贸公司，双方签订2年期限劳动合同，合同中约定次月15日前发放上月工资。自2019年10月起，该公司以货款无法按时到账为由延期1至3个月发放工资。2020年5月，双方续订劳动合同。2020年9月，郭某以该公司长期拖欠工资为由提出解除劳动关系。后郭某诉至法院要求该公司支付解除劳动合同经济补偿金。某工贸公司则认为其公司实际工资支付周期为1至3个月，始终在该周期内支付工资，后双方续订劳动合同，郭某系在知悉且同意被告工资支付周期情况下续订劳动合同，故不同意支付经济补偿金。

【裁判结果】

法院经审理认为，劳动者以用人单位未及时支付劳动报酬为由提出解除劳动合同的，用人单位应支付解除劳动合同经济补偿金。该案中，某工贸公司长期未按合同约定时间支付劳动报酬，郭某以此为由提出解除劳动合同符合上述应支付经济补偿金情形。某工贸公司主张郭某对其公司工资实际支付周期明确知晓并续订合同，应视为双方协商一致，但劳动者作为弱势一方，其对用人单位实际履行合同行为只能被动接受，不应将劳动者续订合同行为视为对工资支付时间协商一致进而作为用人单位不及时支付

劳动报酬的合法依据。综上，法院判决某工贸公司支付郭某解除劳动合同经济补偿金。

【法条链接】

中华人民共和国劳动合同法

第三十八条第一款　用人单位有下列情形之一的，劳动者可以解除劳动合同：

（一）未按照劳动合同约定提供劳动保护或者劳动条件的；

（二）未及时足额支付劳动报酬的；

（三）未依法为劳动者缴纳社会保险费的；

（四）用人单位的规章制度违反法律、法规的规定，损害劳动者权益的；

（五）因本法第二十六条第一款规定的情形致使劳动合同无效的；

（六）法律、行政法规规定劳动者可以解除劳动合同的其他情形。

【法官说法】

用人单位及时足额支付劳动者劳动报酬是用人单位的基本义务，如果用人单位未能按照法律规定或者劳动合同约定的时间足额支付劳动者劳动报酬，劳动者可以依据劳动合同法规定提出解除劳动合同并要求单位支付经济补偿金。

1. 首先要明确用人单位支付劳动者工资的具体时间，根据《北京市工资支付规定》第九条规定，用人单位应当自用工之日起计算劳动者的工资，用人单位可以按照小时、日、周、月为周期支付工资。但用人单位应当至少每月向劳动者支付一次工资，用人单位支付劳动者工资应当按照规定的日期足额支付，不得克扣或者无故拖欠。工资支付日期遇法定休假日或者休息日的，应当提前在最近的工作日支付。上述规定仅强调了工资发放的基本原则，并未对具体支付时间做出规定，实践中主要有两种情形：一是有明确约定具体的发放时间，如《深圳市员工工资支付条例》明确规定，工资支付周期不超过一个月的，约定的工资支付日不得超过支付周期期满后第七日。二是无明确约定具体的发放时间，即当地工资支付条例中没有明确规定工资支付日期，单位主要以劳动合同约定的发薪日期为准。

2. 特殊情况下的处理原则。用人单位确实因生产经营困难，资金周转受到严重影响无法在约定的工资支付周期内支付劳动者工资的，应当以书面形式向劳动者说明情况，在征得工会或者职工代表大会的同意后，可以延期支付工资，但最长不得超过三十日。对此，用人单位如因生产经营困难延迟发放工资的，应有充分证据证明生产经营困难的事实，且已征得工会或者职工代表同意。即使满足上述要求，最长也不得超过三十日。上述案例中，用人单位以劳动者对单位长期延迟发放工资未提出异议为由主张双方就工资发放时间协商一致并不符合上述规定，劳动者按照法律规定提出解除劳动合同并主张经济补偿金应得到支持。

5. 用人单位擅自降低工资的，劳动者有权要求补足差额

【裁判要旨】

劳动报酬的调整事关劳动者切身利益，属于变更双方劳动合同，用人单位降低劳动者的劳动报酬应当与劳动者协商确定，未协商一致私自降薪的，属于变更劳动合同约定内容，劳动者有权要求补足差额。

【基本案情】

李某系某装饰公司员工，从事软装设计工作，双方订立为期 3 年的劳动合同，约定月基本工资为 10000 元。2020 年 2 月，该公司因受疫情影响安排李某居家办公并发布一季度受疫情影响薪酬待遇调整公告，对所有员工待遇一季度作如下调整：（1）取消一季度奖励工资。（2）2 月薪酬发放标准：月收入一万元以下的按 60% 发放，月收入一万元以上的按 50% 发放……关于工资标准，李某认为居家办公工作量并未减少，应按正常工资标准发放；某装饰公司则主张按调整后薪酬发放，李某 2020 年 2 月工资不存在差额。李某申请仲裁，要求某装饰公司支付其 2020 年 2 月工资差额，仲裁裁决支持李某请求，某装饰公司不服诉至法院。

【裁判结果】

法院经审理认为，用人单位与劳动者协商一致，可以变更劳动合同约定的内容。变更劳动合同，应当采取书面形式。本案中，某装饰公司发布的薪酬待遇调整公告未经职工代表或者全体职工讨论及平等协商，未与劳动者协商一致即降低劳动者劳动报酬。用人单位安排劳动者在家上班或灵活办公，应视为劳动者正常出勤，应按正常工作期间的工资收

入支付劳动者工资。综上，法院判决某装饰公司支付李某 2020 年 2 月工资差额。

【法条链接】

中华人民共和国劳动合同法

第三十五条 用人单位与劳动者协商一致，可以变更劳动合同约定的内容。变更劳动合同，应当采取书面形式。

变更后的劳动合同文本由用人单位和劳动者各执一份。

【法官说法】

劳动报酬是劳动关系的重要内容，事关劳动者切身利益。降薪本质就是变更劳动合同，用人单位单方降薪即单方变更劳动合同，未经缔约双方协商一致，单方变更劳动合同显然是无效的。用人单位合法降薪必须做到以下两个方面：

1. 履行必要的民主程序且调整数额不得违反法律规定。根据劳动合同法第四条第二款规定，用人单位在制定、修改或者决定有关劳动报酬、工作时间、休息休假、劳动安全卫生、保险福利、职工培训、劳动纪律以及劳动定额管理等直接涉及劳动者切身利益的规章制度或者重大事项时，应当经职工代表大会或者全体职工讨论，提出方案和意见，与工会或者职工代表平等协商确定。据此，如用人单位因经营困难或其他原因需要对工资结构及数额进行调整，需要履行上述民主程序，在沟通和协商的过程中，用人单位要听取员工的意见和建议，并尽可能考虑员工的合理需求。另外，只要劳动者在法定工作时间或依法签订的劳动合同约定的工作时间内提供了正常劳动，无论是否完成工作任务，都应视为提供了正常劳动合同，用人单位支付的工资不得低于当地最低工资标准。

2. 与劳动者协商并取得劳动者书面同意。因工资调整与劳动者利益密切相关，履行上述民主程序仅属于就调整方案通过民主程序加以确定，如对劳动者个人生效还需与劳动者个体协商并达成一致。关于协商方式，可以采取签订补充协议，发送邮件要求劳动者回复等方式。实践中，有的用人单位为了日后一劳永逸，在与劳动者签订的劳动合同中约定“甲方有权根据公司的实际需要以及乙方的工作表现随时调整乙方的工作岗位和劳动报酬，乙方不得拒绝”，在劳动合同履行过程中随意降低劳动者的工资待遇。根据劳动合同法的规定，上述约定属于用人单位免除自己的法定责任、排除劳动者权利，属于无效约定。

6. 虽未建立劳动关系，违法转包仍须担责

【裁判要旨】

用工单位违反法律、法规规定将承包业务转包给不具备用工主体资格的组织或者自然人，该组织或者自然人聘用的职工从事承包业务时因工伤亡的，用工单位为承担工伤保险责任的单位，并不以职工与用工单位存在法律上劳动关系或事实上劳动关系为前提条件。

【基本案情】

程某于2019年6月到某工程项目从事木工工作，该项目劳务公司为某建筑公司，实际劳务承包人为向某，陈某从向某处承包木工支模劳务项目，程某系被陈某雇用，受陈某管理并发放工资，生效判决认定程某与某建筑公司不存在劳动关系。2019年6月28日，程某在工作中受伤并被认定为工伤，承担工伤保险责任单位为某建筑公司。程某伤情经鉴定达到职工工伤与职业病致残等级标准八级。后程某诉至法院要求某建筑公司承担工伤保险责任，某建筑公司则认为其与程某不存在劳动关系，不应承担工伤保险责任，故不同意程某的诉讼请求。

【裁判结果】

法院经审理认为，用工单位违反法律、法规规定将承包业务转包给不具备用工主体资格的组织或者自然人，该组织或者自然人聘用的职工从事承包业务时因工伤亡的，用工单位为承担工伤保险责任的单位。本案中，某建筑公司虽与程某不存在劳动关系，但该公司系实际用工单位且认定工伤决定书载明承担工伤保险责任单位为某建筑公司，该决定书已发生法律效力，故该公司应对程某因工受伤承担工伤保险责任。最终，法院判决某建筑公司支付程某一次性伤残补助金、一次性工伤医疗补助金、停工留薪

期工资等工伤保险待遇。

【法条链接】

最高人民法院关于审理工伤保险行政案件若干问题的规定

第三条　社会保险行政部门认定下列单位为承担工伤保险责任单位的，人民法院应予支持：

（一）职工与两个或两个以上单位建立劳动关系，工伤事故发生时，职工为之工作的单位为承担工伤保险责任的单位；

（二）劳务派遣单位派遣的职工在用工单位工作期间因工伤亡的，派遣单位为承担工伤保险责任的单位；

（三）单位指派到其他单位工作的职工因工伤亡的，指派单位为承担工伤保险责任的单位；

（四）用工单位违反法律、法规规定将承包业务转包给不具备用工主体资格的组织或者自然人，该组织或者自然人聘用的职工从事承包业务时因工伤亡的，用工单位为承担工伤保险责任的单位；

（五）个人挂靠其他单位对外经营，其聘用的人员因工伤亡的，被挂靠单位为承担工伤保险责任的单位。

前款第（四）、（五）项明确的承担工伤保险责任的单位承担赔偿责任或者社会保险经办机构从工伤保险基金支付工伤保险待遇后，有权向相关组织、单位和个人追偿。

【法官说法】

近年来，建筑领域违法分包、转包情形时有发生，导致从事具体劳务的农民工受到事故伤害后，个人及单位之间相互推诿，务工人员合法权益难以得到有效保障。故现行制度从法律规定及实践层面对上述原则予以突破，以更好地维护务工人员合法权益。

1. 明确此类情形进行工伤认定不以存在劳动关系为前提。为保障建筑行业中不具备用工主体资格的组织或自然人聘用的职工因工伤亡后的工伤保险待遇，加强对劳动者的倾斜保护和对违法转包、分包单位的惩戒，现行工伤保险制度确立了因工伤亡职工与违法转包、分包的承包单位之间推定形成拟制劳动关系的规则，即直接将违法转包、分包的承包单位视为用工主体，并由其承担工伤保险责任，即当存在违法转包、分包的情形时，用工单位承担职工的工伤保险责任不以是否存在劳动关系为前提。

2. 承担工伤保险责任的单位承担赔偿责任后，有权向相关组织、单位和个人追偿。用人单位作为承担工伤保险责任的主体系最终主体，其并无追偿权，但根据法律规定，被拟制要求承担工伤保险责任的单位在承担责任后可以向实际雇用务工人员的单位或者个人进行追偿。也即本案中，某建筑公司在承担工伤赔偿责任后有权向陈某等追偿，双方对于劳动者的损害均存在过错，应当根据各自的过错程度对工伤赔偿责任产生的损失分担责任。

7. 公司社保减员不及时，造成损失要担责

【裁判要旨】

用人单位应当在解除或终止劳动合同时出具解除或者终止劳动合同的证明，并在十五日内为劳动者办理档案和社会保险关系转移手续，用人单位逾期未办理，给劳动者造成损失的，应承担相应的赔偿责任。

【基本案情】

2018 年 6 月，徐某入职某文化公司，担任教师岗位工作。后徐某在工作中受伤并被认定为工伤。2020 年 8 月，徐某以未及时发放工资为由提出辞职。2020 年 9 月，徐某与某商务公司签订劳动合同，该公司通知徐某需要前单位为其办理社保减员，否则将因无法缴纳社保视为试用期不符合录用条件与其解除劳动合同。2020 年 11 月 5 日，某商务公司以此为由与徐某解除劳动合同。后徐某诉至法院要求某文化公司赔偿因未及时办理社保减员造成的损失。某文化公司则称因徐某受过工伤，办理程序复杂，故未按时办理，其公司为徐某缴纳社保至 2020 年 10 月并于 2020 年 11 月 20 日办理社保减员，故不同意赔偿损失。

【裁判结果】

法院经审理认为，用人单位应当在解除或者终止劳动合同时出具解除或终止劳动合同的证明，并在十五日内为劳动者办理档案和社会保险关系转移手续。本案中，某文化公司与徐某解除劳动关系后未在法定期限内为徐某办理社保关系转移手续，致使徐某在入职新公司后因无法缴纳社保而被解除劳动关系。某文化公司虽主张因社保政策原因未能及时办理，但未就此提交证据加以证明。综上，法院认定某文化公司未及时为徐某办理社保减员，导致新单位与徐某解除劳动关系，应给予徐某相应赔偿；同时，

考虑徐某并未将已被新单位录用及如不及时办理社保减员将被解除劳动关系的后果告知某文化公司，且通常情况下用人单位在劳动者离职后继续为其缴纳社保属于自损行为，某文化公司并不存在不办理社保减员的主观故意，故应减轻某文化公司的赔偿责任。最终，法院结合徐某与新单位解除劳动关系时间、再次就业时间、新单位月工资标准、双方过错程度等因素判决某文化公司赔偿徐某部分损失。

【法条链接】

中华人民共和国劳动合同法

第五十条 用人单位应当在解除或者终止劳动合同时出具解除或者终止劳动合同的证明，并在十五日内为劳动者办理档案和社会保险关系转移手续。

劳动者应当按照双方约定，办理工作交接。用人单位依照本法有关规定应当向劳动者支付经济补偿的，在办结工作交接时支付。

用人单位对已经解除或者终止的劳动合同的文本，至少保存二年备查。

【法官说法】

社会保险关系到劳动者的切身利益，为劳动者缴纳社会保险系用人单位的法定义务。法律同时规定，当双方劳动关系解除后，用人单位应在法定期间内为劳动者办理社会保险关系转移手续，以便劳动者再次就业时新用人单位办理增员。实践中，存在部分用人单位迟延办理社保减员手续导致劳动者无法顺利就业造成损失的情形，对此，劳动者与用人单位应注意以下问题：

1. 用人单位应按法律规定及时办理社会保险关系转移手续。根据劳动合同法规定，用人单位应当在解除或者终止劳动合同后十五日内为劳动者办理社会保险关系转移手续。用人单位人事专员对此应明确知晓并按时办理，如因不可归结于单位原因无法按时办理应要求相关部门出具书面材料予以证明并向劳动者作出相应解释。

2. 劳动者应督促用人单位及时办理。虽然法律规定办理社会保险转移手续系用人单位法定义务，并未要求劳动者督促提醒，且通常情况下，用人单位为防止劳动关系解除后继续缴纳社会保险导致损失扩大不会无故拖延办理社保转出手续，但作为劳动者为减少自身损失亦应尽到合理的提示义务。

本案中，新用人单位多次向劳动者发送邮件告知其须原单位进行社保减员否则无法办理增员，但本案劳动者仅通过热线电话反映问题，并未与单位及时沟通，导致最终因超时未办理被新单位以不符合录用条件为由解除劳动合同，劳动者对损失的发生亦存在一定过错。最终法院结合损失数额及双方过错作出相应判决。

8. 主张劳动合同被盗拒付二倍工资差额，证据不足被驳回

【裁判要旨】

用人单位与劳动者建立劳动关系，应当自用工之日起一个月内订立书面劳动合同。劳动合同文本由用人单位和劳动者各执一份。用人单位无法证明与劳动者签订书面劳动合同的，应按法律规定支付未签订劳动合同二倍工资差额。

【基本案情】

徐某于2020年12月26日到某公司工作，月工资3000元，徐某主张该公司未与其签订书面劳动合同。2021年11月30日，徐某离职。后徐某申请仲裁要求某公司支付其未签书面劳动合同二倍工资差额，仲裁裁决支持徐某请求。某公司不服仲裁裁决，主张已与徐某签订书面劳动合同，但徐某在离职时将包括劳动合同在内的资料带走，其公司已经报警，故诉至法院要求判令无须支付徐某上述款项。经向相关部门核实，无证据证实徐某盗窃劳动合同。

【裁判结果】

法院经审理认为，用人单位自用工之日起超过一个月不满一年未与劳动者订立书面劳动合同的，应当向劳动者每月支付二倍的工资。当事人对自己提出的诉讼请求所依据的事实，有责任提供证据加以证明，没有证据或者证据不足以证明当事人的事实主张的，由负有举证责任的当事人承担不利后果。本案中，徐某主张某公司未与其签订劳动合同；某公司则主张与徐某签订了劳动合同但该合同被徐某盗走并就此提交了受案回执，但该证据无法证明劳动合同系被徐某盗走，更无法证明某公司与徐某签订过书

面劳动合同。最终，法院判令某公司需支付徐某未签订书面劳动合同二倍工资差额。

【法条链接】

中华人民共和国劳动合同法

第八十二条 用人单位自用工之日起超过一个月不满一年未与劳动者订立书面劳动合同的，应当向劳动者每月支付二倍的工资。

用人单位违反本法规定不与劳动者订立无固定期限劳动合同的，自应当订立无固定期限劳动合同之日起向劳动者每月支付二倍的工资。

【法官说法】

未签劳动合同二倍工资差额是对用人单位未签订书面劳动合同的惩罚。作为用人单位，应明确知晓根据劳动者入职的不同情况如何签订劳动合同，以及何种情形下即使不签订合同也无须支付二倍工资。

其一，根据劳动者入职情况，未签书面劳动合同二倍工资的有以下类型：

1. 用人单位自用工之日起满一年未与劳动者订立书面劳动合同的，自用工之日起满一个月的次日至满一年的前一日应当向劳动者每月支付两倍的工资，并视为自用工之日起满一年的当日已经与劳动者订立无固定期限劳动合同。在此种情况下，二倍工资差额的起始点为"用工之日起满一个月的次日"，截止时间为"双方订立书面劳动合同的前一日"，但最长不超过十一个月，因为自用工之日满一年的当日起双方即已视为订立无固定期劳动合同。

2. 劳动合同期满后，劳动者仍在用人单位工作，用人单位未与劳动者订立书面劳动合同的，计算二倍工资的起算点为自劳动合同期满的次日，截止点为双方补订书面劳动合同的前一日。在此种情况下，最长不超过十二个月。

3. 劳动者符合订立无固定期劳动合同的条件，用人单位不与劳动者订立无固定期限劳动合同的，二倍工资自应订立无固定期限劳动合同之日起算，截止点为双方实际订立无固定期限劳动合同的前一日。

其二，不予支付未签订书面劳动合同二倍工资差额的情形：在劳动者具备特殊身份或特殊岗位职责的情况下，用人单位未与劳动者签订书面劳动合同可不承担二倍工资的赔偿责任。具体而言，用人单位法定代表人未签订书面劳动合同，用人单位高管人员未签订书面劳动合同，用人单位能够证明该高管人员职责范围包括管理订立劳动合同内容，用人单位的人事管理部门负责人或主管人员未签订书面劳动合同，用人单位能够证明订立劳动合同属于该人事管理部门负责人的工作职责，在上述情况下用人单位可不予支付未签订书面劳动合同二倍工资差额。

9. 签订非全日制用工协议书仍可认定全日制用工劳动关系

【裁判要旨】

在判定是否属于全日制用工的劳动关系时，不能仅在形式上依据用人单位和劳动者签订的书面协议，而要结合劳动者的实际工作情况予以综合判定，充分保障劳动者的合法权益。

【基本案情】

王某于 2018 年 5 月 26 日入职某公司，任配送员，工资实行计件工资制，每件 7 元，按月支付，本月发上月工资。入职时，王某与该公司签订非全日制用工协议书，约定王某属于非全日制用工。2019 年 3 月 12 日，王某向某公司递交书面离职信，该公司负责人签字同意王某离职。王某申请仲裁，要求确认与某公司存在全日制用工劳动关系，仲裁裁决支持王某的请求，某公司不服诉至法院。某公司主张与王某签订的是非全日制用工协议书，且实行计件工资制，故双方属于非全日制劳动关系。

【裁判结果】

法院经审理认为，就王某的用工形式而言：一是从劳动时间来看，王某提交的送单记录显示其工作时间均达到标准用工的时间 8 小时以上，故其劳动时间不符合法律规定的非全日制用工工作时间；二是从工资支付周期来看，王某提交的工资银行流水显示其 2018 年 7 月至 2019 年 3 月期间工资均按月发放，也不符合法律规定的非全日制用工劳动报酬结算支付周期。故本院认为，王某在入职某公司时虽然签订了非全日制用工协议书，但与客观事实不符，王某与某公司形成全日制用工的劳动关系。综上，法院判决王某与某公司存在全日制用工劳动关系。

【法条链接】

中华人民共和国劳动合同法

第六十八条 非全日制用工，是指以小时计酬为主，劳动者在同一用人单位一般平均每日工作时间不超过四小时，每周工作时间累计不超过二十四小时的用工形式。

【法官说法】

在判定是否属于全日制用工的劳动关系时，不能仅在形式上依据用人单位和劳动者签订的书面协议，而要结合劳动者的实际工作情况予以综合判定，充分保障劳动者的合法权益。具体而言，应从以下三个方面予以考量：

1. 劳动关系的认定不同于劳动合同的订立。劳动合同的订立是一项民事活动，是双方当事人对劳动权利内容的具体约定。而劳动关系的认定作为一项根据法律规范进行评判的活动，是有权机关的职权行为，无论双方当事人怎样约定，都不影响有权机关的认定。就如同双方当事人自己约定合同是有效合同，但究竟是否有效仍要法院或者仲裁机构根据法律规定进行判定一样。因此，劳动合同的自由订立并不等同于劳动关系认定的自由约定。

2. 劳动法律的特点不允许由当事人自由约定是否构成劳动关系及构成何种劳动关系。劳动法律属于社会法范畴，社会法的主旨在于保护公民的社会权利，通过公权力的介入来保护弱势群体的利益，因此劳动法具有一定的公法的强制性特征，立法对劳动关系加以特别规范，凡属劳动法规范之对象，均不得以约定方式逃避劳动法的适用，否则倾斜保护劳动者的劳动法极有可能落空。在劳动关系中，用人单位始终是强势的一方，且劳动关系中用人单位承担了保险等的法定义务，为降低用工成本，用人单位完全有可能会利用其优势地位与劳动者签订非劳动关系协议或者非全日制劳动关系协议，若劳动法律对此不闻不问，将使劳动关系的失衡状态加剧并最终导致严重的社会问题。

3. 劳动关系具体类型的认定应当结合劳动者的工作内容和协议。一般而言，劳动者与单位先签订协议再提供劳动。由于劳动者与用人单位在缔约能力、知识水平等方面差距极大，而劳动关系一旦形成，劳动者又不得不从属于单位，接受单位的安排和管理，因此所签订的协议往往不能完全体现出双方真实的关系。因此，在判定双方是否属于劳动关系及属于何种劳动关系时不能仅仅依靠协议内容，而是要考虑双方的约定及劳动者的具体工作内容综合予以判定。

10. 违法约定试用期，判令支付赔偿金

【裁判要旨】

用人单位与劳动者约定试用期需符合法律规定，不符合法律规定的超长试用期，超出部分无效，劳动者除了可以要求用人单位支付工资差额外，还有权要求用人单位支付违法约定试用期的赔偿金。

【基本案情】

2019 年 7 月，王某入职某科技公司，双方签订为期 1 年的劳动合同，合同约定王某担任销售经理，试用期为 6 个月。试用期内，某科技公司每月支付王某工资 6000 元，转正后工资为 7000 元。2020 年 6 月，王某因个人原因申请辞职，双方劳动关系解除。后王某诉至法院要求某科技公司支付违法约定试用期赔偿金。某科技公司则认为试用期系双方合同中明确约定，王某已同意，故不同意支付赔偿金。

【裁判结果】

法院经审理认为，根据法律规定，劳动合同期限 1 年以上不满 3 年的，试用期不得超过 2 个月；用人单位违反本法规定与劳动者约定试用期的，违法约定的试用期已经履行的，由用人单位以劳动者试用期满月工资为标准，按已经履行的超过法定试用期的期间向劳动者支付赔偿金。本案中，某科技公司与王某签订为期 1 年的劳动合同，约定试用期为 6 个月，约定试用期超过法定标准 2 个月，故应按上述规定支付王某赔偿金。最终法院判决某科技公司支付王某违法约定试用期赔偿金。

【法条链接】

中华人民共和国劳动合同法

第十九条第一款　劳动合同期限三个月以上不满一年的，试用期不得

超过一个月；劳动合同期限一年以上不满三年的，试用期不得超过二个月；三年以上固定期限和无固定期限的劳动合同，试用期不得超过六个月。

第八十三条　用人单位违反本法规定与劳动者约定试用期的，由劳动行政部门责令改正；违法约定的试用期已经履行的，由用人单位以劳动者试用期满月工资为标准，按已经履行的超过法定试用期的期间向劳动者支付赔偿金。

【法官说法】

试用期是用人单位和劳动者建立劳动关系后为相互了解、选择而约定的考察期。关于试用期需要注意以下事项：

1. 同一用人单位与同一劳动者只能约定一次试用期。试用期一般适用于新进单位的劳动者，对于续签合同的老员工，单位在前一份合同履行期间对其业务能力及工作标准已有足够的了解，同意续签合同即表明用人单位对劳动者工作能力的肯定和认可，再约定试用期显无必要。

2. 试用期包含在劳动合同期限内，劳动合同仅约定试用期的，试用期不成立，该期限为劳动合同期限。实践中，部分用人单位由于对试用期存在误解，认为相关法律对试用期劳动者保障较少，故仅仅与劳动者签订试用期合同，根据上述规定，如果用人单位与劳动者仅签订试用期合同，该试用期不成立，合同约定期限即为劳动合同期限，一旦期限届满，就会被认定为用人单位已经与劳动者签订了一次劳动合同，即意味着用人单位企图通过只签订试用期合同规避责任的意图不仅无法实现，同时还增加了需要与劳动者签订无固定期限劳动合同的风险，故只签订试用期合同，对用人单位风险极大。

3. 试用期工资标准法定且应当缴纳社会保险。根据法律规定，劳动者在试用期的工资不得低于本单位相同岗位最低档工资的 80% 或者不得低于劳动合同约定工资的 80%，并不得低于用人单位所在地的最低工资标准。社会保险法也规定，用人单位应当自用工之日起三十日内为职工向社会保险经办机构申请办理社会保险登记。上述规定具有法律强制性，不允许用人单位与劳动者协商一致试用期不缴纳社会保险。

11. 辞退恶意下单的员工，无须支付赔偿金

【裁判要旨】

劳动者在提供劳动过程中，违反基本诚信原则及职业道德，故意造成用人单位利益受损，严重违反用人单位的规章制度，用人单位以此为由与劳动者解除劳动关系的，法院认为理由成立，无须向劳动者支付违法解除劳动关系赔偿金。

【基本案情】

2020 年 11 月，刘某入职一家快递公司，岗位为快递员，双方签订了劳动合同。2022 年 8 月，刘某利用其他人的信息，采用货到付款的支付方式在京东商城恶意下单电子产品，货值九万余元，因是货到付款，公司进货后配送没有找到购买人退回公司，造成了公司财物损失。后公司发现了刘某的上述行为，认为刘某行为不端，违反了《员工手册》的行为规范，给公司造成损害，自 2022 年 9 月 1 日起解除与刘某之间的劳动合同。刘某认为公司没有损失，涉嫌违法解除，故申请仲裁，要求公司支付其违法解除劳动合同赔偿金。仲裁委不予受理，故刘某诉至法院，请求判令公司支付违法解除劳动关系赔偿金。

【裁判结果】

法院经审理认为，劳动者严重违反用人单位规章制度的，用人单位可以解除劳动合同；另外，因用人单位作出的开除、除名、辞退、解除劳动合同、减少劳动报酬、计算劳动者工作年限等决定而发生的劳动争议，用人单位负举证责任。本案中，快递公司就刘某存在严重违反用人单位规章制度行为、所依据的规章制度经过民主程序制定且向劳动者履行告知义务、履行合法送达手续等承担了举证责任。用人单位执行的《员工手册》

履行了基本的民主程序，刘某入职时在《员工手册》签收函暨员工遵守《员工手册》及反腐败规定承诺书上签字，已履行了告知义务。《员工手册》规定“利用职务或职位上的便利，为自己或他人谋取利益，侵吞、窃取、骗取或者以其他手段非法占有公司财物或损害公司利益的”，员工有上述行为的，公司可以辞退。刘某故意利用虚构人员信息及收件地址购买大额商品后退货的行为，违反了上述规定，刘某存在严重违反规章制度的行为。快递公司在与刘某解除劳动关系前向工会委员会发送了通知函，工会委员会亦进行了答复，履行了相关民主程序。综上，快递公司依据规章制度与刘某解除劳动关系的行为合法，无须支付刘某违法解除劳动关系赔偿金。

【法条链接】

中华人民共和国劳动合同法

第三十九条　劳动者有下列情形之一的，用人单位可以解除劳动合同：

（一）在试用期间被证明不符合录用条件的；

（二）严重违反用人单位的规章制度的；

（三）严重失职，营私舞弊，给用人单位造成重大损害的；

（四）劳动者同时与其他用人单位建立劳动关系，对完成本单位的工作任务造成严重影响，或者经用人单位提出，拒不改正的；

（五）因本法第二十六条第一款第一项规定的情形致使劳动合同无效的；

（六）被依法追究刑事责任的。

【法官说法】

劳动者在提供劳动过程中，应当认真履职，遵守基本诚信原则及职业道德，维护用人单位的财产利益，不能采用恶意损害用人单位利益的方式进行个人泄愤。用人单位以员工违反规章制度损害公司利益为由将其开除，需要综合考虑以下因素：

1. 用人单位制定的规章制度应当合法有效。一是制度内容应当合法有效，不能违反相关法律的规定，严重损害劳动者合法权益，限制劳动者的相关权利；另外，用人单位制定的规章制度应当遵守明确性原则，避免含糊不清、模棱两可的语气用词。二是制定的程序合法有效，规章制度经过民主程序制定。三是公示合法，应当及时公开告知或组织全体员工进行学习。

2. 员工形式上的违规行为，实质上是否严重。用人单位单方面解除劳动关系必须具备严格的法定条件，对于违规行为不但要形式判断，更要实质判断。形式判断是要将员工的违规行为与公司的规章制度进行对照。实质判断是指在符合形式要件的前提下，综合考虑劳动者主观及客观方面的因素，从而更好地保护劳动者的劳动权益和进一步规范用人单位单方解除权的行使。

12. 货车司机申请高温津贴，法院不予支持

【裁判要旨】

劳动者从事高温作业或高温天气下作业，依法享受高温津贴。高温津贴的发放要综合考虑劳动者的工作环境、工作时间、岗位等，不符合发放高温津贴的，用人单位无须支付高温津贴。

【基本案情】

2017 年 3 月 1 日，张某入职某商贸公司，岗位为司机，负责运送货物，双方签订了劳动合同。张某自述其工作时间比较灵活，因某商贸公司与张某在同一个村子，需要运送货物时，某商贸公司以电话或微信的方式联系张某，张某遂去送货，不需要送货时，张某就在家里待着。2022 年 3 月，双方解除劳动关系，张某申请劳动仲裁，要求某商贸公司按照每月 180 元，每年发放 3 个月的标准支付其高温津贴，仲裁委驳回了张某的仲裁申请，张某不服诉至法院。

【裁判结果】

法院经审理认为，根据《防暑降温措施管理办法》的规定，用人单位安排劳动者在 35℃ 以上高温天气从事室外露天作业以及不能采取有效措施将工作场所温度降低到 33℃ 以下的，应当向劳动者发放高温津贴。本案中，张某的岗位为货车司机，货车的驾驶室有空调设备，其工作环境不属于室外露天作业，且有措施能将工作场所的温度降低到 33℃ 以下。此外，张某自认其工作时间灵活，运送货物的时间不一定在一天中的温度较高的时候。综上，本院认为张某从事的工作岗位并不符合应当支付高温津贴的情形，张某关于支付高温津贴的诉请，本院不予支持。

【法条链接】

防暑降温措施管理办法

第十七条 劳动者从事高温作业的，依法享受岗位津贴。

用人单位安排劳动者在35℃以上高温天气从事室外露天作业以及不能采取有效措施将工作场所温度降低到33℃以下的，应当向劳动者发放高温津贴，并纳入工资总额。高温津贴标准由省级人力资源社会保障行政部门会同有关部门制定，并根据社会经济发展状况适时调整。

【法官说法】

高温津贴是用人单位为保障劳动者生产过程中的安全和身体健康，对劳动者高温作业及高温天气下作业额外的劳动消耗给予的补偿。对于高温津贴的认定和发放需要注意以下两点：

1. 享受高温津贴的认定标准。享受高温津贴须符合以下条件：

（1）劳动者从事的是用人单位安排的工作。

（2）在35℃以上高温天气从事室外露天作业以及不能采取有效措施将工作场所温度降低到33℃以下的，符合上述条件，可以享受高温津贴。常见的室内高温作业如炼钢工人、机械铸造工人等，如果用人单位不能采取有效措施将室内的工作场所温度降低到33℃以下的，需向上述岗位的劳动者支付高温津贴。高温天气从事室外露天作业的岗位如快递员、建筑工人、环卫工人等，都可能享受到高温津贴。

2. 高温津贴的发放标准。高温津贴标准由省级人力资源和社会保障行政部门会同有关部门制定，并根据社会经济发展状况适时调整。以北京市为例，根据北京市安监局、原卫计委、人力资源社会保障局和市总工会联合发布的相关文件规定：北京市高温津贴的发放时间为每年6月至8月，室外露天作业每人每月不低于180元；在33℃（含33℃）以上室内工作场所作业每人每月不低于120元。

高温津贴应纳入劳动者的工资总额，且不包括在最低工资标准范围内，用人单位不得因高温津贴增加而降低劳动者的工资。因高温天气停止工作、缩短工作时间的，用人单位不得扣除或降低劳动者工资，也不得以发放防暑降温饮料和必需药品充抵高温津贴。部分用人单位向劳动者发放的防暑降温费，属于职工福利，防暑降温费是否支付以及支付的标准应由用人单位在规章制度、集体合同或劳动合同中进行规定或约定，而高温津贴属于劳动报酬（工资）的组成部分，用人单位不得以防暑降温费替代高温津贴的发放。

13. 保洁人员因工作原因患肩部慢性病，应当认定为工伤

【裁判要旨】

劳动者长期从事某种工作，而患有持续性、积累性表现形态的慢性疾病，虽不具有因工作原因导致的突发性伤情的特征，但能够判断确实因工作原因导致的，应当被认定为工伤。

【基本案情】

王某曾在某公司工作，负责保洁服务。2020 年 8 月 12 日，王某完成当天工作后，出现肩部疼痛。2020 年 9 月 6 日，王某就医诊断伤情为：痹症、软组织损伤。其后，王某多次就诊，最终经积水潭医院诊断为肩袖损伤。2021 年 1 月 6 日，王某就上述疾病向人力资源社会保障局提出工伤认定申请。人力资源社会保障局经调查，于 2021 年 3 月 18 日作出认定工伤决定，认为王某符合《工伤保险条例》第十四条第一项“在工作时间和工作场所内，因工作原因受到事故伤害的”应当认定为工伤之规定，予以认定为工伤。某公司不服诉至法院，请求撤销认定工伤决定。

【裁判结果】

法院经审理认为，伤病表现形式多样，部分症状呈持续性、积累性表现形态。王某因长期从事保洁工作，出现肩膀疼痛较为普遍，其肩部损伤经累积，最终被诊断为肩袖损伤等伤情，符合一般生活常理和医学常识。同时，为最大限度保护劳动者的合法权益，《工伤保险条例》第十九条第二款规定，职工或者其近亲属认为是工伤，用人单位不认为是工伤的，由用人单位承担举证责任。某公司虽否认王某系工伤，但未能充分举证，故法院对某公司撤销认定工伤决定的请求予以驳回。某公司不服，提起上

诉，二审法院经审理后，判决驳回上诉，维持原判。

【法条链接】

工伤保险条例

第十四条　职工有下列情形之一的，应当认定为工伤：

（一）在工作时间和工作场所内，因工作原因受到事故伤害的；

（二）工作时间前后在工作场所内，从事与工作有关的预备性或者收尾性工作受到事故伤害的；

（三）在工作时间和工作场所内，因履行工作职责受到暴力等意外伤害的；

（四）患职业病的；

（五）因工外出期间，由于工作原因受到伤害或者发生事故下落不明的；

（六）在上下班途中，受到非本人主要责任的交通事故或者城市轨道交通、客运轮渡、火车事故伤害的；

（七）法律、行政法规规定应当认定为工伤的其他情形。

第十九条　社会保险行政部门受理工伤认定申请后，根据审核需要可以对事故伤害进行调查核实，用人单位、职工、工会组织、医疗机构以及有关部门应当予以协助。职业病诊断和诊断争议的鉴定，依照职业病防治法的有关规定执行。对依法取得职业病诊断证明书或者职业病诊断鉴定书的，社会保险行政部门不再进行调查核实。

职工或者其近亲属认为是工伤，用人单位不认为是工伤的，由用人单位承担举证责任。

【法官说法】

本案的特殊之处在于，劳动者肩袖损伤等症状与其他因工作原因导致的如摔碰等伤情不同，不具有突发性，而是呈现出持续性、积累性的表现形态，属于慢性疾病。慢性疾病是否应当为工伤，应当以劳动者从事工作的内容和特质，分析其伤情与工作属性之间的因果联系进行判断。

本案中，通过分析劳动者长期从事保洁的特殊工作性质，再结合一般生活常识和医学知识，应当认定其肩袖损伤的伤情是由于长期使用肩部发力进行打扫工作所致，属于因工作原因导致的伤害。社保部门认定劳动者受伤属于工伤，符合《工伤保险条例》的法律规定与立法目的。法院通过全面审查涉案事实和行政执法程序，认为公司未能提供充分证据证明劳动者非工作原因导致伤情，因此依法对社会保险行政部门的执法行为给予支持，最大限度地保护劳动者的合法权益。

14. 被挂靠单位不能以约定免除工伤保险责任

【裁判要旨】

个人挂靠其他单位对外经营，其聘用的人员因工伤亡且符合《工伤保险条例》有关工伤认定条件的，具备用工主体的被挂靠单位应当为承担工伤保险责任的单位，该责任不因约定免除。

【基本案情】

王某系周某雇佣的司机。周某与某公司签订委托服务协议书，约定周某将自有半挂牵引车以某公司名义办理行驶证、营运证、保险等相关事项。委托服务协议书中另约定，周某及周某雇佣人员与某公司之间不存在劳动合同及雇佣的法律关系，周某因车辆安全问题对其雇佣人员及他人造成的人身伤害和经济损失承担赔偿责任。2018 年 7 月，王某驾驶半挂牵引车下车时，意外从车上摔下受伤，其伤经诊断为“右跟骨骨折”。2019 年 5 月，经仲裁裁决认定，王某系周某雇佣的司机，周某与某公司系挂靠关系，王某与某公司不符合劳动关系的特征。2020 年 12 月，王某以某公司为被申请人，提出工伤认定申请。人力资源社会保障局经调查后，认定王某为工伤。某公司不服诉至法院，请求撤销认定工伤决定。

【裁判结果】

法院经审理认为：根据《最高人民法院关于审理工伤保险行政案件若干问题的规定》第三条第一款第五项规定：“社会保险行政部门认定下列单位为承担工伤保险责任单位的，人民法院应予支持：（五）个人挂靠其他单位对外经营，其聘用的人员因工伤亡的，被挂靠单位为承担工伤保险责任的单位。”本案中，王某系周某雇佣人员，周某与某公司系挂靠关系，故某公司应对王某因工受伤承担工伤保险责任。据此，法院驳回某公司诉讼请求。某公司不服提起上诉，二审法院经审理后，判决驳回上诉，维持原判。

【法条链接】

最高人民法院关于审理工伤保险行政案件若干问题的规定

第三条第一款第五项 社会保险行政部门认定下列单位为承担工伤保险责任单位的，人民法院应予支持：

（五）个人挂靠其他单位对外经营，其聘用的人员因工伤亡的，被挂靠单位为承担工伤保险责任的单位。

【法官说法】

根据《最高人民法院关于审理工伤保险行政案件若干问题的规定》第三条第五项规定，个人挂靠其他单位对外经营，其聘用的人员因工伤亡的，被挂靠单位为承担工伤保险责任的单位。该司法解释的立法本意主要是从有利于职工的角度出发，明确了由被挂靠单位应当承担工伤保险责任，这是对《工伤保险条例》将劳动关系作为工伤认定前提的一般规定之外的特殊情形处理，最大化地保障了聘用人员的合法权益。

本案中，虽然仲裁未确认王某与某公司之间存在劳动关系，但法院依据上述司法解释，认为被挂靠的公司不应当免除承担工伤保险责任，因此支持人力资源社会保障局认定王某属于工伤，切实保护了劳动者的合法权益。同时应当注意的是，周某与某公司在形成挂靠关系时约定的免责条款，不能对抗法律强制性规定，故不应当以当事人内部约定而免除某公司应承担的工伤保险责任。

15. 饮酒视频不能作为因醉酒不予认定工伤的直接依据

【裁判要旨】

只有公安机关交通管理部门、医疗机构等有关单位依法出具的检测结论、诊断证明等证明力较强的材料，才可以作为认定醉酒的依据，而饮酒视频或录音不能直接作为因醉酒不予认定工伤的直接依据。

【基本案情】

李某系某滑雪场员工，负责滑雪场造雪工作。2019 年 1 月，其在造雪过程中，不慎摔倒在静止状态下的压雪车后部爬犁上，造成其骨折。2019 年 7 月，李某向人力资源社会保障局提出工伤认定申请。某滑雪场提供事发当日李某饮酒的视频光盘，主张当日李某在工作时间饮酒过量、操作不当导致意外摔伤，依据《工伤保险条例》第十六条第二项“醉酒或者吸毒的”，不得认定为工伤或者视同工伤之规定，不应当认定李某为工伤。人力资源社会保障局调查核实后，最终认定李某所受事故伤害为工伤。某滑雪场不服诉至法院，请求撤销认定工伤决定。

【裁判结果】

法院经审理认为：《工伤保险条例》第十四条第一项规定：在工作时间和工作场所内，因工作原因受到事故伤害的，应当认定为工伤。第十六条规定：职工符合本条例第十四条、第十五条的规定，但是有下列情形之一的，不得认定为工伤或者视同工伤：（一）故意犯罪的；（二）醉酒或者吸毒的；（三）自残或者自杀的。《北京市工伤认定办法》第十三条规定：区、县社会保险行政部门在适用《条例》第十六条第（二）项规定时，醉酒的标准按照《车辆驾驶人员血液、呼气酒精含量阈值与检验》（GB 19522—

2004）执行。公安机关交通管理部门、医疗机构等有关单位依法出具的检测结论、诊断证明等材料，可以作为认定醉酒的依据。

本案中，某滑雪场虽主张李某所受伤害系其过量饮酒所致，但是未提交有关单位出具的认定李某醉酒的检测结论、诊断证明等依据，其仅提供饮酒视频，不足以证明李某受伤属于醉酒导致，故对某滑雪场的主张不予支持。李某所受身体伤害符合在工作时间和工作场所内，因工作原因受到事故伤害应认定为工伤的条件。据此，法院对某滑雪场撤销认定工伤决定的请求予以驳回。某滑雪场不服提起上诉，二审法院经审理后，判决驳回上诉，维持原判。

【法条链接】

工伤保险条例

第十六条 职工符合本条例第十四条、第十五条的规定，但是有下列情形之一的，不得认定为工伤或者视同工伤：

（一）故意犯罪的；

（二）醉酒或者吸毒的；

（三）自残或者自杀的。

北京市工伤认定办法

第十三条 区、县社会保险行政部门在适用《条例》第十六条第（二）项规定时，醉酒的标准按照《车辆驾驶人员血液、呼气酒精含量阈值与检验》（GB 19522—2004）执行。公安机关交通管理部门、医疗机构等有关单位依法出具的检测结论、诊断证明等材料，可以作为认定醉酒的依据。

【法官说法】

在实践中，如果劳动者在醉酒的情况下受伤，即使条件符合认定工伤或视同工伤的情形，也应当排除在外不予认定，这体现出在认定工伤时对劳动者本人的安全谨慎义务同样有所要求。

《北京市工伤认定办法》第十三条规定区、县社会保险行政部门在适用《条例》第十六条第（二）项规定时，醉酒的标准按照《车辆驾驶人员血液、呼气酒精含量阈值与检验》（GB 19522—2004）执行。公安机关交通管理部门、医疗机构等有关单位依法出具的检测结论、诊断证明等材料，可以作为认定醉酒的依据。但需要注意的是，法律语境下的醉酒认定应当遵照法定标准执行，只有公安机关交通管理部门、医疗机构等有关单位依法出具的检测结论、诊断证明等证明力较强的材料，才可以作为认定醉酒的依据，而饮酒视频或录音、证人证言等证据均达不到法定证明标准，不能直接作为认定醉酒的依据。

16. 返聘人员工作期间摔伤致残，不能享受工伤待遇

【裁判要旨】

已经办理手续的离退休人员，又被原用人单位聘用后，双方签订聘用合同，这种聘用关系现已被法律明确确定为劳务关系，退休人员返聘后在工作期间发生意外与用人单位有关系，但是不能享受工伤待遇。

【基本案情】

2020 年 12 月 1 日，王某与人力资源公司签订《退休人员返聘协议》，人力资源公司派遣王某至旅游公司从事帮厨岗位工作。2021 年 5 月 9 日，王某在某旅游公司台阶处摔伤，被同事送往医院治疗，旅游公司为其垫付了医疗费。经医院认定，王某被诊断为多发创伤，肋骨骨折、左侧第 3-10 肋骨，经鉴定为王某构成十级伤残。王某要求旅游公司及人力资源公司赔偿自己因工伤导致的各种损失，但旅游公司表示已为其支付了医药费，拒绝赔偿其他损失。因上述公司拒绝赔偿，故王某诉至法院，请求判令被告赔偿原告交通费、营养费、误工费、护理费、伤残赔偿金、精神损害抚慰金、鉴定费等合计 23 万元。二被告辩称，不认可王某在工作中摔伤的事实，即使存在原告受伤的事实，被告也不应当承担赔偿责任。此外，王某作为完全民事行为能力人，应当对自身的安全尽到审慎义务，并且被告的经营场所及原告上下班途中所活动的区域也不足以使一般人受到损害，王某对自身受到的损害结果存在过错，所以其应当承担相应的责任。而不是由被告承担赔偿责任。

【裁判结果】

法院经审理认为，雇员在从事雇佣活动中遭受人身损害，雇主应当承

担赔偿责任。侵害他人造成人身损害的，应当赔偿医疗费、护理费、交通费等为治疗和康复支出的合理费用，以及因误工减少的收入，造成残疾的，还应当赔偿残疾生活辅助具费和残疾赔偿金。本案中，王某受雇于人力资源公司，在为旅游公司实际从事雇佣活动中遭受人身损害，旅游公司与人力资源公司应就此承担连带赔偿责任。此外，王某作为完全民事行为能力人，在从事劳动过程中应当对自身安全尽到审慎的注意义务，在下楼梯台阶时未尽到注意自身安全的义务，其本身具有一定过错，故其自身应对损害后果的发生也应承担一定的责任。故法院判决二被告给付原告王某交通费、营养费、误工费、护理费、残疾赔偿金、精神损害抚慰金、鉴定费等合计十万余元。后二被告上诉，二审判决驳回上诉，维持原判。

【法条链接】

中华人民共和国民法典

第一千一百七十九条　侵害他人造成人身损害的，应当赔偿医疗费、护理费、交通费、营养费、住院伙食补助费等为治疗和康复支出的合理费用，以及因误工减少的收入。造成残疾的，还应当赔偿辅助器具费和残疾赔偿金；造成死亡的，还应当赔偿丧葬费和死亡赔偿金。

【法官说法】

退休后，开始享受社会保险待遇就不再具有劳动法调整的劳动者主体资格，与单位签订的是劳务协议，属于劳务关系，因此退休返聘人员与用人单位之间已不存在劳动关系，亦不在《中华人民共和国劳动法》《中华人民共和国劳动合同法》《工伤保险条例》等劳动法律的调整范围内，也就不能依照《工伤保险条例》来认定工伤，因此在工作中受伤，若与单位协商不成，只能通过民事途径来解决，即直接到法院起诉单位要求人身伤害赔偿。依据《最高人民法院关于审理人身损害赔偿案件适用法律若干问题的解释》相关规定，返聘人员一旦发生“工伤”，应认定为从事雇佣工作中受到的伤害，雇佣单位（聘用单位）应当承担民事赔偿责任，赔偿项目有医疗费、误工费、护理费、伤残赔偿金、辅助器具费、必要的交通费及被抚养人生活费等，造成死亡的还有丧葬费和死亡赔偿金等。